AF617625

LOS ESTATUTOS DE LAS ASOCIACIONES DE RÉGIMEN COMÚN

Concepto, forma, contenido y registro

JOSÉ RAFAEL ROJAS JUÁREZ

LOS ESTATUTOS DE LAS ASOCIACIONES DE RÉGIMEN COMÚN

Concepto, forma, contenido y registro

ARANZADI

Editorial Aranzadi, S.A.U.
C/ Collado Mediano, 9
28231 Las Rozas (Madrid)
Tel: 91 602 01 82
***e-mail*:** clienteslaley@aranzadilaley.es
https://www.aranzadilaley.es/aranzadi

Primera edición: 2024

Depósito Legal: M-14689-2024
ISBN versión impresa: 978-84-1162-737-5

Diseño, Preimpresión e Impresión: Editorial Aranzadi, S.A.U.
Printed in Spain

A Silvia, mi mujer, el amor de mi vida y todo mi mundo; su alegría, valentía y sensibilidad son mi fuerza, mi inspiración y mi luz

Índice General

Abreviaturas

ATC: *Auto del Tribunal Constitucional*
BOE: *Boletín Oficial del Estado*
CC: *Código Civil*
CE: *Constitución Española*
CP: *Código Penal*
Dir.: *Director/a*
FJ: *Fundamento Jurídico*
LAA: *Ley 4/2006, de 23 de junio, de Asociaciones de Andalucía*
LAC: *Ley 4/2003, de 28 de febrero, de Asociaciones de Canarias*
LACat: *Ley 4/2008, de 24 de abril, del Libro Tercero del Código Civil de Cataluña, relativo a las personas jurídicas*
LACV: *Ley 14/2008, de 18 de noviembre, de Asociaciones de la Comunitat Valenciana*
LAPV: *Ley 7/2007, de 22 de junio, de Asociaciones de Euskadi*
LODA: *Ley Orgánica 1/2002, de 22 de marzo, reguladora del Derecho de Asociación*
LPAC: *Ley 39/2015, de 1 de octubre, del procedimiento administrativo común de las Administraciones Públicas*
LRJSP: *Ley 40/2015, de 1 de octubre, del régimen jurídico del sector público*
RD: *Real Decreto*
RLPAC: *Reglamento de actuación y funcionamiento del sector público por medios electrónicos, aprobado por Real Decreto 203/2021, de 30 de marzo*
RNA: *Registro Nacional de Asociaciones*
RRNA: *Reglamento del Registro Nacional de Asociaciones, aprobado por Real Decreto 949/2015, de 23 de octubre*
RRM: *Reglamento del Registro Mercantil*
SAN: *Sentencia de la Audiencia Nacional*

STC: *Sentencia del Tribunal Constitucional*
STS: *Sentencia del Tribunal Supremo*
STSJ: *Sentencia del Tribunal Superior de Justicia*
UE: *Unión Europea*

Introducción

El fenómeno asociativo plasma como ningún otro la diversidad y pujanza de cualquier sociedad democrática. Cuanto más amplia y fuerte sea la malla asociativa mayor será la integración, vertebración y participación de la ciudadanía en la comunidad compartida. El ente básico de este complejo fenómeno es la asociación común, la cual encauza los más variados anhelos y demandas de aquellas personas que han entendido que agruparse de forma organizada y con vocación de permanencia en el tiempo es el mejor camino para alcanzar metas imposibles desde la mera individualidad.

La asociación, persona jurídica típica desde la publicación misma del Código Civil en 1889, tuvo un incipiente desarrollo en esta época para después expandirse en la centuria siguiente y consolidarse en la actualidad como uno de los principales actores del Tercer Sector. En efecto, este proceso sostenido ha progresado en los tres últimos siglos con el empuje de una sociedad cada vez más formada y activa, pero también con el impulso de sucesivas leyes reguladoras y ordenadoras, como la Ley de Asociaciones de 1887, la Ley de Asociaciones de 1964 y la Ley Orgánica de Asociaciones de 2002, dictada ésta al amparo del artículo 22 de la Constitución de 1978.

A pesar del amplio período que abarcan, estas tres leyes generales presentan no pocos elementos comunes del régimen jurídico de las asociaciones, empezando por distinguir entre asociación común y asociación especial, para después pasar a regular la primera y remitir a la legislación específica la segunda. Ambas normativas, a su vez, comparten una disposición ineludible, cual es, de forma significada, la exigencia de que todas las asociaciones se doten de sus propios estatutos, así como que los mismos tengan un contenido básico y preceptivo. Nuestro estudio se centrará en los estatutos de las asociaciones de régimen común, en tanto que documento constitutivo y rector que complementa el acta fundacional de este tipo de entidades.

Es documento constitutivo por cuanto la celebración de la asamblea originaria, en que los promotores expresan su voluntad de crear una asociación y de sujetarse a unas reglas de actuación, es el momento que la ley considera como determinante de la adquisición de la personalidad jurídica, pero siempre que dicha voluntad se formalice por escrito suscribiendo un acta fundacional a la que, en todo caso, y formando parte de la misma, se unan los correspondientes estatutos.

Y es documento rector porque en el mismo se recogen los principales elementos teleológicos, organizativos y funcionales de la asociación, sin los cuales sería difícilmente entendible la existencia misma de un cuerpo separado de sus miembros. La denominación, los fines (lícitos y no lucrativos), las actividades, el domicilio, el ámbito territorial de actuación, la estructura orgánica, el régimen de los socios, el sistema económico o las normas relativas a la disolución, entre otros extremos, son contenidos que han de predeterminarse en este singular documento asociativo.

La importancia de los estatutos no reside exclusivamente en ser la norma que da origen a la asociación, y de la que los socios se dotan para funcionar conjunta y ordenadamente, cuya vulneración incluso se puede invocar ante la propia asamblea general y, en su caso, ante la jurisdicción civil, sino que son imprescindibles para facilitar el acto esencial de la inscripción de la asociación en el registro competente. Y decimos esencial porque esta obligación constitucional de la inscripción (artículo 22.3 CE), así como su permanente actualización, es la que, en la práctica, va a permitir a la asociación desplegar plenamente su actividad interna y externa, y ello sin contar con que la inscripción, por un lado, produce el importante efecto de la separación patrimonial y, por otro, es una garantía para los propios socios y para los terceros que con ella quieran interactuar. Es decir, que los estatutos estén correctamente confeccionados significa que la asociación podrá alcanzar con éxito la inscripción registral, que los socios se puedan relacionar en el contexto de una precisa organización y puedan ejercer sus derechos y deberes, y que la entidad misma pueda desarrollar en toda su extensión los fines sociales.

Sin embargo, no siempre los estatutos que se aprueban en la asamblea fundacional de una asociación o en posteriores asambleas al objeto de su modificación son aptos a los indicados efectos. No indagaremos en los motivos de esta circunstancia, que podrían estar en el desconocimiento de la norma o en el descuido de quienes se agrupan, en la confusión con otras figuras jurídicas o en cualquier otro tipo de razón. Lo cierto es que, desde la perspectiva registral, en los procedimientos de inscripción primera de las asociaciones y de modificación de estatutos de las asociaciones ya inscritas la principal causa de subsanación de la solicitud consiste en la incompleta y/o defectuosa elaboración de los estatutos presentados, con el retraso que para la tramitación de los expedientes ello supone, incluso determinante de la denegación de lo pedido, y el consiguiente coste y carga para los promotores y socios de tener que volver a instar tales procedimientos.

Por estos motivos, tanto por la importancia de los estatutos asociativos, que se planean hacia dentro de la entidad pero también frente a la Administración y terceros, como por su deficiente cumplimentación en no pocas ocasiones, según demuestra la experiencia, es por lo que nos hemos animado a analizar el documento estatutario y así ofrecer un manual para promotores y socios, y para cualquier interesado en la materia.

Para ello estudiaremos sucesivamente la naturaleza y concepto de estatutos, su contenido obligatorio y potestativo, y su correspondiente inscripción registral, por entender que así estructurada la obra es suficiente para tomar conocimiento de los aspectos formales y materiales que ha de reunir el texto estatutario, y siempre con la referencia de la Ley Orgánica 1/2002, de 22 de marzo, reguladora del Derecho de Asociación (LODA), y sus normas de desarrollo y complementarias, en particular las que rigen el Registro Nacional de Asociaciones (RNA), así como la importante Sentencia del Tribunal Constitucional 133/2006, que resolvía el recurso de inconstitucionalidad interpuesto contra la LODA. Una ley orgánica que después de más de dos décadas de vigencia se resiente y necesita de ciertos retoques, por lo que, sin alejarnos de nuestro objetivo principal que es aportar la información precisa para redactar y presentar adecuadamente unos estatutos, también formularemos algunas propuestas que no son incompatibles con la legislación actual.

Al margen de la LODA, tendremos en cuenta otra variada normativa de directa incidencia en determinados contenidos estatutarios, en particular en materia de denominaciones, fines y actividades, además de sugerir la inclusión de ciertos apartados alusivos al uso de las nuevas tecnologías en la organización asociativa.

No descuidaremos las aportaciones de la jurisprudencia y la doctrina general, a pesar de no haberse prodigado en la materia, pues su atención se ha centrado más en los perfiles constitucionales del derecho fundamental de asociación y en el controvertido carácter declarativo o constitutivo de la inscripción registral, dejando a un lado las vicisitudes de la vida asociativa, tan vinculadas al contenido de los estatutos. Ni los perfiles del derecho ni el carácter de la inscripción son objeto de estudio en este trabajo. En cualquier caso, tales referencias se harán con brevedad y huyendo de disquisiciones conceptuales que no son del interés del ciudadano medio animado a constituir una asociación.

Cabe advertir que si bien los contenidos afectan de plano a las asociaciones de ámbito estatal y a las asociaciones regionales de aquellas Comunidades Autónomas que aplican la normativa estatal, también resultan aplicables a las asociaciones de las Comunidades Autónomas con legislación propia como son Andalucía, Canarias, Cataluña, Comunidad Valenciana y País Vasco, no obstante lo cual los redactores de los estatutos de estas asociaciones deberán tener en cuenta, en lo que proceda, las especificidades recogidas en la respectiva normativa autonómica. También nosotros, aunque sin ánimo extensivo, haremos las oportunas referencias a estas normas de rango legal.

Tampoco podemos desconocer la Resolución del Parlamento Europeo, de 17 de febrero de 2022, con recomendaciones destinadas a la Comisión sobre un estatuto para las asociaciones y organizaciones sin ánimo de lucro transfronterizas europeas. En ella se propone la adopción de un Reglamento por el que se establece el Estatuto de la asociación europea, el cual dedica el artículo 8 a los estatutos, y una Directiva sobre unas normas mínimas comunes para las organizaciones sin ánimo de lucro en la Unión, que también se refiere a los estatutos en el artículo 11. El Reglamento regularía directamente una nueva figura jurídica, la «asociación europea», y la Directiva tendría por objeto establecer un conjunto común de medidas y aproximar las legislaciones de los Estados miembros sobre determinados aspectos de las asociaciones, entre ellos los relativos a fines, actividades y financiación, tan vinculados al contenido estatutario. Tan ambicioso plan se ha diluido y reconducido a una tercera vía, la que presenta la Propuesta de Directiva del Parlamento Europeo y del Consejo relativa a las asociaciones transfronterizas europeas, de 5 de septiembre de 2023. De aprobarse en los actuales términos, dicha directiva no afectaría a las actuales asociaciones de régimen general en España pues se limita a crear un nuevo tipo de asociación, diferenciada y especial, llamada «asociación transfronteriza europea» para, a través de la misma, potenciar las libertades propias del mercado interior, coexistiendo con todas las demás. Sin embargo, a pesar de las reticencias de las autoridades nacionales en este ámbito, es tan persistente la intención de las instituciones comunitarias por configurar una asociación europea común o por introducir criterios uniformes en las asociaciones comunes de los Estados miembros, así como tan imprevisible y oscilante la orientación normativa, que resulta difícil aventurar qué acto legislativo terminará por aprobarse y qué impacto podrá tener en las referidas asociaciones españolas y sus estatutos.

Por lo demás, y atendiendo al enfoque práctico perseguido, se presentan algunos consejos sobre cómo actuar en los procedimientos de inscripción, así como al final se ofrece un modelo orientativo de estatutos, lo más completo posible, que entendemos apto para acceder al registro competente y para regir la organización y operatividad de cualquier asociación, de la misma forma que también se añaden modelos de actas y certificados.

Igualmente en anexo se reproduce la propia LODA por entender que facilita el contraste inmediato de los comentarios con la norma, y aprovechando esta incorporación se ha completado el texto de la ley orgánica con notas ampliatorias de visión sistemática. Aunque pudiera sobrepasar nuestro objeto, se hace también una relación de los pronunciamientos más significativos del Tribunal Constitucional sobre la libertad de asociación y, en esta misma línea, hemos añadido una breve bibliografía para orientar a aquellas personas interesadas en un conocimiento más amplio de las distintas vertientes del derecho de asociación.

Así planteada, confiamos en la utilidad de esta publicación, y que la misma aparezca como un recurso más puesto a disposición de las asociaciones comunes para facilitarles el más correcto ejercicio de su funcionamiento e importante misión dentro de una sociedad de progreso y de Derecho.

Capítulo primero

Marco conceptual. El proceso de constitución de las asociaciones. Naturaleza y alcance de los estatutos

SUMARIO: 1. LA ASOCIACIÓN. SU PROCESO DE CREACIÓN: ACTA FUNDACIONAL Y ESTATUTOS. ADQUISICIÓN DE LA PERSONALIDAD JURÍDICA. *1.1. Concepto de asociación. 1.2. Proceso de constitución de las asociaciones.* 2. NATURALEZA Y DEFINICIÓN DE ESTATUTOS. 3. LOS ESTATUTOS COMO MEDIDA DE CAPACIDAD.

El derecho de asociación es consustancial a nuestra sociedad democrática y está debidamente reconocido en los tratados internacionales de los que España forma parte, así en la Declaración Universal de los Derechos Humanos (artículo 20), en el Pacto Internacional de Derechos Civiles y Políticos (artículo 22), en el Convenio Europeo para la Protección de los Derechos Humanos y las Libertades Fundamentales (artículo 11) y en la Carta de los Derechos Fundamentales de la Unión Europea (artículo 12).

Y, por supuesto, está contemplado en amplios términos en el artículo 22 de la Constitución de 1978 (CE), según el cual:

> «*1. Se reconoce el derecho de asociación. 2. Las asociaciones que persigan fines o utilicen medios tipificados como delito son ilegales. 3. Las asociaciones constituidas al amparo de este artículo deberán inscribirse en un registro a los solos efectos de publicidad. 4. Las asociaciones sólo podrán ser disueltas o suspendidas en sus actividades en virtud de resolución judicial motivada. 5. Se prohíben las asociaciones secretas y las de carácter paramilitar*».

La CE acoge un sistema de reconocimiento de las asociaciones de plena libertad, y al quedar el artículo 22 dentro de la importante Sección 1ª del Capítulo II del Título I, el derecho de asociación goza de la más alta protección constitucional. Por tanto, vincula a los ciudadanos y a los poderes públicos, debe desarrollarse por ley orgánica que, en todo caso, deberá respetar su contenido esencial, cabe recurso de inconstitucionalidad contra las leyes que lo lesionen, su reforma está afectada por el procedimiento agravado del artículo 168 CE, su protección jurisdiccional se realiza a través de un procedimiento preferente y sumario, y contra su violación cabe recurso de amparo ante el Tribunal Constitucional. Se trata de un derecho que se puede hacer valer ante el Defensor del Pueblo y de un derecho fundamental no susceptible de suspensión en caso de declaración de los estados de excepción y sitio. Además, por virtud del artículo 10.2 CE, las normas relativas al derecho de asociación se interpretarán de conformidad con los tratados internacionales que regulan esta materia[1].

El Tribunal Constitucional ha reiterado la esencialidad de la libertad de asociación, por estar íntimamente ligada a la dignidad de la persona y ser imprescindible en cualquier sociedad que se quiera llamar democrática. El derecho de asociación se ha calificado por dicho tribunal como «*una de las libertades públicas capitales de la persona*» (STC 244/1991, FJ 2), y ha manifestado que la libertad, como valor superior del ordenamiento jurídico (artículo 1.1 CE), implica el reconocimiento de la autonomía del individuo para elegir entre las diversas opciones vitales que se le presenten, de acuerdo con sus propios intereses y preferencias, y que dicho valor «*en el ámbito de la formación de agrupaciones entre individuos se traduce, entre otras, en las disposiciones del art. 22 de la Constitución*» (STC 113/1994, FJ 11). E igualmente que «*la libertad de asociación es un componente esencial de las democracias pluralistas pues sin ella no parece viable en nuestros días un sistema tal, del que resulta, en definitiva, uno de sus elementos estructurales como ingrediente del Estado Social de Derecho*», para concluir que «*el derecho de asociación se encuentra, pues, vinculado a la dignidad humana y al libre desarrollo de la personalidad por cuanto protege el valor de la sociabilidad como dimensión esencial de la persona y en cuanto elemento necesario para la comunicación pública en una sociedad democrática*» (STC 236/2007, FJ 7).

A partir de estos postulados el Tribunal Constitucional concretó el contenido esencial del derecho de asociación (por todas, STC 173/1998, FJ 8), identificando cuatro facetas o dimensiones:

1. La inclusión de los tratados como pauta interpretativa se ha considerado, en general, como un acierto de la CE, pero el hecho de que estos tratados acojan términos que permitirían ir más allá de los límites constitucionales, han hecho pensar que su ratificación por España habilitaría al legislador a introducir nuevas restricciones. De entre los citados, el Convenio Europeo para la Protección de los Derechos Humanos y las Libertades Fundamentales de 1950, del Consejo de Europa, proclama la libertad de asociación en su artículo 11 pero añade que por ley se pueden establecer aquellas restricciones que, en una sociedad democrática, resulten necesarias «para la seguridad nacional, la seguridad pública, la defensa del orden y la prevención del delito, la protección de la salud o de la moral, o la protección de los derechos y libertades ajenos». Sin embargo, se ha dicho que no parece que estas previsiones puedan apoyar cualquier intento de rebajar las garantías o la amplitud o grado de libertad real que la CE ha previsto para el derecho fundamental de asociación, siendo que dichos tratados actúan, en todo caso, como un estándar mínimo que se puede incrementar y superar, vid. FERNÁNDEZ FARRERES, G., *Asociaciones y Constitución,* Civitas, 1987, pág. 41.

a) la libertad de creación de asociaciones y de adscripción a las ya creadas;

b) la libertad de no asociarse o de dejar de pertenecer a las mismas;

c) la libertad de organización y funcionamiento sin injerencias públicas;

d) la garantía de un haz de facultades de los socios, individualmente considerados, frente a las asociaciones a las que pertenecen.

Por su parte, la LODA, aprobada como desarrollo del artículo 22 CE, viene a explicitar en su artículo 2 una serie de principios rectores, entre ellos, que «*todas las personas tienen el derecho a asociarse libremente para la consecución de fines lícitos*»[2]; que «*el derecho de asociación comprende la libertad de asociarse o crear asociaciones, sin necesidad de autorización previa*»[3]; que «*nadie puede ser obligado a constituir una asociación, a integrarse en ella o a permanecer en su seno*»[4]; y que «*la organización interna y funcionamiento de las asociaciones deben ser democráticos*»[5].

De todo lo anterior se deduce que cuando hablamos del derecho de asociación hay que aludir a dos planos principales, a la libertad de las personas de crear asociaciones y a la libertad de funcionamiento del ente que surge en virtud de aquélla, que se separa de los miembros fundadores para alcanzar personalidad propia y diferenciada (dimensiones individual y colectiva del derecho de asociación). Es clara la distinción «*entre asociación como contenido de un derecho subjetivo que pone en relación a una pluralidad de personas y asociación como organización, entidad o formación asociativa*»[6], la cual «*cobra vida independiente y comienza a desenvolverse como un sujeto nuevo y distinto de las personas que lo hayan creado*»[7].

Pues bien, todos estos perfiles, dimensiones o principios, como iremos viendo, se plasman en toda su intensidad en los estatutos de las asociaciones, lo que viene a reforzar su carácter de documento fundamental y básico para la existencia de las mismas, ya que tanto recogen los derechos que asisten a las personas que se asocian como las facultades que competen a la entidad misma.

2. La licitud se entiende en un sentido amplio, no sólo la ilicitud penal.
3. Este inciso supuso la definitiva superación del sistema de autorización gubernativa y visado de estatutos previsto en la Ley 191/1964, de 24 de diciembre, de Asociaciones (artículo 3).
4. La libertad es un valor superior de nuestro ordenamiento jurídico (artículo 1.1 CE).
5. Esta exigencia de democracia interna se prevé en la CE para determinadas entidades pero no para las asociaciones.
6. Cfr. LUCAS MURILLO DE LA CUEVA, E., *El Derecho de Asociación*, Tecnos, Madrid, 1996, pág. 92.
7. Cfr. LUCAS MURILLO DE LA CUEVA, E., *Igualdad y autonomía. Las competencias sobre asociaciones en la jurisprudencia constitucional*, Civitas, Madrid, 1999, pág. 83.

1. LA ASOCIACIÓN. SU PROCESO DE CREACIÓN: ACTA FUNDACIONAL Y ESTATUTOS. ADQUISICIÓN DE LA PERSONALIDAD JURÍDICA

1.1. CONCEPTO DE ASOCIACIÓN

Si, en general, resulta complejo el concepto de persona jurídica, no menos complicado es definir lo que es una asociación.

En una inicial aproximación, la que se desprende de la RAE, asociación es un «*conjunto de asociados para un mismo fin y, en su caso, persona jurídica por ellos formada*»[8]; para el Diccionario de Uso del Español se trata, aplicado a personas, en sentido amplio, de «*cualquier grupo formado voluntariamente para realizar un fin común*» y, en concreto, se aplica a «*grupos de personas formados de manera estable con cierto fin que se especifica*»[9]; y para el Diccionario Panhispánico del Español Jurídico «*organización dotada de personalidad jurídica integrada por una diversidad de personas, físicas o jurídicas, que, mediante un pacto asociativo, se dedica de forma permanente a la consecución de determinados fines sin finalidad de lucro*»[10].

En la jurisprudencia del Tribunal Constitucional anterior a la LODA aparece la siguiente definición de asociación: «*organización estable de varias personas para la gestión de interés común sobre una base consensual*» (STC 244/1991, FJ 3).

También antes de la LODA, la pionera Ley 3/1988, de 12 de febrero, de Asociaciones del País Vasco, establecía que «*las Asociaciones se constituyen mediante el acuerdo de tres o más personas por el que se crea una entidad organizada para la consecución de fines mutuos o generales, comprometiéndose para ello a poner en común sus conocimientos, su actividad o sus recursos económicos con carácter permanente, con arreglo a unos Estatutos aprobados por todos ellos y ofreciendo a otras personas sus ingreso voluntario en dicha organización asociativa*» (artículo 5.1). La posterior Ley 7/1997, de 18 de junio, de Asociaciones de Cataluña, recogía que «*en las asociaciones, tres o más personas se unen de forma voluntaria, libre y solidaria para lograr, sin ánimo de lucro, una finalidad común, de interés general o particular, y a tal fin se comprometen a poner en común sus conocimientos, actividades o recursos económicos, con carácter temporal o indefinido*» (artículo 2.1)[11].

---

8. Cfr. REAL ACADEMIA ESPAÑOLA, *Diccionario de la Lengua Española*, 22ª Ed., 2001, pág. 154.
9. Cfr. MARÍA MOLINER, Gredos, 1998, pág. 274.
10. Cfr. MUÑOZ MACHADO, S., *Diccionario Panhispánico del Español Jurídico*, Santillana Educación, S.L., Tres Cantos, 2017, pág. 248.
11. Ambas leyes se encuentran en la actualidad derogadas.

Dentro del ámbito científico encontramos sucesivas definiciones que no permiten hablar de un concepto cerrado de general aceptación.

Por todo ello, más que dar ese concepto resulta más útil analizar sus elementos esenciales y configuradores, sin los cuales no sería posible reconocer la institución. Tales elementos serían los siguientes:

a) subjetivo;

b) objetivo;

c) voluntario;

d) organizativo;

e) temporal[12].

El *elemento subjetivo o personal* plantea cuatro cuestiones principales: el número mínimo de miembros para crear una asociación, si éstos lo pueden ser tanto personas físicas como jurídicas, la capacidad de ambas para constituirla, y la titularidad del derecho por parte de los extranjeros.

Sobre el número inicial de miembros las leyes de asociaciones de 1887 y de 1964 nada decían al respecto, si bien esta última hablaba de varias personas, por lo que de sus propios términos se deducía que una asociación constituida por dos personas era posible. La CE no se pronuncia pero las leyes autonómicas anteriores a la LODA sí optaron por un número mínimo de tres personas[13]. Hoy el artículo 5.1 LODA claramente se decanta por la necesidad de que los promotores sean tres personas[14]. A partir de aquí el número de promotores no tiene límite máximo.

En cuanto a que las personas jurídicas sean titulares del derecho de asociación, nada se opone a esta posibilidad. En primer lugar, porque las personas jurídicas pueden ser titulares de los derechos fundamentales si resultan compatibles con su naturaleza, y nada obsta a que, por ejemplo, sociedades o fundaciones ejerciten el derecho de asociación, lo que, por otro lado, se verifica con

12. Un amplio estudio de los elementos configuradores del concepto de asociación en SALAS MURILLO, S. de, *Las asociaciones sin ánimo de lucro en el derecho español*, Centro de Estudios Registrales, Madrid, 1998.

13. Artículo 5.1 de la Ley 3/1988, de 12 de febrero, de Asociaciones del País Vasco, y artículo 2.1 de la Ley 7/1997, de 18 de junio, de Asociaciones de Cataluña.

14. No fue así en los albores del anteproyecto de ley: «... la fijación de un número mínimo de tres, cabe suponer que se establece para asegurar las mayorías que exige la propia Ley Orgánica en la toma de decisiones, puesto que en principio no debería haber obstáculo a la existencia de asociaciones de tan solo dos miembros, tal y como figuraba en los primeros borradores preparatorios de la presente norma, cfr. BENZO SÁINZ, F., *Ley de Asociaciones (Ley Orgánica 1/2002, de 22 de marzo)*, La Ley-Actualidad, Las Rozas, 2002, pág. 17. La Memoria de la LODA no ofrece justificación alguna para la opción finalmente elegida.

cierta frecuencia. Y en segundo término, porque a las asociaciones, que en sí mismas son personas jurídicas, se les reconoce el derecho a agruparse entre ellas para formar federaciones o uniones, lo que conlleva que como asociaciones pueden ejercer el derecho de asociación.

Respecto de la capacidad para crear asociaciones, los límites para las personas físicas son que gocen de capacidad de obrar y no estén sujetas a ninguna condición legal para el ejercicio del derecho. En general pueden constituir asociaciones los mayores de edad y los menores emancipados por sí mismos, y los menores no emancipados mayores de catorce años con el consentimiento de las personas que deban suplir su capacidad. Tres supuestos particulares se presentan en relación con las asociaciones juveniles, de alumnos e infantiles. Las asociaciones juveniles están concebidas para personas cuyas edades estén comprendidas entre los 14 y los 29 años[15], las de alumnos para quienes cursen el segundo ciclo de la educación obligatoria y el bachillerato, entre los 12 y los 18 años, mientras que las asociaciones infantiles parecen encontrarse actualmente en una especie de limbo jurídico. La LODA remite en este punto a lo dispuesto en la Ley Orgánica 1/1996, de 15 de enero, de Protección Jurídica del Menor, pero esta norma sólo hace una genérica declaración del derecho de los menores a promover asociaciones infantiles y juveniles.

También se ocupa la LODA de la capacidad de las personas jurídicas, exigiendo para las personas jurídico-privadas una manifestación expresa del órgano competente para expresar la voluntad de la entidad. Para las personas jurídico-públicas habrá que estar a lo dispuesto en sus normas constitutivas y reguladoras, y si éstas permiten el ejercicio del derecho de asociación, la entidad lo podrá ejercer tanto con otras entidades públicas como con particulares, en este caso como medida de fomento pero siempre que su integración en la asociación no suponga una posición de dominio sobre el resto de asociados.

Y, por último, cabe afirmar que el derecho de asociación está reconocido tanto a españoles como a extranjeros, tal y como ya sentó el Tribunal Constitucional (STC 115/1987). La LODA reconoce hoy el derecho de asociación a españoles y extranjeros, sin perjuicio de lo dispuesto en la normativa sobre extranjería. Al momento de dictarse la LODA en 2002 se encontraba vigente el artículo 8 de la Ley Orgánica 4/2000, de 11 de enero, sobre derechos y libertades de los extranjeros en España y su integración social, que exigía a los extranjeros haber obtenido autorización de estancia o residencia en España para formar asociaciones. A raíz de la STC 236/2007, la Ley Orgánica 2/2009, de 11 de diciembre, operó la asimilación completa entre españoles y extranjeros en cuanto a la titularidad y ejercicio del derecho de asociación, dando redacción definitiva al artículo 8 de la Ley Orgánica 4/2000, de 11 de enero: «*Todos los*

15. Vid. Real Decreto 397/1988, de 28 de noviembre, por el que se regula la inscripción registral de las asociaciones juveniles.

extranjeros tienen el derecho de asociación en las mismas condiciones que los españoles».

El elemento *objetivo o teleológico* se refiere a las características del fin perseguido por la asociación, que debe ser común, determinado, lícito, no lucrativo y de interés privado o público-privado. Presupuesto que lo que motiva una unión de personas en forma asociativa es una comunidad de fines y que dicha unión puede perseguir cualesquiera fines de la vida humana, en interés propio (exclusivo de los socios) o en interés de terceros (interés colectivo), el primer requisito del objetivo social, mantenido de forma reiterada por la legislación, es el de la «determinación» de los fines, lo que alude a su precisa descripción. Otra nota ineludible del fin es su «licitud», tanto desde la perspectiva civil como, especialmente, penal. En último término el fin debe presentar un carácter «no lucrativo», de tal manera que se excluya el reparto subjetivo de beneficios entre los socios durante la vida de la asociación, y al momento de la disolución de ésta el remanente sobrante se destine a otra entidad o proyecto sin afán de lucro.

El *elemento voluntario* está igualmente en la base del concepto de asociación, que se funda en la libre voluntad de las personas de unirse y permanecer unidos para cumplir determinados fines. Un elemento que se concreta en las libertades positiva y negativa comprendidas dentro del derecho de asociación, así reconocidas tempranamente en la STC 5/1981 (FJ 19). La libertad positiva «*supone la superación del recelo con que el Estado liberal contempló el derecho de asociación*» (STC 67/1985, FJ 4), garantizando «*la posibilidad de los individuos de unirse para el logro de todos los fines de la vida humana, y de estructurarse y funcionar el grupo así formado libre de toda interferencia estatal*» (STC 115/1987, FJ 3). La libertad negativa o de no asociarse o de separarse de aquella asociación a la que se pertenece «*es una garantía frente al dominio por el Estado de las fuerzas sociales a través de la creación de corporaciones o asociaciones coactivas que dispusieran el monopolio de una determinada actividad social*» (STC 67/1985, FJ 3).

Ahora bien, una cosa es la libre iniciativa de formar una asociación, sin coacciones externas, y otra distinta la libertad de los socios para configurar y hacer funcionar el ente creado sin intervención del poder público pues, al contrario, a lo largo de la historia hemos asistido a un reiterado control administrativo de las asociaciones.

La nota de voluntariedad también ha servido para diferenciar las asociaciones de las corporaciones de derecho público, que nacen de un acto normativo y acogen un régimen de adscripción obligatoria frente a la libertad de pertenencia y de separación que rige para las asociaciones.

El *elemento organizativo* es el que permite hablar del nacimiento de una entidad independiente de los miembros fundadores. En realidad, una asociación comporta que la unión de personas sea organizada pues, en otro caso, estaríamos ante un mero conglomerado de personas o ante una simple reunión. De la estructura corporativa, que no personalista o contractual, se derivan además importantes consecuencias. La primera es la despersonalización del fin, que se objetiva, y la apertura de la asociación al ingreso de nuevos miembros. La segunda, la autonomía patrimonial de la asociación, con la consiguiente limitación de responsabilidad de los socios. Y, la tercera, la necesaria existencia de órganos, básicamente un órgano de dirección (asamblea general) y un órgano de gestión (junta directiva). Sobre el funcionamiento de tales órganos la LODA ha extendido a todas las asociaciones la exigencia de democracia interna que la Constitución prevé solamente para algunos tipos asociativos.

El *elemento temporal* está directamente vinculado a la idea de permanencia del vínculo asociativo, o lo que es lo mismo, que el vínculo esté dotado de una mínima estabilidad, aun cuando en ningún caso la normativa ha exigido el carácter indefinido de la asociación. Aunque la mayoría de las asociaciones nacen con este carácter, los promotores pueden fijar en el acto fundacional un tiempo limitado de existencia, el que estiman necesario para alcanzar el fin propuesto. Por tanto, pueden existir asociaciones permanentes o temporales. El propio Código Civil, al hablar del destino que ha de darse a los bienes de las asociaciones cuando dejen de funcionar, contempla como supuestos determinantes tanto la expiración del plazo como el cumplimiento del fin para las que se constituyeron (artículo 39).

Al igual que, según hemos visto, las dimensiones del derecho de asociación tienen reflejo en los estatutos, también los cinco elementos del concepto mismo de asociación alcanzan al texto estatutario, siendo parte de su contenido obligatorio según resulta de las letras f), d), e), h) y c) del apartado 1 del artículo 7 LODA, respectivamente.

Desde la perspectiva del derecho positivo, la misma LODA esboza un intento de definición de asociación en su artículo 5.1: «*Las asociaciones se constituyen mediante acuerdo de tres o más personas físicas o jurídicas legalmente constituidas, que se comprometen a poner en común conocimientos, medios y actividades para conseguir unas finalidades lícitas, comunes, de interés general o particular, y se dotan de los Estatutos que rigen el funcionamiento de la asociación*».

Algo más precisos son los conceptos que ofrecen algunas legislaciones autonómicas:

> «*Tiene la consideración de asociación la unión estable, voluntaria, libre y solidaria, de tres o más personas físicas o jurídicas para lograr, sin ánimo de lucro, una finalidad común de interés general, mutuo o sectorial, comprometiéndose para ello a compartir sus conocimientos, actividades o recursos económicos*» (artículo 2.1 Ley 4/2003, de 28 de febrero, de Asociaciones de Canarias —LAC—).

> «*Las asociaciones incluidas dentro del ámbito de la presente ley son entidades privadas de base personalista y sin ánimo de lucro, organizadas para la consecución de*

> *fines particulares o generales y que no estén sometidas a un régimen asociativo específico»* (artículo 3.1 Ley 7/2007, de 22 de junio, de Asociaciones de Euskadi —LAPV—).

> *«Las asociaciones son entidades sin ánimo de lucro, constituidas voluntariamente por tres o más personas para cumplir una finalidad de interés general o particular, mediante la puesta en común de recursos personales o patrimoniales con carácter temporal o indefinido»* (artículo 321-1 Ley 4/2008, de 24 de abril, del Libro Tercero del Código Civil de Cataluña, relativo a las personas jurídicas —LACat—).

> A modo de resumen, a partir de las consideraciones precedentes, y con la sola pretensión de que sirva de guía para este trabajo, podría decirse que la asociación común o general es la «unión voluntaria de tres o más personas físicas y/o jurídicas, con capacidad legal suficiente, que comparten recursos y/o conocimientos para alcanzar o desarrollar un fin común, lícito y no lucrativo, de interés privado o de interés público-privado, con vocación de estabilidad en el tiempo y conforme a una estructura orgánica de base democrática».

No pierden la condición de asociación común las agrupaciones de asociaciones en forma de federación y unión (unión de asociaciones), o confederación (unión de federaciones), como tampoco las asociaciones juveniles y las asociaciones extranjeras con delegación en España, todas ellas susceptibles de ser inscritas en los registros generales de asociaciones.

1.2. PROCESO DE CONSTITUCIÓN DE LAS ASOCIACIONES

Identificadas las personas, físicas o jurídicas, que, en mínimo de tres, quieren agruparse, lo primero que se impone es intercambiar ideas sobre el propósito de la futura asociación y, no menos importante, sobre los medios de que dispondrán para su existencia y desarrollo.

Establecido lo anterior, los promotores ya podrán señalar día y lugar para reunirse en asamblea, y para manifestar en la misma la intención de crear una asociación y adoptar los acuerdos por los que habrá de regirse. Sin embargo, tanto la voluntad compartida de constituir una asociación como las reglas pactadas para su actuación y funcionamiento, verbalizadas en tal asamblea, deben trasladarse a dos documentos, el acta fundacional y los estatutos, pues sin la forma escrita nada de lo anterior tendría validez legal, ni la asociación misma adquiriría personalidad jurídica.

El artículo 35 del Código Civil (CC) establece que la personalidad de las asociaciones *«empieza desde el instante mismo en que, con arreglo a derecho, hubiesen quedado válidamente constituidas»*. Y añade el artículo 38 que *«las personas jurídicas pueden adquirir y poseer bienes de todas clases, así como contraer obligaciones y ejercitar acciones civiles y criminales, conforme a las leyes y reglas de constitución»*, es decir, en el ámbito asociativo, conforme a las leyes y a los estatutos. A su vez, el artículo 5.2 LODA dispone que *«el acuerdo de constitución, que incluirá la aprobación de los Estatutos, habrá de formalizarse mediante acta fundacional, en documento público o privado. Con el otorgamiento del acta adquirirá la asociación su personalidad jurídica y plena capacidad de obrar»* [16].

Por tanto, en la base de la formación de toda asociación se encuentran estos dos documentos, el acta fundacional e, incorporada a ella, los estatutos, los cuales, además, no pueden estar confeccionados de cualquier manera sino como exige la ley.

Se ha debatido mucho sobre el carácter o naturaleza del pacto constitutivo, formalizado en el acta fundacional, y aunque aparentemente pueda hablarse de una base contractual[17], el Tribunal Constitucional ha descartado que aquel acto primero, el del nacimiento de la asociación, se pueda calificar de contrato civil (SSTC 218/1988 y 5/1996). Esto es lógico porque en el contrato concurren contraprestaciones o intereses contrapuestos entre las partes, mientras que en la formación de una asociación hay una confluencia de voluntades y de intereses entre los socios promotores.

Compartimos la singularidad de ese pacto, que «*es consecuencia de una mutua aceptación de requisitos estatutarios y deseos y compromisos personales que establece un vínculo específico atípico*» [18] y que el acta fundacional se podría definir como «*el documento escrito en el que queda constancia del acto constitutivo de la asociación para que produzca efectos jurídicos*» [19].

En todo caso, y siguiendo nuestro propósito, nos centramos en lo importante y obligado, es decir, que, según la LODA (artículo 6), el acta fundacional debe contener:

16. Este artículo 5.2 LODA añade «..., sin perjuicio de la necesidad de su inscripción a los efectos del artículo 10». Estos efectos son los de publicidad de la asociación y garantía frente a terceros, y esto, entre otras razones, nos ha llevado a posicionarnos en contra de la adquisición de la personalidad jurídica de las asociaciones desde el instante mismo de suscribirse el acta fundacional y aprobarse los estatutos, y a favor de tal adquisición al momento de la posterior y obligatoria inscripción registral, lo que sin duda favorecería la seguridad jurídica y el emprendimiento asociativo, vid. ROJAS JUÁREZ, J.R., *El registro de asociaciones en la España constitucional*, Dykinson, 2021. Pero mientras no se modifique la LODA, la asociación es persona jurídica desde el momento de firmarse el pacto asociativo y adjuntarse los correspondientes estatutos, con independencia de la forma que éstos adopten o de que su contenido pueda ser ilícito.
17. Con especial énfasis se afirma que «la asociación es un contrato», cfr. ALFARO ÁGUILA-REAL, J., «La expulsión de los asociados y la confianza en el Derecho Privado», *Anuario de Derecho Civil*, 1997, págs. 159 y 161.
18. Cfr. BERMEJO VERA, J., «La dimensión constitucional del derecho de asociación», *Revista de Administración Pública*, núm. 136, 1995, pág. 128.
19. Cfr. LÓPEZ-NIETO Y MALLO, F., *La ordenación legal de las asociaciones*, Dykinson, Madrid, 2004, pág. 129.

«a) El nombre y apellidos de los promotores de la asociación sin son personas físicas, la denominación o razón social si son personas jurídicas, y, en ambos casos, la nacionalidad y el domicilio.

b) La voluntad de los promotores de constituir una asociación, los pactos que, en su caso, hubiesen establecido y la denominación de ésta.

c) Los Estatutos aprobados que regirán el funcionamiento de la asociación, cuyo contenido se ajustará a las prescripciones del artículo siguiente.

d) Lugar y fecha de otorgamiento del acta, y firma de los promotores, o de sus representantes en el caso de personas jurídicas.

e) La designación de los integrantes de los órganos provisionales de gobierno».

Los promotores, en general, optan por formalizar el acta fundacional en documento privado, pero no pocas asociaciones (profesionales, de personas jurídicas o de cualquier otra clase) la formalizan en escritura pública, anexando en ambos casos los correspondientes estatutos. En la elección de una u otra forma influye de manera decisiva la capacidad económica de quienes se asocian. Con independencia de tal condición, hay tres errores frecuentes entre los promotores, el primero, no indicar la fecha en que se firma el acta fundacional, el segundo, señalar una denominación en tal acta distinta de la que figura en los estatutos, y, tercero, indicar como domicilio propio del promotor el correspondiente al domicilio social. Este documento originario es de tal importancia, que es necesario que sus redactores extremen la atención y no den lugar a omisiones e incoherencias.

Como acabamos de apuntar, la constitución se completa con los estatutos, que se integran como parte inseparable de la misma acta fundacional, de tal forma que sin ellos en ningún caso se podría hablar del surgimiento de una asociación. No solamente faltaría un elemento constitutivo sino que faltaría el documento destinado a recoger las reglas que ordenan la organización y actividad de la entidad, y la relación misma entre los socios. Sin los estatutos sólo habría confusión y desgobierno, imposibilitando de hecho el despliegue de la entidad.

Por lo demás, y desde un punto de vista formal, no se agota la constitución con la adopción de acta y estatutos, debiéndose incorporar otros documentos, como certificados y acreditaciones. El artículo 6.2 LODA establece:

«Al acta fundacional deberá acompañar, para el caso de personas jurídicas, una certificación del acuerdo válidamente adoptado por el órgano competente, en el que aparezca la voluntad de constituir la asociación y formar parte de ella y la designación de la persona física que la representará; y, en el caso de las personas físicas, la acreditación de su identidad. Cuando los otorgantes del acta actúen a través de representante, se acompañará a la misma la acreditación de su identidad».

Conforme al artículo 18 del Reglamento del Registro Nacional de Asociaciones (RRNA)[20] para la constancia de la identidad de las personas físicas se indicará: a) el nombre y apellidos; b) la nacionalidad; c) el domicilio; d) el número del documento legal de identificación. A estos efectos, son documentos de identidad admitidos el DNI, el NIE y el pasaporte en vigor, así como cualquier otro acreditativo de la identidad válidamente emitido por el país de origen del promotor. Para la identificación de las personas jurídicas se indicará: a) la razón social o denominación; b) la nacionalidad; c) el domicilio social; d) el NIF.

Es decir, que a la conclusión de la asamblea constitutiva, los promotores deberán reunir y conservar, y tener a disposición de los propios socios, de terceros y, en particular, del Registro:

a) el acta fundacional;

b) los estatutos;

c) los documentos acreditativos de la identidad de los promotores personas físicas;

d) el certificado del acuerdo del órgano competente de las personas jurídicas promotoras;

e) los documentos acreditativos de la identidad de los representantes de las personas jurídicas;

y f) los documentos acreditativos de la identidad de los representantes, en su caso[21].

Con esta manifestación de voluntades y pactos, y su subsiguiente formalización, junto con la acreditación de las correspondientes identidades, queda la asociación válida y legalmente creada.

2. NATURALEZA Y DEFINICIÓN DE ESTATUTOS

Se ha dicho con acierto que *«el principio de autoorganización de las asociaciones tiene su máxima expresión en los estatutos sociales a través de los cuales se disciplina su configuración y desenvolvimiento. Según Ferrara, son la ordenación constitucional de la asociación; el conjunto de normas que regulan de un modo abstracto y para lo futuro su estructura interna, la forma de funcionamiento y su*

20. Real Decreto 949/2015, de 23 de octubre.
21. La representación en la asamblea constitutiva puede presentar una doble vertiente. Los promotores personas físicas pueden actuar mediante representante mientras que los promotores personas jurídicas necesariamente deben designar a un representante para actuar en dicha asamblea. En ambos casos, se debe tener acreditada la identidad de tales representantes.

actividad en el exterior. En cuanto norma institucionalizadora de la asociación, los Estatutos son la fuente primaria, ocupan el escalón más elevado del ordenamiento interno de la misma. Por debajo de ella se sitúan los acuerdos adoptados por los órganos societarios con arreglo a las determinaciones estatutarias»[22].

Así, respecto de su naturaleza jurídica, podríamos decir que los estatutos presentan una doble naturaleza en cuanto documento interno y constitutivo, y en cuanto documento externo y normativo.

Por un lado, los estatutos son un documento interno que redactan libremente los promotores en virtud de los principios de autonomía de la voluntad y de autoorganización, y del que, como documento originario y constitutivo, brota la entidad. Por otro, es un documento normativo que participa de las notas de abstracción, generalidad y obligatoriedad. No es propiamente una norma del ordenamiento jurídico por no emanar del poder público, pero sí es la ley entre socios, que es abstracta por desvincularse del supuesto de hecho que regula, que afecta en general a los fundadores y a futuros socios, y que les vincula a todos ellos por razón de su aceptación voluntaria. Pero, además, los estatutos se proyectan hacia el exterior, hacia los terceros que se relacionan con la asociación y, en este sentido, actúan como medida de capacidad.

En lo relativo al concepto, la RAE define estatuto como «*regla que tiene fuerza de ley para el gobierno de un cuerpo*», y respecto de las sociedades, la Resolución de 31 de enero de 2019, de la Dirección General de los Registros y del Notariado, declaró que «*los estatutos son la norma orgánica a la que debe sujetarse la vida corporativa de la sociedad durante toda su existencia, siendo su finalidad fundamental la de establecer las reglas necesarias para el funcionamiento corporativo de la sociedad. En este sentido se ha dicho que los estatutos son la carta magna o régimen constitucional y de funcionamiento de la sociedad*» (FJ 2)[23].

En esta línea, y en cuanto a las asociaciones, la doctrina habla de «*regla objetiva, societaria, establecida ordinariamente por vía contractual para dar cumplimiento al pacto asociativo*»[24], de «*norma reguladora del discurrir de la vida social*»[25], de «*fuente primaria y ordenadora de la organización y funcionamiento de la asociación*»[26], de «*norma fundamental para la asociación*»[27], de «*conjunto*

22. Cfr. LUCAS MURILLO DE LA CUEVA, E., *El derecho de asociación*, op. cit., págs. 217 y 218.
23. *BOE* núm. 46, de 22 de febrero de 2019.
24. Cfr. LLUÍS Y NAVAS, J., *Derecho de Asociaciones*, Bosch, Barcelona, 1967, pág. 141.
25. Cfr. LÓPEZ NIETO Y MALLO, F., op. cit., pág. 467.
26. Cfr. LUCAS MURILLO DE LA CUEVA, E., *El derecho de asociación*, op. cit., págs. 200 y 201.
27. Cfr. REVERTE MARTÍNEZ, F.M., *La nueva Ley reguladora del Derecho de Asociación y su incidencia sobre las Asociaciones Juveniles*, Ayuntamiento de Murcia, 2004, pág. 32.

de normas del que surgen las normas de funcionamiento del vínculo asociativo»[28] o de «*máxima expresión auto normativa del colectivo*»[29].

Para el Tribunal Constitucional los estatutos constituyen el instrumento en que las asociaciones plasman y desarrollan el principio de autorregulación y autoorganización (SSTC 218/1988 y 42/2011), y han sido calificados respecto de los partidos políticos, que son una asociación más, como «elemento de identidad» que define los rasgos propios del partido y le caracteriza frente a los demás (STC 138/2012, FJ 6).

Desde un punto de vista positivo, y antes de la LODA, la Ley 3/1988, de 12 de febrero, de Asociaciones del País Vasco, definía los estatutos como «*el conjunto de reglas establecidas mediante el acuerdo constituyente a que se refiere el artículo anterior, que disciplinan el régimen interno de la organización asociativa y del desenvolvimiento para la consecución de sus fines*» (artículo 6). Después de la LODA, la LAC (artículo 6) y la Ley 14/2008, de 18 de noviembre, de Asociaciones de la Comunitat Valenciana —LACV— (artículo 13), ofrecen idéntica definición, entendiendo que los estatutos «*constituyen el sistema de reglas por el que se rige la organización interna y funcionamiento de la asociación*». La vigente LAPV da un concepto similar al considerar los estatutos el «*conjunto de reglas que establecen el régimen interno de la asociación y su funcionamiento*» (artículo 9).

En estas definiciones autonómicas apreciamos una interesante evolución, al pasar de decirse «conjunto de reglas establecidas mediante el acuerdo constituyente» a simplemente hablar de «conjunto de reglas», lo que apunta a su carácter abierto. En efecto, los estatutos son un documento vivo que puede y debe modificarse para responder a los cambios y evolución misma de la entidad. Por eso se ha dicho que la facultad de configuración de los estatutos puede hacerse, y de hecho se hace, en dos momentos distintos y por dos sujetos diferentes. El primer momento de redacción estatutaria corresponde, no a la asociación aún no nacida, sino a los socios promotores en ejercicio de su libertad individual de asociación, mientras que el segundo momento corresponde a la asociación en cuanto tal, que en el ejercicio de la dimensión colectiva del derecho de asociación y en tanto que ente diferenciado de los socios, está facultada para modificar aquella redacción original de los estatutos para renovarlos, actualizarlos o adaptarlos a las necesidades sobrevenidas[30].

---

28. Cfr. LÓPEZ MARTÍNEZ DE SEPTIEN, O., «Personas jurídicas, asociaciones y fundaciones. Parte Segunda. Asociaciones», en *Instituciones de Derecho Privado* (dir. J.F. Delgado de Miguel), t. I, vol. 3, Thomson-Civitas, Madrid, 2004, pág. 1174.
29. Cfr. ANGUITA VILLANUEVA, L.A., *Elementos, organización y funcionamiento de las asociaciones*, Reus, Madrid, 2016, pág. 106.
30. Vid. ANZURES GURRÍA, J.J., *La protección constitucional de las asociaciones. Sobre la dimensión colectiva del derecho de asociación,* Centro de Estudios Políticos y Constitucionales, 2014, pág. 224.

En definitiva, los estatutos, en cualquiera de sus versiones, constituyen el documento clave que, dentro de los márgenes legales, plasman la autonomía normativa, organizativa y funcional de las asociaciones. Sin ellos no es posible entender la existencia misma de la asociación y por tal motivo, como decimos, siempre fue un documento fundacional esencial[31]. Su contenido mínimo y obligatorio, además, igualmente ha sido una constante preocupación del legislador, de tal manera que, como veremos, quedó perfilado en la Ley de Asociaciones de 1887, se reguló de forma más detallada en la Ley de Asociaciones de 1964 y hoy aparece como parte destacada de la LODA (artículo 7).

Según el apartado 2 de la disposición final primera de la LODA, su artículo 7 («Estatutos») resulta de aplicación a todo el territorio del Estado en virtud del artículo 149.1.1ª CE, que atribuye al Estado competencia exclusiva para «*la regulación de las condiciones básicas que garanticen la igualdad de todos los españoles en el ejercicio de los derechos y en el cumplimiento de los deberes constitucionales*». Las leyes de asociaciones de las Comunidades Autónomas, lógicamente, han respetado el contenido de este precepto en tanto que mínimos sin perjuicio de añadir otras exigencias suplementarias a los estatutos de las asociaciones de su respectivo ámbito territorial.

3. LOS ESTATUTOS COMO MEDIDA DE CAPACIDAD

La personalidad jurídica y la capacidad de obrar no significan otra cosa que la aptitud de la asociación para ser titular de derechos y obligaciones, y de poder actuar válidamente en Derecho, proyectándose en consecuencia sobre una combinación de efectos positivos y negativos, de ventajas y de cargas. A estos efectos, la concreta redacción de los estatutos en cuanto a los fines sociales va a resultar decisiva.

Ya hemos visto cómo el artículo 5.2 LODA señala que «*con el otorgamiento del acta adquirirá la asociación su personalidad jurídica y plena capacidad de obrar*», mientras que el artículo 38 CC dispone que «*las personas jurídicas pueden adquirir y poseer bienes de todas clases, así como contraer obligaciones y ejercitar acciones civiles o criminales, conforme a las leyes y reglas de su constitución*». Este, en principio, amplio ámbito de la capacidad de las personas jurídicas, en el campo patrimonial o procesal, va a quedar restringido, no obstante, por lo que puedan disponer las leyes y los estatutos constitutivos.

La doctrina, al hablar de las fuentes de la capacidad de las personas jurídicas, apunta que tal capacidad se rige por dos clases de normas, las normas legales, generales o especiales, y las normas estatutarias o prescripciones autónomas,

31. Sin los estatutos «difícilmente podrá reconocerse la existencia de una asociación constituida como tal y, desde luego, la existencia de una asociación que pueda acceder al Registro de Asociaciones», cfr. FERNÁNDEZ FARRERES, G., *Derecho de Asociación. Comentarios a la Ley Orgánica 1/2002, de 22 de marzo,* Civitas, Madrid, 2002, pág. 192.

y que el Código Civil hace referencia, un poco vaga, a estas diversas fuentes al decir que «*la capacidad civil de las corporaciones se regulará por las leyes que las hayan creado o reconocido; la de las asociaciones por sus estatutos, y la de las fundaciones por las reglas de su institución*» (artículo 37). Y con esta base se afirma que en nuestro Derecho se ha consolidado la teoría de que las personas jurídicas gozan de una capacidad plena y general, que no específica derivada del concreto fin para el que han sido creadas[32].

La STS de 5 de noviembre de 1959 declaró que en nuestro Derecho las personas jurídicas gozan de una capacidad plena y general, en una esfera que va más allá de las relaciones meramente económicas y que se extiende a todo campo, y por tanto, el fin de las mismas no constituye, por sí, un límite de su capacidad, debiendo concluirse que las personas jurídicas son reales y capaces, aunque se extralimiten de su fin[33]. No puede desconocerse, sin embargo, la doctrina sobre la capacidad de la persona jurídica asociación, resumida en la STS de 9 de abril de 1969[34], y que referenciada a los estatutos parece seguir vigente en gran medida.

En la práctica, en efecto, asistimos a las restricciones derivadas de disposiciones imperativas pero también a aquellas otras que son resultado de la remisión de las leyes a los estatutos de las personas jurídicas como medida de su capacidad.

Algunas limitaciones legales para las personas jurídicas, sin vinculación a sus normas constitutivas, las encontramos en el Código Civil: «*no podrá constituirse el usufructo a favor de un pueblo o corporación o sociedad por más de treinta años*» (artículo 515); o «*los legítimos representantes de las asociaciones, corporaciones y fundaciones capaces de adquirir podrán aceptar la herencia que a las mismas se dejare; mas para repudiarla necesitan la autorización judicial, con audiencia del Ministerio público*» (artículo 993).

Mayor interés presenta para los promotores y socios redactores de los estatutos la conexión entre capacidad y fines sociales.

32. Vid. CASTÁN TOBEÑAS, J., *Derecho Civil Español, Común y Foral*, Reus, Madrid, 1982, pág. 441.
33. Vid. COSSÍO Y CORRAL, A. de, «De las personas jurídicas», en *Comentarios al Código Civil y Compilaciones Forales. Tomo I* (dir. M Albaladejo), Edersa, Madrid, 1978, pág. 843.
34. «De acuerdo con lo dispuesto en el artículo 37 del CC, la capacidad de las asociaciones se regulará por sus estatutos, según confirmó siempre en su aplicación interpretativa la doctrina de esta Sala especialmente contenida en las sentencias de 9 de febrero de 1905, 9 de abril de 1913 y 1 de mayo de 1964; precepto que luego fue ratificado en sus características y alcance por la Ley de Asociaciones de 24 de diciembre de 1964, especialmente en el número 1 de su artículo 6°, en cuyo ordinal 6° se añade que las actuaciones y acuerdos que sean contrarios a los estatutos podrán ser suspendidos o anulados a instancia de parte por la Autoridad judicial», cfr. ALBÁCAR LÓPEZ, J.L. y MARTÍN GRANIZO, M., *Código Civil. Doctrina y Jurisprudencia*, Trivium, Madrid, 1991, pág. 465. En la actualidad, vid. artículo 40.3 LODA.

El artículo 212 CC es un claro ejemplo de la amplitud con que se contempla la capacidad de las personas jurídicas, que se extiende nada menos que a las relaciones personales, si bien al mismo tiempo el precepto condiciona la posibilidad de ejercicio de la tutela por una persona jurídica no lucrativa a que sus fines comprendan *«la protección y asistencia de menores»*. Estos fines, en particular, son los que presentan multitud de asociaciones comunes de acción social vinculadas a la infancia. E igualmente el artículo 275 CC permite que puedan ser curadores las personas jurídicas privadas sin ánimo de lucro *«entre cuyos fines figure la promoción y asistencia de las personas con discapacidad»*, que son los fines sociales de también tienen numerosas asociaciones comunes.

También da muestra de la extensión de la capacidad el artículo 66 de la Ley 9/2017, de 8 de noviembre, de Contratos del Sector Público, si bien se indica que las personas jurídicas sólo podrán ser adjudicatarias de contratos *«cuyas prestaciones estén comprendidas dentro de los fines, objeto o ámbito de actividad que, a tenor de sus estatutos o reglas fundacionales, les sean propios»*.

En ocasiones la normativa sectorial predetermina la condición y objeto de la asociación. Así, por ejemplo, es «club privado de fumadores» el previsto en la disposición adicional novena de la Ley 28/2005, de 26 de diciembre, de medidas sanitarias frente al tabaquismo[35]. Sólo podrán ser reconocidas como «organismo acreditado» para la adopción internacional las entidades sin ánimo de lucro, entre ellas, las asociaciones inscritas *«que tengan como finalidad en sus estatutos la protección de menores»* (artículo 7.1 de la Ley 54/2007, de 28 de diciembre, de Adopción Internacional)[36]. Se entiende que es «institución de mediación» la definida en el artículo 5 de la Ley 5/2012, de 6 de julio, de mediación en asuntos civiles y mercantiles[37]. Y los «productores de productos» que opten por un sistema colectivo de responsabilidad ampliada deberán adoptar la

35. Disposición adicional novena: «... A los efectos de esta Disposición, para ser considerado club privado de fumadores deberá tratarse de una entidad con personalidad jurídica, carecer de ánimo de lucro y no incluir entre sus actividades u objeto social la comercialización o compraventa de cualesquiera bienes o productos consumibles». La práctica totalidad de clubes de fumadores son asociaciones.

36. El Reglamento de desarrollo concreta como requisito: «Tener como finalidad, según sus estatutos, la protección de las personas menores de edad, de acuerdo con lo previsto en la normativa española, y con los principios recogidos en la Convención sobre los Derechos del Niño, adoptada por la Asamblea General de las Naciones Unidas el 20 de noviembre de 1989, en el Convenio relativo a la protección del niño y a la cooperación en materia de adopción internacional, hecho en La Haya el 29 de mayo de 1993, así como en cualquier norma que le sea de aplicación» (artículo 18.b) del Reglamento de Adopción Internacional, aprobado por Real Decreto 573/2023, de 4 de julio).

37. Artículo 5.1: «Tienen la consideración de instituciones de mediación las entidades públicas o privadas, españolas y extranjeras, y las corporaciones de derecho público que tengan entres sus fines el impulso de la mediación...». Las entidades privadas a que se refiere el precepto son en su mayoría asociaciones.

forma de asociación en los términos del artículo 50 de la Ley 7/2022, de 8 de abril, de residuos y suelos contaminantes por una economía circular[38].

Al amparo del artículo 42 LODA[39] es muy frecuente la creación de órganos colegiados mixtos, con representación paritaria entre la Administración pública y las asociaciones vinculadas a un sector concreto, con el objetivo de que dicho órgano funcione como un instrumento de participación y consulta de la sociedad civil. Sin embargo, la integración de las asociaciones en este tipo de órganos[40], normalmente llamados «consejos», no se hace en abstracto, es decir, por el solo hecho de ser una asociación, sino previa comprobación de que los fines estatutarios de las mismas están directamente relacionados con la precisa finalidad que ha inspirado y justificado la creación del respetivo consejo[41].

En este mismo campo de la participación, es frecuente que el derecho reconocido en el artículo 105.b) CE[42], relativo a la intervención de las organizaciones y asociaciones en la elaboración de las normas, se instrumente a través de la audiencia a este tipo de consejos, pero también directamente a las asociaciones, siempre que éstas puedan demostrar una relación directa con el contenido de la norma. El artículo 26 de la Ley 50/1997, de 27 de noviembre, del Gobierno,

38. Artículo 50.1: «Los productores que opten por un sistema colectivo para el cumplimiento de las obligaciones derivadas de la responsabilidad ampliada constituirán una asociación de las previstas en la Ley Orgánica 1/2002, de 22 de marzo, reguladora del Derecho de Asociación…».
39. Artículo 42: «1. A fin de asegurar la colaboración entre las Administraciones públicas y las asociaciones, como cauce de participación ciudadana en asuntos públicos se podrán constituir Consejos Sectoriales de Asociaciones, como órganos de consulta, información y asesoramiento en ámbitos concretos de actuación. 2. Los Consejos Sectoriales de Asociaciones estarán integrados por representantes de las Administraciones públicas, de las asociaciones, y por otros miembros que se designen por sus especiales condiciones de experiencia o conocimiento, atendiendo a la distribución competencial concreta que en cada materia exista».
40. Son el tipo de órgano colegiado a que se refiere el artículo 15 de la Ley 40/2015, de 1 de octubre, de Régimen Jurídico del Sector Público (LRJSP): «2. Los órganos colegiados de las distintas Administraciones Pública en que participen organizaciones representativas de intereses sociales, así como aquellos compuestos por representantes de distintas Administraciones Públicas, cuenten o no con participación de organizaciones representativas de intereses sociales, podrán establecer o completar sus propias normas de funcionamiento. Los órganos colegiados a que se refiere este apartado quedarán integrados en la Administración Pública que corresponda, aunque sin participar en la estructura jerárquica de ésta, salvo que así lo establezcan sus normas de creación, se desprenda de sus funciones o de la propia naturaleza del órgano colegiado».
41. A modo de ejemplo, vid. artículo 5.2 del Real Decreto 235/2005, de 4 de marzo, para el «Consejo Estatal de Organizaciones no Gubernamentales de Acción Social»; el artículo 3.1.j) de la Orden IGD/577/2020, de 24 de junio, para el «Consejo de Participación de las Personas LGTBI»; artículo cuarto.1.1º.c) de la Orden DSA/1009/2021, de septiembre, para el «Consejo Estatal de Participación de la Infancia y de la Adolescencia».
42. Artículo 105 CE: «La Ley regulará: b) La audiencia de los ciudadanos, directamente o a través de las organizaciones y asociaciones reconocidas por la ley, en el procedimiento de elaboración de las disposiciones administrativas que les afecten».

que lleva por título «Procedimiento de elaboración de normas con rango de Ley y reglamentos», recoge en su apartado 6 que cuando la norma afecte a los derechos e intereses legítimos de las personas, el centro directivo competente publicará el texto en el portal web correspondiente, con el objeto de dar audiencia a los ciudadanos afectados y obtener cuantas aportaciones adicionales puedan hacerse por otras personas o entidades, pero que, asimismo, podrá recabarse directamente la opinión de las organizaciones o asociaciones reconocidas por ley que agrupen o representen a las personas cuyos derechos o intereses legítimos se vieren afectados por la norma *«y cuyos fines guarden relación directa con su objeto».*

En materia procesal vemos la misma vinculación.

Se reconoce que pueden ser parte en los procesos civiles las personas jurídicas (artículo 6.1.3º Ley 1/2000, de 7 de enero, de Enjuiciamiento Civil), pero se recogen reglas especiales de legitimación, en particular, en cuanto alcanza a las asociaciones comunes, para la defensa del derecho a la igualdad de trato y no discriminación entre mujeres y hombres por las asociaciones legalmente constituidas «que tengan entre sus fines» la defensa y promoción de los derechos humanos (artículo 11.bis), por tanto, por asociaciones que recojan en sus estatutos estos precisos fines en el ámbito de la igualdad de género. También para la defensa de los derechos e intereses de víctimas de discriminación por razones de orientación e identidad sexual, expresión de género o características sexuales, las asociaciones legalmente constituidas «que tengan entre sus fines» la defensa y promoción de los derechos de las personas lesbianas, gais, bisexuales, trans e intersexuales o de sus familias (artículo 11 ter), fines que deberán estar recogidos expresamente en los estatutos. E igualmente, para defensa de los intereses generales de los trabajadores del arte y de la cultura, las asociaciones profesionales «que tengan por objeto» su defensa y protección (artículo 11 quater)[43].

También tienen reconocida legitimación en el orden contencioso-administrativo las personas jurídicas y, en concreto, las asociaciones que resulten afectadas o estén legalmente habilitadas para la defensa de los derechos e intereses legítimos colectivos, las asociaciones que tengan entres sus fines la defensa y promoción de los derechos humanos en relación con la defensa del derecho, individual o colectivo, a la igualdad de trato y no discriminación e intolerancia, y las asociaciones para la defensa de los derechos e intereses de las personas o colectivos víctimas de discriminación por motivos sexuales que tengan entres sus fines la defensa y promoción de los derechos de las personas lesbianas, gais, bisexuales, trans e intersexuales o de sus familias (artículo 19 de la Ley 29/1998, de 13 de julio, reguladora de la Jurisdicción Contencioso-Administrativa).

43. Este artículo se ha añadido por Real Decreto-ley 6/2023, de 19 de diciembre.

Y de la misma forma en el orden social, además de los sindicatos de trabajadores y asociaciones empresariales, y de las asociaciones de trabajadores autónomos, están legitimadas las asociaciones legalmente constituidas para la defensa de los derechos e intereses de las personas o colectivos víctimas de discriminación por motivos sexuales que tengan entres sus fines la defensa y promoción de los derechos de las personas lesbianas, gais, bisexuales, trans e intersexuales o de sus familias (artículo 17 de la Ley 36/2011, de 10 de octubre, reguladora de la jurisdicción social).

La jurisprudencia constitucional posterior a la LODA, en cuanto a la legitimación de las asociaciones en los procesos judiciales, se ha pronunciado en el sentido de vincular la condición de interesado de las asociaciones comunes al contenido de los fines estatutarios, por lo que es claro que éstos constriñen su capacidad de obrar[44]. A modo de ejemplo, en la STC 121/2019, dictada en recurso de amparo interpuesto por una federación de asociaciones contra sentencia del Tribunal Superior de Justicia de Andalucía, por lesión del derecho previsto en el artículo 24.1. CE (tutela judicial efectiva), se estimó el recurso reconociendo legitimación a la actora al existir *«una relación directa entre los fines de la federación y los concretos motivos en que se fundamentaba el recurso por inactividad de la Consejería de Educación de la Junta de Andalucía»* (FJ 3). En igual sentido, en la STC 218/2009, dictada en recurso de amparo interpuesto por una asociación invocando el mismo artículo 24.1. CE, se estimó la legitimación activa *«pues el examen de la Sentencia impugnada pone de manifiesto que la inadmisión del recurso contencioso-administrativo por ausencia de legitimación de la asociación recurrente en amparo supuso una interpretación de las reglas aplicables que cabe calificar de excesiva o desproporcionadamente rigorista, atendidas las circunstancias concurrentes. A tal conclusión se llega, en primer lugar, si se observa la finalidad estatutaria de la asociación recurrente, en cuanto delimitación propia de sus intereses»* (FJ 3).

Por todo lo expuesto, si las asociaciones tienen una clara vocación e intención de intervenir en un determinado sector social o ámbito de actividad, y de desplegar plenamente en ellos la más amplia actuación, es necesario que los estatutos no supongan una autorrestricción material por el hecho de estar deficiente o difusamente redactados, por lo que es muy aconsejable que promotores y socios definan con toda claridad para qué se crea la asociación.

Esta precisa definición, además, vincula internamente a los órganos de la asociación en la toma de decisiones. Una cosa es que la asociación, en virtud de su reconocida plena capacidad de obrar, pueda ser titular de derechos patrimoniales y personales, o pueda suscribir contratos y convenios, y otra muy distinta que ejerza estas facultades en manifiesto desvío de la finalidad estatutaria. Se

44. SSTC 282/2006, FJ 3; 358/2006, FJ 4 y 5; 52/2007, FJ 3 y 4; 202/2007, FJ 3; 184/2008, FJ 3 y 4; 28/2009, FJ 4; 218/2009, FJ 3; 139/2010, FJ 6; 154/2016, FJ 3; 121/2019, FJ 3.

puede entender que una asociación dedicada exclusivamente a la protección y atención de personas mayores dependientes pueda adquirir un local en propiedad para establecer en el mismo un centro residencial, pero menos comprensible sería si pretendiera firmar un convenio con un ayuntamiento para fomentar las habilidades digitales de la juventud. En este último caso, precisamente porque los estatutos predeterminan unos concretos «fines y actividades» (artículo 7.1.d) LODA), los socios pueden reaccionar contra el acuerdo asociativo que permitiera tal convenio, y ello al amparo de lo dispuesto en el artículo 40.3 LODA: «*los asociados podrán impugnar los acuerdos y actuaciones de la asociación que estimen contrarios a los Estatutos dentro del plazo de cuarenta días, a partir de la fecha de adopción de los mismos, instando su rectificación o anulación y la suspensión preventiva en su caso, o acumulando ambas pretensiones por los trámites establecidos en la Ley de Enjuiciamiento Civil*».

En definitiva, debido a que las asociaciones, por más recursos que puedan tener, no son más que personas jurídico-privadas que no pueden desplegar una actividad universal, insistimos en que, además de ser obligatorio, es muy recomendable que los promotores y socios fijen, concreten y delimiten sus objetivos en los estatutos, por cuanto sólo esto les facilitará, en el ámbito externo e interno, el normal y más completo desarrollo de las actuaciones tendentes a cumplir el fin social.

Capítulo segundo

Marco práctico. Aspectos formal y material de los estatutos. Su contenido preceptivo y facultativo

SUMARIO: 1. REGLAS GENERALES SOBRE LA FORMA Y CONTENIDO DE LOS ESTATUTOS. 2. CONTENIDO PRECEPTIVO DE LOS ESTATUTOS. *2.1. Denominación. La composición del nombre asociativo: criterios y reservas.* 2.1.1. Los criterios configuradores del nombre: idoneidad, licitud y disponibilidad. 2.1.2. Reservas de nombre. *2.2. Domicilio. 2.3. Duración. 2.4. Ámbito territorial de actuación. 2.5. Ámbito funcional de actuación: fines y actividades. La ausencia de ánimo de lucro.* 2.5.1. Fines lícitos. 2.5.2. Fines precisos. 2.5.3. Fines no lucrativos. *2.6. Régimen de los socios. Derechos y deberes. Admisión y separación.* 2.6.1. Derechos y deberes. 2.6.2. Requisitos y modalidades de admisión y baja, sanción y separación. *2.7. Órganos de gobierno y representación.* 2.7.1. Órganos necesarios: Asamblea General y Junta Directiva. 2.7.2. Actuación por medios electrónicos. 2.7.3. Duración, elección y cese de los cargos. 2.7.4. Funcionamiento democrático. *2.8. Régimen de administración. 2.9. Régimen económico. 2.10. Disolución. Destino del patrimonio.* 3. CONTENIDO FACULTATIVO DE LOS ESTATUTOS. *3.1. Contenido opcional extraído de la LODA. 3.2. Contenido opcional derivado de la legislación autonómica. 3.3. Otros contenidos opcionales: las modificaciones estructurales. 3.4. Límites.* 4. DOCUMENTACIÓN COMPLEMENTARIA DE LOS ESTATUTOS: AUTORIZACIONES.

El reconocimiento del derecho de asociación siempre vino acompañado de una serie de elementos formales que, además, se han mantenido invariables a lo largo del tiempo. Uno de esos elementos ha sido la adopción y sometimiento de los socios a unas reglas o pautas escritas plasmadas en el documento que tradicionalmente se ha denominado «estatutos».

Sin necesidad de remontarnos muy atrás en la historia, y sin pretender ser exhaustivos, este término o similar («acuerdos») presenta una indudable raigambre histórica, encontrándose en los orígenes de la proclamación misma del derecho fundamental, llegando hasta la normativa vigente. Así, aparece en el artículo 2 del pionero Real Decreto del Gobierno provisional de 20 de noviembre de 1868[45], precedente inmediato del artículo 17 de la Constitución de 1869; en el artículo 4 de la Ley de Asociaciones de 30 de junio de 1887[46], dictada al amparo del artículo 13 de la Constitución de 1876; en el artículo 1 del Decreto de 10 de marzo de 1923, aprobado como reglamento de la ley de 1887; en el artículo 2 del restrictivo Decreto de 25 de enero de 1940; en el artículo 3 de la Ley de Asociaciones de 24 de diciembre de 1964[47], que estuvo vigente durante buena parte de nuestra democracia; y en el actual artículo 7 LODA.

Es posible que para los promotores y socios carezcan de mayor relevancia estos breves apuntes históricos, así como las categorías y conceptos tratados en el capítulo anterior, importando más el hecho de que los estatutos constituyen un documento necesario y de contenido ajustado a la ley, ya que sin ellos no podrá tener ninguna virtualidad la asociación o si, redactados, su forma y contenido no son conformes al ordenamiento jurídico. Por ello, nos adentramos en esta segunda parte con la intención de imprimir a su configuración y contenidos la máxima sencillez y utilidad práctica.

1. REGLAS GENERALES SOBRE LA FORMA Y CONTENIDO DE LOS ESTATUTOS

Sobre los aspectos externos de los estatutos se ha dicho que cualquier estructura *formal* es válida, si bien que la redacción debe ser correcta y los distintos apartados coherentes entre sí, los cuales deberían adoptar la forma de artículos y agruparse en capítulos o títulos, según convenga, siendo éstos básicamente cuatro: disposiciones generales, contenido orgánico, contenido dogmático y régimen económico[48]. En similares términos, el contenido obligatorio

45. Este decreto fue elevado a ley el 20 de junio de 1869 (*Gaceta de Madrid*, núm. 172, de 21 de junio de 1869), constituyendo, por tanto, la primera ley general de asociaciones en el derecho español.
46. Artículo 4: «Los fundadores o iniciadores de una Asociación, ocho días por lo menos antes de constituirla, presentarán al Gobernador de la provincia en que haya de tener aquélla su domicilio dos ejemplares, firmados por los mismos, de los estatutos, reglamentos, contratos o acuerdos por los cuales haya de regirse, expresando claramente en ellos la denominación y objeto de la Asociación, su domicilio, la forma de su administración o gobierno, los recursos con que cuente o con los que se proponga atender a sus gastos, y la aplicación que haya de darse a los fondos o haberes sociales caso de disolución».
47. Artículo 3.2: «Los Estatutos, además de las condiciones lícitas que establezcan, deberán regular los siguientes extremos: Primero. Denominación, que no podrá ser idéntica a la de otras Asociaciones ya registradas, ni tan semejante que pueda inducir a confusiones. Segundo. Fines determinados que se propone. Tercero. Domicilio principal y, en su caso, otros locales de la Asociación. Cuarto. Ámbito territorial de acción previsto para la actividad. Quinto. Órganos directivos y forma de administración. Sexto. Procedimiento de admisión y pérdida de la cualidad de socio. Séptimo. Derechos y deberes de los mismos. Octavo. Patrimonio fundacional, recursos económicos previstos y límites del presupuesto anual. Noveno. Aplicación que haya de darse al patrimonio social en caso de disolución».
48. Vid. LÓPEZ NIETO Y MALLO, F., op. cit. págs. 469 y 470.

de los estatutos se puede agrupar en datos básicos de identidad, sobre los asociados, organización y funcionamiento, y administración y patrimonio[49].

Los modelos de estatutos que el RNA pone a disposición de los ciudadanos para facilitar el cumplimiento de las formalidades ligadas al acto constitutivo, en efecto, también siguen el citado esquema que, bajo la ordenación en artículos y éstos en capítulos, comienza con las disposiciones generales (denominación, duración, fines, actividades y domicilio), continua con la asamblea general (facultades, convocatorias y adopción de acuerdos), la junta directiva (composición, facultades, convocatorias y adopción de acuerdos), los/as socios/as (clases, derechos y deberes) y termina con el régimen económico y de disolución y liquidación de la entidad.

Otro requisito de orden formal, y no menos importante, es que los estatutos originales estén firmados por todos los socios promotores. Aunque este requisito se impone para el posterior proceso de inscripción (artículo 43.3 RRNA), se trata de un acto lógico que viene a completar la firma del acta fundacional y la voluntad de crear una asociación. Cuando lo que se va a formar es una federación o confederación, los estatutos deben firmarse por los representantes de las entidades asociativas promotoras, es decir, asociaciones en caso de federaciones y federaciones en caso de confederaciones (artículo 45.c) RRNA). Puede sorprender que para los estatutos originales no se exija el requisito básico de la fecha, pero esta omisión responde a que los estatutos originales se aprueban y forman parte inseparable del acta fundacional, por lo que la fecha de ésta será la propia de tales estatutos.

En el caso de estatutos modificados después de la inscripción de la entidad, ya no es necesaria la firma múltiple sino que es suficiente con la firma del presidente y del secretario, sin perjuicio de indicar, ahora sí, la fecha de la correspondiente actualización (artículo 50.b) RRNA).

Por tanto, desde esta vertiente formal, los estatutos deben adoptar la estructura de una norma y firmarse por los promotores o representantes, además de redactarse en castellano o en la lengua cooficial que corresponda teniendo en cuenta el registro público competente para la inscripción, estatal o autonómico, y estar debidamente paginados[50].

Desde una perspectiva *material* los estatutos presentan un contenido necesario exigido por el artículo 7.1 LODA y otro posible contenido facultativo según permite el artículo 7.2 LODA. En ambos casos, tales contenidos deben ser conformes con el ordenamiento jurídico, como de forma reiterada se desprende de

49. Vid. REVERTE MARTÍNEZ, F.M., op. cit. pág. 33.
50. Es muy recomendable numerar las páginas de los estatutos, con independencia de su extensión, ya que ello favorece la fiabilidad del documento y la detección por el Registro de saltos y vacíos no siempre deducibles de la secuencia de los artículos, y para evitar, al fin, el depósito de unos estatutos incompletos.

los artículos 2.4 y 7.3 LODA[51]. El Tribunal Constitucional declaró inmediatamente antes de la LODA que la creación, organización y funcionamiento de las asociaciones se rige por disposiciones de los propios socios, de conformidad con el principio de autonomía de la voluntad, consustancial al derecho de asociación, pero que «*el primer límite intrínseco de este derecho lo marca el principio de legalidad, en cuya virtud los Estatutos sociales, como ejercicio de la potestad de autonomía, han de acomodarse no sólo a la Constitución, sino también a las Leyes que respetando el contenido esencial de tal derecho lo desarrollen o lo regulen*» (ATC 254/2001).

El contenido necesario, obligatorio o preceptivo de los estatutos se desglosa en los siguientes extremos:

> «*a) La denominación;*
>
> *b) El domicilio, así como el ámbito territorial en que haya de realizar principalmente sus actividades;*
>
> *c) La duración, cuando la asociación no se constituya por tiempo indefinido;*
>
> *d) Los fines y actividades de la asociación, descritos de forma precisa;*
>
> *e) Los requisitos y modalidades de admisión y baja, sanción y separación de los asociados y, en su caso, las clases de éstos. Podrán incluir también las consecuencias del impago de las cuotas por parte de los asociados;*
>
> *f) Los derechos y obligaciones de los asociados y, en su caso, de cada una de sus distintas modalidades;*
>
> *g) Los criterios que garanticen el funcionamiento democrático de la asociación;*
>
> *h) Los órganos de gobierno y representación, su composición, reglas y procedimientos para la elección y sustitución de sus miembros, sus atribuciones, duración de los cargos, causas de su cese, la forma de deliberar, adoptar y ejecutar sus acuerdos y las personas o cargos con facultad para certificarlos y requisitos para que los citados órganos queden válidamente constituidos, así como la cantidad de asociados necesaria para poder convocar sesiones de los órganos de gobierno o de proponer asuntos en el orden del día;*
>
> *i) El régimen de administración, contabilidad y documentación, así como la fecha de cierre del ejercicio asociativo;*
>
> *j) El patrimonio inicial y los recursos económicos de los que se podrá hacer uso;*
>
> *k) Causas de disolución y destino del patrimonio en tal supuesto, que no podrá desvirtuar el carácter no lucrativo de la entidad*».

51. Estas disposiciones son una mera aplicación de lo establecido en el artículo 9.1 CE: «Los ciudadanos y los poderes públicos están sujetos a la Constitución y al resto del ordenamiento jurídico».

Por su parte, el contenido facultativo que permite la LODA puede ser de dos tipos, tanto el que la misma LODA refiere de forma dispersa en su articulado como aquel otro de libre configuración, según analizaremos en el apartado correspondiente.

2. CONTENIDO PRECEPTIVO DE LOS ESTATUTOS

El más importante contenido de los estatutos es aquel que la ley establece con el carácter imperativo que resulta de la expresión «deberán contener» (artículo 7.1 LODA), y al que dedicamos las siguientes páginas por el mismo orden en que aparece en dicho precepto.

A lo largo de estos apartados conectaremos la especificación estatutaria con la norma legal o reglamentaria que la referencia o desarrolla, aunque, ya se advierte, no siempre se encontrarán unas pautas de actuación claras y completas, más bien lo contrario en muchos aspectos, por lo que, en atención al propósito de esta publicación, los consejos y orientaciones que aquí se ofrecen pueden resultar útiles a los promotores y socios que se enfrentan a redactar los estatutos originales o modificados de una asociación. Como decimos, nos disponemos a señalar y comentar los necesarios contenidos de los estatutos, desde la identificación denominativa hasta la disolución misma de la entidad, pasando por el amplio conjunto de determinaciones que el legislador ha considerado relevantes para los socios y para terceros, todas ellas sujetas a la más amplia transparencia y publicidad[52].

2.1. DENOMINACIÓN. LA COMPOSICIÓN DEL NOMBRE ASOCIATIVO: CRITERIOS Y RESERVAS

La denominación viene referida en los artículos 8 y 25.3 LODA y en los artículos 9, 22 y 23 RRNA[53].

El derecho al nombre, tanto el nombre civil de las personas físicas como la denominación social de las personas jurídicas, se puede considerar un atributo de la personalidad. Dentro de la dimensión colectiva del derecho de asociación podemos ubicar el derecho de las asociaciones a dotarse de una denominación

52. Los contenidos del artículo 7 LODA son obligatorios para todas las asociaciones generales, ya sean de ámbito estatal o autonómico. Pero estas últimas deberán tener en cuenta su legislación propia, que enfatiza un mayor detalle del régimen disciplinario. Al margen de esto, en Andalucía, Comunidad Valenciana y País Vasco no se añaden otros contenidos preceptivos. En cambio, en Canarias los estatutos de las asociaciones deberán recoger disposiciones sobre la participación de voluntarios y el procedimiento de modificación de estatutos. Y en Cataluña deben incorporarse como contenidos obligados la fecha del inicio de las actividades, si no coincide con la del acta fundacional, el régimen de los voluntarios y el procedimiento de modificación de estatutos.

53. Otras referencias normativas sobre la denominación las encontramos en el artículo 7 LAC; artículos 311-4, 311-5, 311-6 y 311-7 LACat; artículo 14 LACV; y artículo 10 LAPV.

desde el mismo momento del pacto asociativo y a que la misma goce de la debida protección.

Una vez decidido el objetivo de la asociación, la primera cuestión a la que se enfrentan los promotores es, en efecto, la de elegir un nombre. En este punto rige el principio de libertad, si bien, como veremos, dentro de unos límites. En este sentido, la Resolución de 26 de febrero de 2019, de la Dirección General de los Registros y del Notariado, expuso en general que «*la denominación social responde a un principio general de elección, si bien sujeta a determinadas limitaciones y exigencias: de unidad (no es posible más de una denominación por persona jurídica), de originalidad o especialidad (no puede ser idéntica a la de otra sociedad preexistente) y de veracidad (no puede inducir a confusión sobre la identidad o naturaleza de la sociedad)*» (FJ 2)[54]. Se ha apuntado, además, el criterio de la visibilidad, de forma que sea susceptible de ser expresada en el lenguaje oral y escrito[55].

Por tanto, los seis principios que ordenan la denominación son los de obligatoriedad, libertad, unidad, originalidad, veracidad y visibilidad. Todos ellos sirven a un doble interés, el particular de la entidad, que desea tener un nombre exclusivo e incluso hacerlo valer desde posiciones de prestigio[56], y el interés general de la colectividad, pues identifica e individualiza a dicha entidad en el tráfico jurídico y económico evitando supuestos de error o confusión.

Las primeras disposiciones que ya consideraron la importancia de la denominación las encontramos en los artículos 4, 8 y 16 de la Ley de Asociaciones de 1887[57]. Pero, frente a lo que pudiera parecer, estas reglas generales fueron las únicas que rigieron el importante aspecto del nombre de las asociaciones hasta su expresa derogación en 1964 ya que nada decían al respecto los decretos

54. *BOE* núm. 73, de 26 de marzo de 2019.

55. Vid. MARTÍNEZ GUTIÉRREZ, A., «De nuevo sobre el carácter distintivo de las denominaciones sociales», en *Reformas en Derecho de sociedades* (dir. J.L. Pérez-Serrabona González), Marcial Pons, Madrid, 2017, págs. 509 y 510.

56. «La función de identificación de la sociedad es la más importante de las desarrolladas por la denominación social, pero no la única. En efecto, además de cumplir esa función principal, puede también actuar como eficaz instrumento condensador de la buena fama —o goodwill— alcanzada por el empresario social en el ejercicio de su actividad. Esta buena fama es algo inmaterial, pues se trata de meras expectativas razonables de futuras operaciones, que proporcionarán determinadas ventajas económicas a quien la posee», cfr. RÍO BARRO, J.L., *Las funciones de la denominación social*, https://libros-revistas-derecho.vlex.es/vid/funciones-denominacion-social-262853 (último acceso 4.2.2019). Todo lo anterior se puede aplicar a las asociaciones, en particular debido a la competencia existente dentro del movimiento asociativo por la captación de recursos procedentes de los agentes privados.

57. La ley obligaba a que los fundadores hicieran constar «claramente» en los estatutos y reglamentos la denominación de la asociación, al tiempo que ofrecía dos reglas a tener en cuenta para aquéllos. La primera, que la asociación no podía adoptar una denominación idéntica a la de otra ya registrada en la provincia, o tan parecida que ambas pudieran fácilmente confundirse. La segunda, que ninguna asociación podía tampoco adoptar la denominación de una asociación suspendida o disuelta por sentencia firme.

de 1923 y 1941. La Ley de Asociaciones de 1964 no dedicaba ningún artículo al nombre de las asociaciones, excepto que al relacionar los requisitos de los estatutos, entre ellos la denominación, aprovechó para exigir que no fuera «*idéntica a la de otras Asociaciones ya registradas, ni tan semejante que pueda inducir a confusiones*» (artículo 3.2). El conjunto de reglamentos que de inmediato le siguieron tampoco se ocupó de esta materia y hubo que esperar más de diez años para encontrar una verdadera norma reguladora de las denominaciones, el Real Decreto 713/1977, de 1 de abril, regulador de las denominaciones de las Asociaciones y sobre régimen jurídico de los promotores[58].

En el ámbito autonómico las contribuciones anteriores a la LODA fueron escasas. La Ley 3/1988, de 12 de febrero, de Asociaciones del País Vasco, reproducía casi literalmente en su artículo 7.1.a) el Real Decreto 713/1977, de 1 de abril, mientras que el artículo 7.2 de la Ley 7/1977, de 18 de junio, de Asociaciones de Cataluña, aportó como única novedad la prohibición de usar palabras o conceptos propios de personas jurídicas de otra naturaleza, y expresiones contrarias a las leyes o atentatorias contra los derechos de las personas.

Por su parte, ya de forma temprana el Tribunal Constitucional proclamó el derecho al nombre de toda asociación, que «*le permite cumplir una finalidad tan esencial como la propia identificación del grupo*», pero frente al supuesto de plena coincidencia le negó al Registro un pretendido «*poder implícito de control, no sólo formal, de los Estatutos*» en caso de similitud de nombres, afirmando que «*la tutela de posibles derechos de terceros, incluida la de los partidos de denominación similar, debe corresponder al orden jurisdiccional y no a la competencia administrativa, pues tal competencia, al operar a partir de un concepto jurídico indeterminado, podría tornarse en un verdadero control previo, en perjuicio de la libertad de constituir partidos políticos*» (STC 85/1986, FJ 4).

La insuficiencia regulatoria expuesta y el citado criterio jurisprudencial, tendente a reducir el margen de apreciación del registro público, y extensible al registro de asociaciones, tuvo el efecto de generar un cierto caos denominativo, en el sentido de que los promotores elegían y los registros admitían nom-

58. El real decreto se dictó, según su preámbulo, con la idea de completar las mínimas menciones de la Ley de 1964 sobre el nombre de las asociaciones «al objeto de articular su identidad, dotar de protección al nombre adoptado y evitar la limitación en el derecho de otras Asociaciones, que supondrían la apropiación y utilización de nombres y denominaciones genéricas o excesivamente amplias». Los criterios adoptados se podrían resumir en lo siguiente: a) la denominación debía hacer referencia a los fines estatutarios; b) no podía hacer referencia a valores nacionales o comunes a la generalidad de los españoles; c) no podía hacer alusión a conceptos reservados a las asociaciones políticas; d) si incluía una demarcación territorial (región, provincia, localidad, distrito, zona, barrio o análogas) se añadiría un término específico que distinguiera la asociación de cualquier otra constituida en la misma demarcación; y e) si aludía a entidades internacionales era precisa autorización del Consejo de Ministros.

bres extravagantes, o nombres semejantes o de coincidencia parcial con otros preexistentes, no siempre no realmente confusos.

A partir de la entrada en vigor de la LODA en 2002, la situación volvería a normalizarse, y tanto promotores y socios como registros públicos de asociaciones comenzaron a ser más cuidadosos al momento de elegir y componer la denominación de la asociación y de admitir a inscripción la misma, respectivamente. Ello se debió, en gran medida, a que la ley tuvo el acierto de normar con mayor amplitud el extremo estatutario obligatorio que es la denominación, en su artículo 8, en estos términos:

> «*1. La denominación de las asociaciones no podrá incluir término o expresión que induzca a error o confusión sobre su propia identidad, o sobre la clase o naturaleza de la misma, en especial, mediante la adopción de palabras, conceptos o símbolos, acrónimos y similares propios de personas jurídicas diferentes, sean o no de naturaleza asociativa.*
>
> *2. No serán admisibles las denominaciones que incluyan expresiones contrarias a las leyes o que puedan suponer vulneración de los derechos fundamentales de las personas.*
>
> *3. Tampoco podrá coincidir, o asemejarse de manera que pueda crear confusión, con ninguna otra previamente inscrita en el Registro en el que proceda su inscripción, ni con cualquier otra persona jurídica pública o privada, ni con entidades preexistentes, sean o no de nacionalidad española, ni con personas físicas, salvo con el consentimiento expreso del interesado o sus sucesores, ni con una marca registrada notoria, salvo que se solicite por el titular de la misma o con su consentimiento*».

El Tribunal Constitucional, al declarar la constitucionalidad y condición básica del artículo 8 LODA al amparo del artículo 81.1 CE, expuso que «*este precepto versa sobre un requisito esencial de las asociaciones y, en general, de todas las personas jurídicas, cual es la necesidad de identificarlas mediante una denominación que las singularice y distinga en tanto que sujetos de Derecho, requisito que, contemplado desde su envés, reviste la consideración de derecho al nombre, que permite a las asociaciones «cumplir una finalidad tan esencial como la propia identificación del grupo» (STC 85/1986). Concretamente, en los diferentes apartados de este precepto legal se enuncian los criterios de idoneidad, licitud y disponibilidad, respetivamente*» (STC 133/2006, FJ 7).

El artículo 8 LODA se dictó al amparo del título competencial del artículo 149.1.1ª CE, sin embargo, el Parlamento de Cataluña, en su recurso de inconstitucionalidad contra la LODA, admitió el carácter de «condición básica» del apartado 1 del artículo 8 pero no de los apartados 2 y 3. El Tribunal Constitucional, por el contrario, concluyó que «*el establecimiento de criterios que eviten equívocos en la denominación de las asociaciones es un instrumento idóneo y ponderado que facilita el ejercicio de la libertad positiva y negativa de asociación por los ciudadanos, por lo que no se aprecia extralimitación competencial alguna en su calificación como «condición básica» de ejercicio de este derecho fundamental»* (STC 133/2006, FJ 7).

Pues bien, veamos en qué consisten tales criterios de idoneidad, licitud y disponibilidad, a tener en cuenta por promotores y socios, complementados por las pautas que resultan de los artículos 22 y 23 RRNA. A ellas se añaden todas aquellas reservas de nombre que la misma normativa de asociaciones pero, especialmente, una variada normativa sectorial, guardan para el exclusivo uso de ciertas entidades y correspondiente prohibición para las demás, en particular, por las asociaciones comunes.

Se podría decir que, aunque la imaginación humana puede llegar a formar casi infinitas combinaciones, son muchos los aspectos a tener en cuenta al momento concreto de decidir la primera y relevante cuestión del nombre de la asociación que nace al derecho e inevitablemente va a desplegar todo un conjunto de interrelaciones. Por ello, a pesar de esa aparente amplitud de elección, la denominativa de las asociaciones se presenta como una materia especialmente contingente, en la que se impone una solución caso por caso. Esta solución puede ser la elegida por promotores y socios, puede ser la indicada posteriormente por el Registro, o bien, en caso de admitirse y ser inscrita, la que finalmente determinen los tribunales en el supuesto de oposición por terceros interesados.

2.1.1. Los criterios configuradores del nombre: idoneidad, licitud y disponibilidad

El llamado *«criterio de idoneidad»* es reflejo del contenido del artículo 8.1 LODA:

> *«La denominación de las asociaciones no podrá incluir término o expresión que induzca a error o confusión sobre su propia identidad, o sobre la clase o naturaleza de la misma, en especial, mediante la adopción de palabras, conceptos o símbolos, acrónimos y similares propios de personas jurídicas diferentes, sean o no de naturaleza asociativa».*

El criterio legal lo que impone básicamente es que la denominación de la asociación sea idónea y adecuada a su identidad y naturaleza jurídica, lo que nos permite distinguir tres elementos (coherencia, propiedad y simbología).

Este criterio, en efecto, y en primer lugar, conlleva un elemento o idea de coherencia que, en general, se traduce en que la denominación sea alusiva a la finalidad de la asociación[59]. La vinculación, que se contemplaba en el Real Decreto 713/1977, de 1 de abril, ha desaparecido en la LODA. Queda, pues, a la

59. Esta regla la encontramos para las sociedades y fundaciones. El artículo 402.2 del Reglamento del Registro Mercantil establece que «no podrá adoptarse una denominación objetiva

libre decisión de las asociaciones de ámbito estatal relacionar el nombre con los fines sociales.

Situación distinta concurre en relación con determinadas asociaciones autonómicas. Es el caso del País Vasco y Canarias. La LAPV obliga a que la denominación haga referencia a los fines estatutarios o al principal de ellos (artículo 10.4). Por su parte, hay que descender al Reglamento de Asociaciones de Canarias (Decreto 12/2007, de 5 de febrero) para encontrar en sus completos artículos 3 a 6 el deber de que la denominación haga referencia a los fines y actividades de la asociación (artículo 3.d). La LACat establece, a contrario, que la denominación «no debe inducir a error» sobre la naturaleza, finalidades y actividades de la persona jurídica (artículo 311-4, 1), mientras que la LACV sólo impulsa esta práctica al decir que «se procurará» que la denominación haga referencia a las finalidades estatutarias y a su objeto principal (artículo 14.2).

Más problemática se presenta la discordancia cuando ésta se produce entre la denominación de la entidad asociativa y la condición de sus miembros. La actual normativa permite que se pueda formar una asociación llamada «asociación española de ingenieros» e incluso «asociación profesional de ingenieros» sin que ninguno de sus promotores y socios ostenten titulación alguna ni ejerzan en este sector[60]. Igualmente equívoca es la situación de aquellas personas que, a raíz de un acontecimiento desgraciado (accidente aéreo o ferroviario, inundación, incendio, etc.), deciden crear una asociación denominada «asociación de víctimas de…», «asociación de afectados de…» o «asociación de perjudicados por…», pero sin que ninguna de ellas, y bastan tres, sea damnificada por tal suceso.

Nuestro consejo es que el nombre, según los casos, sea ilustrativo o alusivo a los fines y actividades sociales, o al perfil de los socios, según cual sea el componente dominante, y, apelando al sentido común, no optar por denominaciones extrañas o absurdas que sólo pueden conducir a indeseables supuestos de confusión o indefinición. En cualquier caso, como hemos dicho, a excepción de las asociaciones de País Vasco y Canarias, queda a los promotores y socios hacer la correspondiente elección sin condicionante alguno, que incluso puede concretarse en un nombre que no signifique nada o sea de pura fantasía.

Por lo que hace al segundo elemento (propiedad), la entidad deberá emplear términos apropiados a su naturaleza jurídica, de asociación y persona-jurídico

que haga referencia a una actividad que no esté incluida en el objeto social», y el artículo 5.1.e) de la Ley 50/2002, de 26 de diciembre, de Fundaciones, que «no podrán adoptarse denominaciones que hagan referencia a actividades que no se correspondan con los fines fundacionales».

60. En el ámbito de los colegios profesionales sí se ha cuidado de establecer que no podrá otorgarse una denominación «que no responda a la titulación poseída por sus componentes o sea susceptible de inducir a error en cuanto a quienes sean los profesionales integrados en el Colegio» (artículo 4.5 Ley 2/1974, de 13 de febrero, sobre Colegios Profesionales).

privada, de tal forma que si bien es admisible la palabra «sociedad»[61] no lo sería si se combina para formar la propia de las personas societarias o variaciones de las mismas, es decir, «sociedad anónima», «sociedad de responsabilidad limitada», «sociedad limitada», «sociedad comanditaria», «sociedad colectiva», «sociedad laboral», «sociedad agraria» o «sociedad de inversión», como tampoco se admitirían «agrupación de interés económico» o «unión temporal de empresas». La misma viabilidad que «sociedad», conjugada con palabras ajenas al derecho societario, tiene «comunidad» siempre que no se añada «de propietarios» o «de bienes». De la misma forma es rechazable el empleo de «mutualidad» o «cooperativa». También se oponen a la naturaleza de la asociación general los términos «partido», «sindicato», «sindical», «confesión», «fundación» «universidad» o «patronato»[62].

Si nos situamos en el plano de los nombres institucionales las reglas no son, en general, tan estrictas y si bien se puede entender no admisible el uso de «gobierno», «ministerio», «consejería», «ayuntamiento», «concejalía», «dirección general» u otros nombres notorios de la organización administrativa («organismo autónomo», «entidad pública» o «consorcio»), así como el de «colegio profesional», el de «Estado», «Comunidad Autónoma» o «Entidad Local» se ha de valorar caso por caso[63], lo mismo que la palabra «Administración», que a veces, también en mayúsculas, se emplea como sustitutiva de «gestión» por parte de los socios de un bien común. Para anular el pretendido carácter público de la asociación y evitar cualquier confusión sobre su estricta naturaleza privada, el RRNA dispone que no se inscribirá la denominación cuando: a) esté formada exclusivamente con el nombre de España, los de sus comunidades autónomas, provincias, municipios, islas y demás entidades locales, con el nombre de los órganos de las Administraciones Públicas, o con los de los Estados extranjeros u organizaciones internacionales; y b) incorpore términos dotados de valor institucional como «estatal», «oficial», «público», «real» o cualquier otro que induzca a confusión sobre la naturaleza jurídico-privada de la entidad, salvo que ésta cuente con la correspondiente autorización (art. 23.1.b) y c). Esta segunda

61. Son numerosas las asociaciones que usan la palabra «sociedad» al comienzo del nombre, en particular, aquellas referidas a especialidades médicas.

62. En el mismo sentido, pero en el ámbito societario, la Resolución de 5 de junio de 2018, de la Dirección General de los Registros y del Notariado (*BOE* núm. 153, de 25 de junio de 2018), vino a resumir cierta doctrina de este centro directivo sobre la denominación de las sociedades mercantiles, declarando sobre la base de la clase o naturaleza de la entidad que le están vedadas términos como «fundación», «cooperativa», «asociación», «instituto universitario», «club de fútbol» o cualquiera que sea propio de las entidades asociativas religiosas (FJ 3).

63. En principio, «Estado», «Comunidad Autónoma» o «Entidad Local» se admiten cuando los promotores de la asociación son las propias Administraciones públicas territoriales. Pero, por ejemplo, se podría admitir el uso de «Comunidad Autónoma» en el nombre de una asociación privada en función de las partículas de enlace. No es lo mismo la «Asociación XXX de la Comunidad Valenciana» que la «Asociación XXX en la Comunidad Valenciana», porque la preposición «de» puede dar lugar a entender pertenencia o dependencia de la Comunidad Autónoma mientras que la preposición «en» indica actuación en un ámbito geográfico.

relación es enunciativa y no impide rechazar otros similares como «municipal», que se suele sustituir por «local», o valorar otros como «autonómico» o «provincial». Otros términos muy extendidos entre la organización administrativa no están reservados a ésta, y es frecuente que las asociaciones utilicen palabras como «consejo», «comisión», «comité», «instituto», «colegio», «agencia», «academia», «observatorio», «delegación» o «foro». Siempre que no se mezclen con otras palabras de las que deducir en conjunto un posible carácter público e incluso coincidir o asemejase con el nombre de entes públicos, el empleo de estas palabras es correcto. Si consideramos otros poderes estatales, se pueden entender no admisibles para las asociaciones los términos «tribunal», «audiencia» o «juzgado», pero más dudoso el de «sala», como tampoco «cortes» o «parlamento», pero no tanto «asamblea». Por lo demás, las palabras «español» y «española», así como «nacional», que en otro tiempo estuvo sujeta a autorización, son de libre uso, al igual que el resto de gentilicios.

Como en tantas otras ocasiones, el artículo 8.1 LODA establece una regla general que exige su permanente aplicación al caso concreto por los promotores y socios, es decir, a la asociación concreta que se quiere crear o modificar, pero que no siempre concluye con acierto. A nuestro juicio, muchos problemas sobre la identificación de las asociaciones se resolverían incorporando a este campo una norma realmente extendida entre el régimen de las personas jurídicas privadas y públicas, consistente en añadir unas siglas a la denominación cuando ésta no incluye el sustantivo o el sintagma obligatorio[64]. Es fácil comprender que cuando una persona, desde una percepción media, se enfrenta a palabras como Academia, Agencia, Comisión, Comité, Consejo o Instituto, utilizadas, por ejemplo, por la «Academia de Ciencias Penales», «Agencia de Investigación Ambiental», «Comisión Internacional contra la Pena de Muerte», «Comité

64. A modo de ejemplos, citamos los siguientes. El ya lejano Reglamento por el que se aprueba el Estatuto que regula las Sociedades Agrarias de Transformación (Real Decreto 1776/1981, de 3 de agosto), dispone la obligación de incluir en el nombre de estas sociedades civiles la expresión completa o su abreviatura SAT (artículo 3.2). El Texto Refundido de la Ley de Sociedades de Capital obliga a las sociedades anónimas a recoger en su denominación «Sociedad Anónima» o «S.A.», en las de responsabilidad limitada «Sociedad de Responsabilidad Limitada», «Sociedad Limitada», «S.R.L.» o «S.L.» y en las sociedades comanditarias por acciones «Sociedad comanditaria por acciones» o «S. Com. por A.» (artículo 6). El Código de Comercio exige para la compañía comanditaria simple la indicación «Sociedad en comandita» (artículo 146). El artículo 403 RRM hace una relación de las abreviaturas a utilizar por las sociedades, que, además de las descritas, comprenden «S.C.» o «S.R.C.» para la sociedad colectiva, «S.G.R.» para la sociedad de garantía recíproca o «S.E.» para la sociedad anónima europea. La Ley 2/2007, de 15 de marzo, de sociedades profesionales, recoge que en la denominación deberá figurar, junto a la indicación de la forma social de que se trate, la expresión «profesional» o su abreviatura «p» (artículo 6.5). Lo mismo la Ley 44/2015, de 14 de octubre, de Sociedades Laborales y Participadas, que impone para el nombre la indicación «Sociedad Anónima Laboral», «Sociedad de Responsabilidad Limitada Laboral», o «Sociedad Limitada Laboral» o sus abreviaturas SAL, SRLL o SLL (art. 3.1). E idéntica obligación para las sociedades anónimas deportivas, obligadas a añadir a la denominación la abreviatura SAD (artículo 69.2 de la Ley 39/2022, de 30 de diciembre, del Deporte). Otro

Español de la Cámara de Comercio Internacional», «Consejo Económico y de Desarrollo Europeo» o «Instituto de Estudios Económicos», pueda interpretar que está ante entidades públicas. Sin embargo, todos estos nombres se corresponden con asociaciones privadas inscritas en el RNA, que por carecer de indicación distintiva propia generan una evidente confusión sobre su naturaleza jurídica.

En nuestra opinión, dados los vastos sectores que cubren las entidades asociativas comunes, desde el asistencial al económico, del cultural al profesional, del recreativo al ideológico, entre otros muchos, y su significación en todos ellos, la LODA debería modificarse para potenciar la identidad de las asociaciones, por sí y frente a otros sujetos, obligándolas a incluir en la denominación la palabra «Asociación» al principio, al final o intercalada, o en su defecto añadir al final del nombre la abreviatura «Asoc.»[65].

Pero, sin necesidad de esperar a ese eventual cambio normativo, nuestra propuesta pasa por añadir siempre el término «asociación» en cualquier lugar

---

ejemplo lo encontramos en las cooperativas, que necesariamente se deben nombrar incluyendo las palabras «Sociedad Cooperativa» o «S. Coop.» (artículo 1.3 Ley 27/1999, de 16 de julio, de Cooperativas). En el caso de las fundaciones directamente se impone el empleo de la palabra «Fundación», sin posibilidad de abreviarse (art. 5.1.a) Ley 50/2002, de 26 de diciembre, de Fundaciones). El Real Decreto Legislativo 1/1996, de 12 de abril, por el que se aprueba el texto refundido de la Ley de Propiedad Intelectual, en su modificación por la Ley 2/2019, de 1 de marzo, obliga a las entidades de gestión a integrar en el nombre «Entidad de Gestión de Derechos de Propiedad Intelectual» o bien añadir a continuación de la denominación la abreviatura «EGDPI». Por su parte, la ley es prolija respecto del sector público institucional estatal, que se compone de los organismos públicos (organismos autónomos y entidades públicas empresariales), las autoridades administrativas independientes, las sociedades mercantiles estatales, los consorcios, las fundaciones del sector público, los fondos sin personalidad jurídica y las universidades no transferidas, para todos los cuales se obliga a utilizar el nombre íntegro, a excepción de las universidades, o bien su abreviatura, siendo respectivamente «O.A.», «E.P.E.», «A.A.I.», «S.M.E.», «C.», F.S.P.», y «F.C.P.J.» (Título II de la LRJSP).

65. Esta propuesta ya la dejamos planteada en 2021, vid. ROJAS JUÁREZ, J.R., op. cit., pág. 371. Posteriormente, la Resolución del Parlamento Europeo de 17 de febrero de 2022 propuso la adopción de un «Reglamento del Consejo por el que se establece el Estatuto de la asociación europea», en cuyo artículo 8.2 viene a establecer la obligación de la abreviatura distintiva, en concreto, disponiendo lo siguiente: «Los estatutos contendrán, al menos, la siguiente información relativa a la asociación europea: a) su denominación, precedida o seguida de las siglas EA». Tal resolución, ya lo hemos comentado, se ha visto desbordada y, en la actualidad, si bien derivada de la misma, se ha evaluado como más óptima la opción consistente en crear una forma jurídica adicional de asociación, la «asociación europea transfronteriza» (ECBA), que coexistiría con las formas jurídicas de asociación de los Estados miembros. A este objeto se ha publicado el 5 de septiembre de 2023 la Propuesta de Directiva del Parlamento Europeo y del Consejo, relativa a las asociaciones transfronterizas europeas, en fase actual de negociación y definición, cuyo artículo 6.2.a) exige la denominación en los estatutos, y su artículo 3.4 dispone: «Los Estados miembros garantizarán que la denominación de la ECBA vaya precedida o seguida de las siglas *ECBA*». Una regla lógica ordenada a que la asociación, frente al resto de asociaciones y personas jurídicas, quede diferenciada y nominativamente identificada como ECBA.

del nombre, lo que claramente contribuye a identificar en todos los casos ante qué tipo de persona jurídica nos encontramos y a eliminar cualquier posibilidad de equívoco, sobre todo cuando no se emplean otros términos de cierta similitud como «unión», «agrupación», «plataforma», «gremio», «círculo», «peña» o «club»[66].

El único territorio que en la actualidad se beneficia de este planteamiento es la Comunidad Autónoma de Canarias. El Reglamento de Asociaciones de Canarias establece que la denominación de las asociaciones incluirá necesariamente la palabra «asociación» (artículo 3.a).

Hay en el artículo 8.1 LODA un tercer elemento de interés (simbología). Cuando, para evitar dudas de identidad, este apartado prohíbe el uso de «símbolos» o «acrónimos» propios de personas jurídicas diferentes lo que implícitamente está admitiendo es la posibilidad de emplear símbolos o acrónimos propios de la asociación, normalmente plasmados en la primera hoja de los estatutos.

El símbolo admite una doble interpretación. En primer lugar, en la denominación de las asociaciones caben los símbolos definidos como la representación gráfica de un concepto formada por letras y signos no alfabetizables, tales como el signo del euro (€), el ampersand (&) o el de kilómetro (km). En segundo término, al relacionar símbolo y entidad diferente de la asociación, lo que está haciendo la LODA es dar entrada a los emblemas. Por su parte, el acrónimo debe interpretarse en sentido amplio para comprender las siglas, entendiéndose que el acrónimo se forma tomando aleatoriamente letras de las palabras de la denominación para que, a su vez, se pueda leer como una palabra, mientras que la sigla se forma con la letra inicial de cada palabra.

Aquí los promotores y socios deben valorar si el emblema o logo, el acrónimo o siglas de la asociación colisionan con otros anteriores que sean públicos o privados pero de cierta notoriedad, con los que pueda dar lugar a confusión[67]. A veces, grupos de personas vinculadas al campo de la seguridad, el motor o el deporte, añaden a la cabecera de los estatutos una bandera de España modificada con elementos propios de la entidad, sin tener en cuenta lo establecido en el artículo 8 de la Ley 39/1981, de 28 de octubre, por la que se regula el uso de la bandera de España y el de otras banderas y enseñas, según el cual *«se prohíbe la utilización en la bandera de España de cualesquiera símbolo o siglas de partidos políticos, sindicatos, asociaciones o entidades privadas».*

66. Los términos «hermandad» o «cofradía» no están impedidos para las asociaciones comunes pero tradicionalmente vienen vinculados a las asociaciones religiosas regidas por el derecho canónico.

67. Son siglas sobradamente reconocidas las de ONU, UNESCO, UNICEF, OTAN, FIFA, UEFA, CEOE o UGT.

El segundo criterio plasmado en el artículo 8.2 LODA es el *«criterio de licitud»*:

> *«No serán admisibles las denominaciones que incluyan expresiones contrarias a las leyes o que puedan suponer vulneración de los derechos fundamentales de las personas».*

Como sabemos, los fines sociales y funcionamiento de una asociación no pueden ser contrarios a las leyes en su más amplio sentido, por lo que tampoco puede darse una denominación que traslade una eventual ilicitud. Lo anterior puede entenderse en una triple vertiente. En primer lugar, resulta inadmisible cualquier nombre indicativo de la voluntad de incumplir las leyes en general, como lo sería cualquiera que incluyera expresiones como «desobediencia civil», «insumisión fiscal» o similares. En segundo término, tampoco procede nombre alguno opuesto a una ley concreta, si bien esto hay que entenderlo en el sentido de que la asociación no se oponga a cumplir lo dispuesto en la misma durante su vigencia sino que se constituya con la intención de promover su modificación o derogación por considerarla lesiva para la sociedad o para un determinado colectivo, de forma que sería apto aquel nombre que, por ejemplo, se concretara en «asociación contra la ley...» o «asociación por la derogación de la ley...». Por último, menos aceptable sería aquel nombre expresivo de la intención de cometer cualquier acción contraria a las leyes, especialmente las de naturaleza represiva, de manera que en ningún caso podría prosperar una entidad llamada «asociación para la distribución y consumo público de estupefacientes» o «asociación a favor de la estafa de consumidores y usuarios», o cualquier otra que podamos imaginar a la vista de los tipos penales.

Por lo que respecta a los derechos fundamentales, difícilmente una sociedad democrática va a generar asociaciones contrarias a los mismos. Mientras que las denominaciones indicadas en el párrafo anterior se dan en ocasiones, en la práctica resulta casi imposible encontrar nombres que se opongan a la proclamación y desarrollo de los derechos fundamentales, como, por ejemplo, lo serían asociación «contra la libertad de expresión» (artículo 20 CE), «contra el derecho de reunión» (artículo 21 CE), «contra el juez natural» (artículo 24 CE), «contra la educación básica» (artículo 27 CE) o «contra la acción sindical» (artículo 28 CE). En cualquier caso, de darse, tales denominaciones serían rechazables de plano[68].

El artículo 8.2 LODA ampara, además, un uso racional del lenguaje conforme a los criterios de las buenas costumbres y la ética social generalmente aceptada. Aunque no es frecuente, sí se produce en alguna ocasión el uso de palabras soeces u ofensivas dentro del nombre de la asociación, lo cual entendemos

68. El Reglamento de Asociaciones de Canarias también establece esta prohibición y, a continuación, igualmente prohíbe incluir en el nombre asociativo expresión alguna que pueda suponer «menosprecio hacia cualquier raza animal» (artículo 4.b).

repudiable por considerar que los requisitos y límites legales sobre las denominaciones se establecen presuponiendo una normal, coherente y moderada aplicación del vocabulario, es decir, desde el justo entendimiento de que los promotores y socios van a evitar palabras que puedan suponer menosprecio, que puedan resultar peyorativas o simplemente que en sí mismas sean malsonantes.

En todo caso, consideramos recomendable trasladar al régimen denominativo de las asociaciones, dentro del artículo 8.2 LODA, la regla prevista en el artículo 404 del Reglamento del Registro Mercantil (RRM), según la cual, con carácter general, se prohíbe la inclusión de «*términos o expresiones que resulten contrarios a la ley, el orden público y las buenas costumbres*»[69]. Esta prohibición general permitiría a promotores y socios de asociaciones de ámbito estatal o de ámbito autonómico que aplican la legislación estatal tener una referencia normativa clara en orden a evitar nombres controvertidos por despreciativos, disonantes o groseros. A modo de excepción, para las asociaciones autonómicas catalanas ya se prohíben las expresiones contrarias al orden público o a las buenas costumbres en el apartado 2 del artículo 311-4 LACat.

El tercer y último criterio que aparece en el artículo 8.3 LODA es el «*criterio de disponibilidad*»:

> «*Tampoco podrá coincidir, o asemejarse de manera que pueda crear confusión, con ninguna otra previamente inscrita en el Registro en el que proceda su inscripción, ni con cualquier otra persona jurídica pública o privada, ni con entidades preexistentes, sean o no de nacionalidad española, ni con personas físicas, salvo con el consentimiento expreso del interesado o sus sucesores, ni con una marca registrada notoria, salvo que se solicite por el titular de la misma o con su consentimiento*».

Este apartado viene a recoger el principio de novedad, que se concreta en la prohibición de coincidencia o semejanza de los nombres de las asociaciones con otros anteriores, en particular, con los de: a) otras asociaciones inscritas; b) otras entidades públicas y privadas españolas y extranjeras; c) personas físicas; y d) marcas registradas.

La aparente sencillez del precepto no es tal, por lo que debe realizarse el debido análisis, que pasa por distinguir entre «coincidencia» y «semejanza».

69. La Dirección General de los Registros y del Notariado confirmó en vía de recurso (Resolución de 24 de febrero de 2005, en *BOE* núm. 82, de 6 de abril de 2005) la negativa del Registro Mercantil de Lleida a inscribir la escritura de constitución de la entidad «Jutge Penjat, S.L.» (en castellano Juez ahorcado o colgado), por no admitir la denominación previamente concedida por el Registro Mercantil Central. La resolución basó el rechazo en el criterio de las «buenas costumbres», y es que «la utilización de una denominación social que haga referencia a la ignominia de ser ahorcado aplicada a un Juez sí parece que incide en ese reproche socialmente objetivo que supone la falta de respeto a la ética social que ha de regir las relaciones entre sujetos de derecho en el ámbito mercantil» (FJ 3).

No es la «*coincidencia*» el supuesto que presenta mayor dificultad.

Sin grandes esfuerzos los promotores y socios pueden comprobar que la denominación inicial o modificada de la asociación es idéntica a la de otra anteriormente inscrita, así como a la de otra entidad, persona física o marca ya existentes y conocidas. Además, el artículo 23.3 RRNA ha proporcionado pautas de gran utilidad al momento de esta apreciación: «*se entiende que existe identidad no sólo en el caso de plena coincidencia en la denominación, sino también cuando concurra alguno de los siguientes supuestos:*

a) *la utilización de las mismas palabras en distinto orden, género o número;*

b) *la utilización de las mismas palabras con la adición o supresión de términos, artículos, preposiciones, conjunciones, guiones, signos de puntuación y de más expresiones o partículas de escaso significado;*

c) *la utilización de palabras distintas pero con notoria semejanza fonética*»[70].

No obstante lo expuesto, los cuatro casos del artículo 8.3 LODA requieren de ciertas precisiones.

El primero de ellos consiste en que el nombre de una asociación no podrá coincidir con el nombre de «ninguna otra previamente inscrita en el Registro en el que proceda su inscripción». Para el caso de las entidades de la competencia del RNA esta regla se ha extendido al más amplio contenido del Fichero de denominaciones (artículo 25.3 LODA). En efecto, este instrumento relaciona el nombre de las asociaciones inscritas en el RNA y, previa comunicación, en los registros generales de asociaciones de las Comunidades Autónomas o especiales, por lo que para el registro estatal se ha establecido que no procede la inscripción si el nombre de la asociación solicitante coincide con otro previamente inscrito en el RNA o se encuentra incorporado al Fichero de denomina-

70. Según estos criterios, una supuesta asociación llamada «Asociación Flamenco Andalucía», dedicada a la promoción de este género musical y ya inscrita, impediría la inscripción de otra denominada «Flamenco Andalucía Asociación», porque el distinto orden de las palabras no evita la coincidencia; de otra nombrada como «Asociación Flamenco y Andalucía», porque la conjunción es irrelevante; e incluso de otra denominada igualmente «Asociación Flamenco Andalucía» cuyo fin fuera la protección de cierta ave acuática, porque aunque destinadas a actuar en ámbitos completamente distintos concurre una evidente semejanza fonética entre ambas denominaciones. Por lo demás, se trata de un supuesto también concurrente en la práctica mercantil y, así, a modo de ejemplos, la Dirección General de los Registros y el Notariado declaró la compatibilidad de las denominaciones «Ardo Benimodo, SL» y «Hardo España, SA» porque a pesar de la semejanza fonética entre los términos «Ardo» y «Hardo», y ser «España» una expresión genérica sin valor distintivo, la existencia del topónimo «Benimodo» rompía la posible confusión (Resolución de 21 de junio de 2019, en *BOE* núm. 170, de 17 de julio de 2019), mientras que la Dirección General de Seguridad Jurídica y Fe Pública rechazó la denominación «Eurotechnol» por colisión con la precedente «Eurotecno» basándose en el criterio de la patente semejanza fonética (Resolución de 23 de octubre de 2023, en *BOE* núm. 279, de 22 de noviembre de 2023).

ciones de asociaciones (artículo 23.2.b) RRNA). Esta disposición, de más amplio alcance, contribuye sin duda a una mayor singularidad de las asociaciones y a reforzar la certeza del tráfico[71].

Por tanto, es muy recomendable que los promotores y socios, antes de celebrar la asamblea constitutiva de la asociación o modificativa de los estatutos, hagan la correspondiente comparación entre el nombre inicial o modificado elegido y el listado de nombres del Fichero de denominaciones, para evitar indebidas duplicidades. El fichero es un instrumento central, gestionado por el RNA, de fácil acceso a través de la página web del Ministerio del Interior, que podemos encontrar en un segundo nivel dentro del enlace «Servicios al ciudadano».

El segundo supuesto consiste en que el nombre de la asociación no podrá coincidir con el de cualquier otra persona jurídica pública o privada, ni con entidades preexistentes «sean o no de nacionalidad española». La ambición o la ingenuidad de la LODA en este punto son notables pues no se puede pretender que los promotores y socios de una asociación conozcan el nombre de todas las entidades españolas, e incluso de todas las extranjeras sin límite geográfico alguno y al margen de cualquier condición corporativa. Lo único que, a nuestro juicio, les puede ser exigible es el deber de no diseñar denominaciones iguales a las de aquellas entidades que por notoriedad, publicidad o proyección social deban razonablemente conocer.

El tercer supuesto alude a que el nombre de la asociación no podrá coincidir con el de cualquier persona física o su seudónimo.

Otra cosa distinta son los supuestos de asociaciones autorizadas por entidades o personas. Si bien la LODA no ha tenido en cuenta esta posibilidad, el RRNA es claro al señalar que se permitirá la coincidencia parcial del nombre de las asociaciones con el de una entidad preexistente, pública o privada, nacional o extranjera, si concurre autorización de ésta y la asociación se constituye como filial o delegación e introduce en la denominación un patronímico distintivo (artículo 23.2.a) RRNA).

A nuestro juicio este precepto debe entenderse en un sentido amplio, de forma que la autorización de una entidad pública o privada a una asociación para usar su nombre no debe implicar, en todo caso, que la asociación se constituya como filial o delegación. Así, debe admitirse que una universidad pueda autorizar el empleo de su denominación oficial por una asociación de estudiantes con fines

71. En alguna ocasión se ha opuesto que esta interpretación no se corresponde con el artículo 8.3 LODA, que sólo prohíbe la coincidencia de nombres dentro del mismo registro, a lo que cabría decir que también el artículo prohíbe tal coincidencia con el nombre de personas jurídicas privadas o entidades preexistentes, y lo cierto es que las asociaciones que figuran en el Fichero de denominaciones, precisamente por estar previamente inscritas en el RNA, en los registros de las Comunidades Autónomas o en registros especiales, son todas ellas «personas jurídicas privadas o entidades preexistentes».

culturales y sin necesidad de que ésta tenga condición de entidad filial, aunque, claro está, añadiendo a su nombre las oportunas palabras diferenciadoras[72]. Tampoco parece que porque la Casa Real autorice el empleo de la palabra «real» (por ejemplo, «Real Sociedad de...»)[73] la asociación beneficiaria deba considerarse como una delegación de tan alta institución. Estamos, por tanto, ante asociaciones con identidad propia, sin sentido vicarial, al margen del respeto y dignidad con que deben ostentar dichos títulos nominativos.

En este mismo orden, ya se ha dicho, también está prohibido que las asociaciones, en general, utilicen el nombre de personas físicas identificables, así como los seudónimos, salvo que: a) medie la previa autorización de la persona mayor de edad, o de sus sucesores, o de los padres y tutores en caso de menores e incapaces —autorización expresa—; b) el nombre o seudónimo utilizado se corresponda con uno de los socios fundadores de la asociación —autorización presunta— (artículo 23.2.c) RRNA)[74].

Se da la circunstancia de que las autorizaciones pueden caducar por el transcurso del tiempo o bien ser retiradas posteriormente por la entidad o persona autorizante, y en estos casos son los propios socios lo que deben observar la diligencia debida en orden a promover una modificación de estatutos e inscribirla, para así ajustar la denominación a la circunstancia de ya no estar amparada por otra entidad o persona, adoptando otra distinta. Se podría entender, desde posiciones particularistas, que la asociación no se apresure a tal cambio estatutario para no perder la identidad con la que actúa y el prestigio que dicho nombre le proporciona, pero creemos que desde criterios de honestidad ninguna asociación debería ostentar ni proyectar frente a terceros lo que ya no le corresponde.

Otra particularidad que atiene a las autorizaciones o, más bien, a la falta de autorizaciones, se produce cuando un grupo de personas ha sufrido un fraude o mala práctica empresarial y deciden formar una asociación para la defensa de

---

72. No son infrecuentes las asociaciones de alumnos, de antiguos alumnos o de amigos de determinada universidad pública o privada, y no pocas aparecen en el Fichero de denominaciones, tanto inscritas en el RNA como en los registros de las Comunidades Autónomas.
73. En el RNA figuran inscritas la «Real Sociedad Matemática Española», la «Real Sociedad Española de Física», la «Real Sociedad Española de Química», la «Real Sociedad Española de Historia Natural», la «Real Sociedad Menéndez Pelayo», la «Real Sociedad Canina de España», la «Real Academia Hispánica de Filatelia e Historia Postal» o la «Real Academia de la Mar».
74. Hay una tercera excepción, que responde a una práctica registral no recogida en la norma, consistente en permitir la utilización libre de nombres, en general conocidos, de personas que han fallecido cincuenta o más años antes de la fecha de presentación de la solicitud de inscripción. Sirve este criterio para dar viabilidad directa en el RNA a las denominaciones que incluyen el nombre completo o apellidos de personajes ilustres como «Quevedo», «Santa Teresa», «Goya» o «Azaña». Para personajes menos conocidos cuyos datos personales no son públicos, los promotores deberán hacerse con los correspondientes documentos justificativos.

sus derechos e intereses. Lo normal es que se agrupen bajo los nombres de «asociación de perjudicados de...» o «asociación de afectados de...», añadiendo en los puntos suspensivos la denominación exacta de la empresa causante del daño. En todos estos casos se produce el uso del nombre de una entidad ya existente, pero no sería lógico exigir a promotores y socios obtener autorización alguna. Primero, por la más que razonable negativa de la empresa a concederla y, segundo, porque supondría una indebida restricción a la libertad de constituir asociaciones, cuya denominación genérica sin identificación del sujeto responsable desnaturalizaría el sentido y frustraría el impacto que precisamente con la creación de la asociación se pretenden alcanzar, y que, en parte, pasa por visibilizar en el nombre la condición de perjudicados o afectados por una precisa actuación empresarial[75].

El cuarto y último supuesto del artículo 8.3 LODA es el que prohíbe la utilización de marcas registradas notorias en la denominación, a menos que la inscripción de la asociación la solicite el propio titular de la marca o preste su consentimiento (art. 23.2.d) RRNA)[76]. En la actualidad, la expresión «marca registrada notoria» hay que entenderla sustituida por la de «marca registrada renombrada»[77], a la que exclusivamente alcanza la prohibición. Es decir, que aunque no sea recomendable interferir con una marca registrada, si esta no goza de la cualidad de «renombrada» los promotores y socios de una asociación podrían incluirla en la denominación sin consentimiento previo e inscribirla, sin perjuicio de los derechos que el titular de la marca pudiera hacer valer contra la asociación ante la jurisdicción ordinaria. De cualquier forma, en caso de duda, es muy recomendable que al momento de decidir la denominación original o

75. En el RNA podemos encontrar entidades del tipo Asociación de Accionistas Perjudicados por el Banco XXX, Asociación de Afectados por Seguros XXX o Asociación de Afectados por XXX Dental.

76. Además de por lo dispuesto en la LODA, los registros de asociaciones se ven vinculados por la disposición adicional decimocuarta de la Ley 17/2011, de 7 de diciembre, de Marcas: «Los órganos registrales competentes para el otorgamiento o verificación de denominaciones sociales de personas jurídicas denegarán el nombre o razón social solicitado si coincidiera o pudiera originar confusión con una marca o nombre comercial renombrados en los términos que resultan de esta Ley, salvo autorización de la marca o nombre comercial».

77. El concepto desapareció con la reforma llevada a cabo por el Real Decreto-ley 23/2018, de 21 de diciembre, de transposición de directivas en materia de marcas, transporte ferroviario y viajes combinados y servicios de viaje vinculados, en cuya exposición de motivos se puede leer que «la protección conferida a las marcas o nombres comerciales notorios registrados varía sensiblemente con respecto de lo establecido en la normativa anterior. Desaparece la distinción entre marca o nombre comercial notorio y renombrado, previéndose una sola categoría, la del renombre en España, tratándose de una marca española, o del renombre en la Unión Europea, si se tratase de una marca de la Unión. A estos efectos, ha de tenerse en cuenta que, conforme a la jurisprudencia más extendida, para que una marca goce de renombre ha de ser conocida por una parte significativa del público interesado en los productos o servicios».

modificada, los promotores y socios consulten antes a la Oficina Española de Patentes y Marcas, igualmente a través de su página web[78].

Todo lo anteriormente dicho sobre la coincidencia es aplicable a la segunda prevención del artículo 8.3, que no es otra que la prohibición de la «*semejanza*».

Ahora bien, la problemática aquí no es tanto la similitud de denominaciones, que en sí misma no está prohibida, sino que tal similitud genere «confusión». Según la RAE semejanza significa «*que asemeja o se parece a alguien o a algo*», asemejar «*hacer algo con semejanza a otra cosa*» y confusión «*mezclar cosas diversas de manera que no puedan reconocerse o distinguirse*». Por tanto, y al igual que ocurría con la coincidencia, los promotores y socios deben hacer el mismo ejercicio de cotejo entre el nombre original o modificado elegido y el listado del Fichero de denominaciones, para, primero, comprobar la posible semejanza, y después valorar si esta semejanza con otra u otras asociaciones puede resultar equívoca en el tráfico jurídico.

En nuestra opinión, este ejercicio, ya de por sí complejo, debe guardar el debido equilibrio. El criterio de aplicación no puede ser muy estricto para no restringir la libertad de crear asociaciones ni tan flexible que se permita la concurrencia de un número indeterminado de asociaciones con prácticamente el mismo nombre. Por ello, y teniendo en cuenta la preferencia de la asociación ya inscrita, es aconsejable que la nueva denominación añada un término o expresión diferenciadora, que no deberían ser acrónimos o números por su escasa relevancia. Si, por ejemplo, partimos de la supuesta asociación llamada «Asociación protectora de animales», las siguientes deberían contar con un añadido para dar lugar a la «Asociación protectora de animales *y plantas*», a la «Asociación protectora de animales *domésticos*», o a la «Asociación *castellana* protectora de animales». Ahora bien, de forma inversa, si la que existe es la «Asociación protectora de animales y plantas», la alteración podría pasar en este caso por una supresión, siendo perfectamente admisible la «Asociación protectora de animales». O bien en todos estos casos sustituir el término «proteger» por otros como «defender», «resguardar» o «amparar» en sus distintas formas verbales. Se trata, en definitiva, de configurar nombres similares, inevitables en deter-

78. Lo que exponemos puede entenderse referido a una coincidencia total entre la denominación y la marca, de manera que, por ejemplo, resultan viables todas aquellas asociaciones culturales y clubes destinados a la conservación y promoción de modelos de vehículos, empleando dentro del nombre las marcas conocidas de Seat, Ford o Citroen, y sin que para ello hayan debido obtener un consentimiento previo de las respectivas empresas automovilísticas. Lo que en ningún caso sería admisible es que tales asociaciones se autodenominaran solamente «Seat», «Ford» o «Citroen». Por razones de identidad con la materia que tratamos, igualmente recomendamos ser cautelosos con las denominaciones de origen reguladas en la Ley 6/2015, de 12 de mayo, de Denominaciones de Origen e Indicaciones Geográficas Protegidas de ámbito supraautonómico, pues cuando del conjunto denominativo y objetivo de la asociación se derive el uso de una denominación de origen relevante como, por ejemplo, «Jerez-Xérés-Sherry», «Montilla-Moriles» o «Ribeira Sacra», los promotores y socios deberán recabar las autorizaciones pertinentes para evitar equívocos.

minados ámbitos de actividad de las asociaciones respecto de los que no tienen derechos exclusivos de intervención, pero que puedan razonablemente distinguirse entre ellos[79].

La LODA también impone que la comparación denominativa se haga en relación con entidades públicas y privadas, personas físicas y marcas registradas. Sin embargo, el juego combinado de las restricciones y autorizaciones ya comentadas hace que los promotores y socios no interfieran con el nombre de entidades, personas y marcas, y que, por tanto, las fricciones se produzcan entre las propias asociaciones. Sin embargo, no es infrecuente que algunas asociaciones intenten variaciones sobre determinados organismos públicos como, por ejemplo, el Consejo de Política Fiscal y Financiera, la Comisión Nacional del Mercado de Valores o el Instituto Nacional de Estadística, adoptando denominaciones del tipo «Consejo Fiscal y Financiero», «Comisión Nacional de Valores» o «Instituto de Estadística», respectivamente. En todos estos supuestos es más que probable que a su paso por el Registro los interesados sean obligados a desfigurar tales denominaciones para eliminar cualquier atisbo de conexión y confusión con los nombres preferentes.

79. Al analizar la doctrina administrativa sobre el nombre de las entidades religiosas y, en concreto, al abordar la cuestión de la denominación «idéntica» y la denominación «parecida», se ha advertido el mismo problema, y que si bien cualquier denominación religiosa con pretensiones registrales no podrá ser idéntica a otra que esté inscrita, «si la praxis administrativa va denegando la inscripción a distintas entidades religiosas que tienen unas denominaciones similares —no idénticas— se podría incurrir en una acentuada discrecionalidad. Sobre todo si nos referimos al hecho religioso, porque muchas de las denominaciones distintivas forzosamente acostumbran a parecerse cuando provienen de un mismo tronco confesional común», vid. SEGLERS, A., «La inscripción registral de las confesiones religiosas: análisis de los requisitos legales», *Revista de Administración Pública*, núm. 163, 2004, págs. 312 a 318. Cuestión parecida y de indudable interés también se ha suscitado en la contienda electoral, no sólo por la realización de un ejercicio comparativo sino por apreciar la evolución del concepto empleado. En la STC 107/1991 se declaró incompatible el nombre de la coalición de electores «Los Verdes Lista Ecologista-Humanista» con el del partido político previamente inscrito «Los Verdes», por inducir a confusión, ya que esta última expresión era el elemento semántico más significativo y relevante, sin importar que el uso del término «verde» se haya propagado hasta servir de punto de referencia nominativo de distintas opciones políticas (FJ 3). En la STC 70/1995, en cambio, se admitió la concurrencia del nombre de la coalición electoral «Los Verdes-Grupo Verde» con el del partido previamente inscrito «Los Verdes Alternativos» porque el alegado riesgo de confusión no autoriza la entrega en exclusividad a un determinado grupo de representaciones auténticas de líneas de pensamiento («socialista», «liberal», «verdes», etc.) pues tales representaciones ostentan un manifiesto talante genérico por ser la forma necesaria y corriente de manifestación, denominativa o gráfica de dichas líneas de pensamiento, por lo que, al ser elementos de uso común pertenecientes al dominio público, no son apropiables en exclusiva por nadie, ya que, además de su eficacia distintiva, por esa utilización colectiva y continua, se degrada hasta privarlas de toda capacidad diferenciadora (FJ 2). En este mismo orden, vid. STC 51/2023 y STC 52/2023. La misma problemática se ha llevado al campo de la discrecionalidad administrativa respecto del Registro de Partidos Políticos, vid. MARTÍN DE LA VEGA, A., «Los partidos políticos y la Constitución de 1978. Libertad de creación y organización de los partidos en la Ley Orgánica 6/2002», *Revista Jurídica de Castilla y León*, núm. extraordinario, enero 2004, págs. 220 y 221.

Reiteramos que la LODA no prohíbe la semejanza de nombres sino que dicha semejanza sea confusa. Ahora bien, lo que sea o no confuso se ha de decidir en cada caso, y no siempre asociaciones, registros y jueces convergen sobre la misma solución.

Como es sabido, los registros reciben al año miles de solicitudes de inscripción de nuevas asociaciones, muchas de las cuales presentan el problema de que sus denominaciones son parecidas a las de otras ya registradas. En la inmensa mayoría de las ocasiones los promotores aceptan las indicaciones en materia de subsanación del nombre, razón por la cual no existe una jurisprudencia especialmente abundante en este ámbito, y la que existe resuelve cuestiones muy particulares sin posibilidad de deducir criterios generales. Es el caso, por ejemplo, de la SAN de 15 de junio de 2015, que declaró nula la resolución del RNA de 19 de marzo de 2013, de inscripción de la «Asociación Democracia Real Ya», por coincidir e inducir a error con la marca «Democracia Real Ya (D.R.Y.)», concedida por la Oficina Española de Patentes y Marcas el 22 de enero de 2013. Sí, en cambio, nos parece de interés general la STSJ de Madrid de 10 de julio de 2017, que declaró nula la resolución del RNA de 12 de enero de 2016, de inscripción de la «Federación Española Independiente de Pesca Submarina y Buceo», por inducir a error con la asociación deportiva «Federación Española de Actividades Subacuáticas», registrada en el Consejo Superior de Deportes, y sobre su propia naturaleza. La sentencia manifestó que el concepto de «Federación» en el ámbito deportivo tiene un naturaleza específica conforme a la Ley del Deporte y que la denominación «Federación Española Independiente de Pesca Submarina y Buceo» produce la inmediata sensación en cualquier persona, deportista o no, deportista profesional o aficionado, de que se trata de una Federación Deportiva Oficial, de manera que induce a error no sólo con la «Federación Española de Actividades Subacuáticas» sino respecto de su misma naturaleza jurídica (FJ 5)[80].

80. La Dirección General de los Registros y del Notariado confirmó en vía de recurso (Resolución de 21 de junio de 2018, en *BOE* núm. 150, de 21 de junio de 2018) la certificación expedida por el Registro Mercantil Central denegatoria de las denominaciones «Federación Española e-Sports, Sociedad Limitada», «Federación Española de Deportes Electrónicos, Sociedad Limitada» y «Federación Madrileña e-Sports, Sociedad Limitada» porque «la inclusión en la denominación social del término "federación" junto a otros de evidentes connotaciones deportivas (e-Sports, Deportes electrónicos) hace inevitable la confusión entre la naturaleza de la entidad que se pretende constituir (sociedad de capital), y aquella a que induce la denominación (federación deportiva). A lo anterior hay que añadir que en nuestro ordenamiento jurídico las federaciones deportivas constituyen uno de los cinco supuestos de asociacionismo previstos en la Ley 10/1990, de 15 de octubre, del Deporte, cuya específica regulación... las diferencia jurídicamente de cualquier otra entidad con personalidad jurídica, por lo que debe evitarse cualquier situación que comprometa su debida identificación e individualización» (FJ 4). En la actualidad, la Ley 10/1990, de 15 de octubre, se encuentra derogada por la Ley 39/2022, de 30 de diciembre, del Deporte, pero su vigencia no altera la precedente fundamentación.

Además de los criterios que resultan de la LODA y el RRNA es muy útil tener en cuenta la normativa del Registro Mercantil.

El artículo 23.3 RRNA coindice en gran medida con el artículo 408.1 RRM, que ha sido objeto de reiterada interpretación por el Registro Mercantil Central y, en vía de recurso, por el órgano especializado que es la Dirección General de Seguridad Jurídica y Fe Pública (anterior Dirección General de los Registros y del Notariado). Esta dirección general tiene consolidada una doctrina sobre la «identidad» de denominaciones que, por todas, se explicita en su Resolución de 21 de junio de 2019:

«La identidad de denominaciones no se constriñe al supuesto de coincidencia total y absoluta entre ellas, fenómeno fácilmente detectable, sino que se proyecta a otros casos, no siempre fáciles de precisar, en los que la presencia de algunos elementos coincidentes puede inducir a error sobre la identidad de las sociedades. Debe, pues, interpretarse el concepto de identidad a partir de la finalidad de la norma que la prohíbe, que no es otra que la evitar la confusión en la denominación de las compañías mercantiles. Por eso, como tiene declarado este Centro Directivo, en materia de denominaciones sociales el concepto de identidad debe considerarse ampliado a lo que se llama «cuasi identidad» o «identidad sustancial».

La afirmación anterior exige precisar qué se entiende por identidad más allá del supuesto de coincidencia plena o coincidencia textual, es decir, qué se reputa como identidad sustancial, entendida como el nivel de aproximación objetiva, semántica, conceptual o fonética que conduzca objetivamente a confusión entre la denominación que se pretende inscribir y otra cuya sustancial proximidad impida a la primera ser un vehículo identificador. A tal propósito se debe el contenido del art. 408 del Reglamento del Registro Mercantil… Ahora bien, esa posibilidad de ampliar la noción de identidad para incluir en ella supuestos de lo que se ha llamado doctrinalmente «cuasi identidad» o «identidad sustancial» no puede impedir que se tenga en cuenta el fin último que la prohibición de identidad tiene: identificar con un cierto margen de seguridad al sujeto responsable de determinadas relaciones jurídicas. De este modo puede decirse que nuestro sistema prohíbe la identidad, sea esta absoluta o sustancial de denominaciones, pero no la simple semejanza… A esta finalidad responde una de las funciones básicas del Registro Mercantil Central.

Detectar la identidad de denominaciones es una tarea eminentemente fáctica, por lo que exige una especial atención a las circunstancias de cada caso. No cabe olvidar que se trata de valorar cuándo el nombre identifica, con un cierto margen de seguridad, al sujeto responsable de determinadas relaciones jurídicas. Por ello, si la interpretación de los criterios normativos, sobre todo la de aquellos que incorporan conceptos revestidos de una mayor indeterminación, como los relativos a términos o expresiones «genéricas o accesorias», a signos o partículas «de escasa significación» o a palabras de «notoria semejanza fonética» no tiene porqué realizarse de forma restrictiva, tampoco cabe en ella una gran laxitud, o la consideración de que no sea posible la aplicación simultánea de dos o más de esos criterios que se incluyen en el citado artículo 408..., de suerte que puedan llevar a considerar como distintas determinadas denominaciones a pesar de la semejanza que presenten si ésta no es suficiente para dar lugar a errores de identidad. En ese difícil equilibrio se ha de desenvolver la tarea de calificar la identidad de las denominaciones, de modo que la interpretación y aplicación de tales normas, conforme al criterio teleológico apuntado, ha de atemperarse a las circunstancias de cada caso»[81].

De todo lo anterior, perfectamente aplicable al terreno denominativo de las asociaciones, se extraen tres conclusiones. La primera, que nos encontramos ante una materia intensamente casuística. La segunda, que se ha de mantener el necesario equilibrio en las valoraciones. Y la tercera que quedan prohibidas la «coincidencia total» y la «coincidencia sustancial» o lo que podríamos llamar «semejanza cualificada», y que se permite la «simple semejanza»[82].

Las dos últimas normas a tener en cuenta por los promotores y socios en esta materia, al margen de las reservas legales, se refieren al idioma empleado y a los dominios de Internet.

Las asociaciones al componer la denominación pueden hacer uso del castellano, de cualquiera de las lenguas oficiales de las Comunidades Autónomas o de un idioma extranjero pero siempre que esté formada por letras del alfabeto latino y de incluir cifras que sean números árabes o romanos (artículo 22.2 RRNA). El Registro puede exigir de los promotores y socios, cuando así lo considere por no ser fácilmente comprensible, un certificado de traducción al castellano de la denominación[83]. Si el nombre elegido en lengua cooficial o en idioma extranjero ya existiera en castellano, creemos que sólo podría rechazarse, por razones de identidad, si se diera una notoria semejanza fonética entre ambas[84], en aplicación analógica del criterio mantenido por el Registro Mercantil[85] .

81. Resolución de 21 de junio de 2019, de la Dirección General de los Registros y del Notariado (FJ 4, 5 y 6), en *BOE* núm. 170, de 17 de julio de 2019.

82. En aplicación de estos criterios la Dirección General de Seguridad Jurídica y Fe Pública admitió la concurrencia de las muy semejantes denominaciones «Soluciones Sostenibles, S.L.», «3R3 Soluciones Sostenibles, S.L.» y «Treserres Soluciones Sostenibles, S.L.» (Resolución de 26 de julio de 2023, en *BOE* núm. 231, de 27 de septiembre de 2003), en contra de la calificación del Registro Mercantil, lo que refleja la contingencia de la materia.

83. El RNA, de manera sistemática, venía exigiendo de los promotores la aportación de la traducción de la denominación. A partir de 2015 prácticamente ha desaparecido este trámite cuando la denominación se forma con palabras de la lengua inglesa y francesa, que al margen del castellano son las más empleadas.

84. Siempre quedará al encargado del RNA decidir la inscripción de la imaginaria «Mango Festival International Association» si previamente existiera en el mismo la «Asociación Internacional del Festival del Mango», o la imaginaria «Association pour la Éducacion Social» de

En cuanto a los dominios de internet, lo que en el Registro Mercantil se formula como recomendación[86] en el RNA se ha elevado a prohibición. El artículo 23.5 RRNA establece: *«por corresponder a un ámbito diferente e inducir a error, el Registro no inscribirá las denominaciones que incluyan los dominios de Internet, tales como «.es», «.com», «.net» o «.org»»*[87]. Una relación que se entiende meramente enunciativa, por lo que igualmente quedan prohibidos otros dominios de primer nivel, o de segundo nivel como «.com.es», «.org.es» o «.edu.es». Según esta regla, el Registro podría admitir una asociación nombrada como «La graciosa punto com» pero no como «Lagraciosa.com», y ello sin perjuicio de que aquélla pueda crear las cuentas que considere para su normal funcionamiento.

Al margen de todo lo anterior, es factible añadir un acrónimo o siglas al final del nombre, que en todo caso formarán parte de la denominación única, sin posibilidad de descomposición a efectos registrales (artículo 22.1 RRNA).

2.1.2. Reservas de nombre

Las reservas de denominación son previsiones legales que retienen determinados términos para únicamente ser utilizados por concretas entidades, con la consiguiente prohibición de uso de los mismos por las asociaciones comunes.

El propio RRNA reserva «federación», «confederación» y «unión de asociaciones» para las asociaciones de segundo grado y «asociación juvenil» para las de este tipo (artículo 23.6 y 7 RRNA). Sólo las personas físicas, con edades comprendidas entre los catorce años y los veintinueve años, puede promover,

---

estar ya registrada la «Asociación por la Educación Social», o las también ficticias «Asociación Galega de Axuda a Ucrania» frente a la «Asociación Gallega de Ayuda a Ucrania» y «Associació Catalana d´Uniformes Històrics» frente a la «Asociación Catalana de Uniformes Históricos».

85. Vid. REGISTRO MERCANTIL CENTRAL, *Denominaciones sociales. Información Denominaciones sociales. Criterios de Solicitud,* https://www.rmc.es/denominacionesSocialesInfo/deno_informacion.aspx, (último acceso 8.8.2023).

86. Vid. REGISTRO MERCANTIL CENTRAL, *Denominaciones sociales. Información Denominaciones sociales. Consejos prácticos,* https://www.rmc.es/denominacionesSocialesInfo/deno_informacion.aspx, (último acceso 8.8.2023).

87. La función primaria del nombre de dominio es la identificar y permitir el acceso a una página web, si bien, junto con esta función localizadora, la propia página web identificada por el nombre de dominio puede presentar una función económica o social, en el sentido de que los operadores pueden ofertar a través de la misma sus productos o servicios. A partir de aquí, el hecho de que se pretenda registrar una denominación social idéntica a la de otra entidad ya inscrita, con la única diferencia de añadir como sufijo un nombre de dominio, presenta un claro riesgo de confusión para terceros, vid. BERCOVITZ RODRÍGUEZ-CANO, A., *Apuntes de Derecho Mercantil,* Thomson-Aranzadi, Cizur Menor, 2003, págs. 510 a 521. Por ello, ante la irrupción de Internet, y para evitar el surgimiento de otro posible supuesto de confusión a valorar por el encargado del Registro, el RRNA directamente prohíbe el uso de los nombres de dominio en la denominación de las asociaciones.

constituir y nombrar las asociaciones juveniles. En cambio, las personas físicas no pueden promover ningún tipo de agrupación de asociaciones. En la práctica asistimos a la creación de pretendidas federaciones, sobre todo en el terreno deportivo o educativo, promovidas por tres o más personas físicas, que por motivo del nombre son rechazadas en los registros. Y es que el uso de «federación» o «unión» quedan reservados para aquellas entidades promovidas por tres o más asociaciones previamente inscritas en el RNA o en cualquiera de los registros generales de las Comunidades Autónomas[88]. De la misma forma, son estas federaciones, debidamente inscritas en los mismos registros, las que pueden agruparse en «confederación» y usar este término.

Pero los promotores y socios deben velar por el respeto a las restricciones o normas de exclusividad previstas en otras normativas, de muy distinta índole, educativa, de consumidores, comercial, económica o deportiva.

La disposición adicional decimonovena de la Ley 6/2001, 21 de diciembre, de Universidades, dispone: «*sólo podrá utilizarse la denominación de universidad, o las propias de los centros, enseñanzas, títulos de carácter oficial y validez en todo el territorio nacional y órganos unipersonales de gobierno a que se refiere esta Ley, cuando hayan sido autorizadas o reconocidas de acuerdo con lo dispuesto en la misma. No podrán utilizarse aquellas otras denominaciones que, por su significado, puedan inducir a confusión con aquéllas*». En estos casos se prestará especial atención a los términos «universidad», «facultad», «escuela de doctorado» o «instituto universitario de investigación», sin perjuicio de las derivaciones denominativas autorizadas por los titulares de estos centros.

El artículo 25 del Texto Refundido de la Ley General para la Defensa de los Consumidores y Usuarios, aprobado por Real Decreto Legislativo 1/2007, de 16 de noviembre, establece: «*se prohíbe utilizar los términos consumidor o usuario, la denominación de asociación de consumidores y usuarios o cualquier otra expresión similar que induzca a error o confusión sobre su naturaleza o su legitimidad para la defensa de los derechos e intereses de los consumidores y usuarios, a aquellas organizaciones que no reúnan los requisitos exigidos en esta norma o en la normativa autonómica que les resulte de aplicación*». Esto no impide que se puedan crear asociaciones comunes, inscribibles en los registros generales, con la sola finalidad de defender los derechos exclusivos de los socios en su condición de consumidores de productos y usuarios de servicios, pudiendo incluso emplear en la denominación el término «consumo» si ello no induce a error. Lo que está

88. La disposición adicional cuarta del RRNA establece que las asociaciones que decidan modificar la denominación a partir de su entrada en vigor (diciembre de 2015) se sujetarán a los nuevos requisitos y límites de los artículos 22 y 23. Al no poder tener la norma efectos retroactivos, el RNA conserva entidades anteriores a 2015 con el nombre de «federación» que, sin embargo, están formadas por personas físicas, las cuales conviven con las nuevas entidades inscritas bajo el nombre de «federación» e integradas por, al menos, tres asociaciones generales debidamente registradas. Sólo a muy largo plazo es previsible que se pueda corregir esta irregularidad.

vedado para las asociaciones comunes es la defensa general de los derechos e intereses de los «consumidores y usuarios», así como el uso de estos mismos términos en su denominación.

El artículo 4 de la Ley 4/2014, de 1 de abril, Básica de las Cámaras Oficiales de Comercio, Industria, Servicios y Navegación, dispone: «*salvo las entidades reguladas en esta Ley, ninguna persona física o jurídica o entidad podrá utilizar los términos de Cámara Oficial de Comercio, Industria, Servicios y Navegación de España, Cámara Oficial de Comercio, Industria, Servicios y Navegación o Cámara de Comercio, ni ningún otro que incluya los anteriores como parte de una denominación bajo la que una persona o entidad se haya constituido o ejerza o desarrolle funciones y operaciones, o que contenga términos similares de ser susceptibles de confusión en los términos indicados, sin perjuicio de las creadas o promovidas por voluntad de las propias Cámaras o Consejos para el cumplimiento de sus fines y de las Cámaras Oficiales de países extranjeros en España*». La figura asociativa ha sido cauce para el establecimiento de relaciones comerciales entre países, que si bien han podido optar por otros nombres han preferido utilizar por su significación el de «cámara». La Ley 4/2014, de 1 de abril, hizo esta contundente reserva pero no incluyó ninguna disposición transitoria a efectos de adaptación de denominaciones precedentes por parte de las propias asociaciones. Este es el motivo por el que en el Fichero de denominaciones del RNA se pueden encontrar actualmente asociaciones con la expresión «cámara de comercio» inscritas con anterioridad a 2014, siendo las fórmulas empleadas más comunes la de «Cámara de Comercio de… en España» o «Cámara de Comercio Hispano-…». En todo caso, como decimos, los promotores y socios deberán evitar el empleo de estos términos.

El artículo 144.2 del Texto Refundido de la Ley del Mercado de Valores, aprobado por Real Decreto Legislativo 4/2015, de 23 de octubre, establece que: «*las denominaciones de «Sociedad de Valores», «Agencia de Valores», «Sociedad Gestora de Carteras» y «Empresa de Asesoramiento Financiero», así como sus abreviaturas «S.V.», «A.V.», «S.G.C.» y «E.A.F.» respectivamente, quedan reservadas a las entidades inscritas en los correspondientes registros de la CNMV, las cuales están obligadas a incluirlas en su denominación. Ninguna otra persona o entidad podrá utilizar tales denominaciones o abreviaturas ni la denominación de «empresa de servicios y actividades de inversión» ni cualquier otra denominación o abreviatura que induzca a confusión*». Puesto que los términos «sociedad», «agencia» o «asesoramiento» no son ajenos a la denominación asociativa, los promotores y socios deberán observar que las combinaciones no resulten confusas con las citadas reservas.

El artículo 29 de la Ley 20/2015, de 14 de julio, de ordenación, supervisión y solvencia de las entidades aseguradoras y reaseguradoras, dispone: «*En la denominación social de las entidades aseguradoras y reaseguradoras se incluirán las palabras «seguros» o «reaseguros», o ambas a la vez, conforme a su objeto social, que quedan reservadas en exclusiva para dichas entidades. También quedan reservadas las expresiones «mutuas de seguros», «cooperativas de seguros» y «mutualidades de previsión social», que deberán ser incluidas en su denominación por las entidades de esa naturaleza».*

El artículo 40.2 de la Ley 39/2022, de 30 de diciembre, del Deporte, señala: *«la inscripción de la entidad deportiva* [federaciones deportivas y ligas profesionales] *produce su reconocimiento oficial a los efectos de esta ley y lleva consigo la correspondiente reserva de denominación».* Según esto no es posible, en particular, entidad alguna con el nombre de «federación española» seguida de una disciplina reconocida, como ahora, según lo ya expuesto, tampoco si le sigue un término deportivo. De la misma forma, sobre el uso del emblema de los cinco anillos entrelazados y las expresiones «Juegos Olímpicos», «Olimpiadas», «Comité Olímpico» u otros similares que induzcan a confusión, la Ley dispone que *«ninguna persona jurídica, pública o privada, puede utilizar dichos emblemas y denominaciones sin autorización expresa del Comité Olímpico Español»*, lo que es extensible a los términos propios de los Juegos Paralímpicos (artículo 77).

Mientras que la legislación propia de las asociaciones muestra cierta estabilidad, la precedente relación normativa no puede considerarse cerrada, por lo que los promotores y socios deberán observar cuantas limitaciones se vayan sucesivamente aprobando por la normativa sectorial en orden a no colisionar con nuevos términos o expresiones prohibidas.

2.2. DOMICILIO

El domicilio viene citado en el artículo 9 LODA y en el artículo 18 RRNA[89].

Con carácter general para las personas jurídicas, el artículo 41 CC dispone que *«cuando ni la ley que las haya creado o reconocido ni los estatutos o las reglas de fundación fijaren el domicilio de las personas jurídicas, se entenderá que lo tienen en el lugar en que se halle establecida su representación legal, o donde ejerzan las principales funciones de su instituto».*

Para el caso concreto de las asociaciones no existe omisión posible debido a que el domicilio es un contenido necesario de los estatutos, que además no puede fijarse libremente por promotores y socios ya que las asociaciones que se constituyan con arreglo a la LODA y desarrollen sus actividades en España,

89. Otras referencias normativas sobre el domicilio las encontramos en el artículo 6 LAA; artículo 8 LAC; artículo 311-8 LACat; artículo 18 LACV; y artículo 11 LAPV.

deberán tener domicilio en nuestro país, en el de la sede de su órgano de representación o en la que realiza principalmente su actividad (artículo 9.1)[90].

El artículo 18 RRNA establece que a efectos registrales el domicilio expresará «*la calle y número o, en su defecto, el lugar de situación, y la localidad, el municipio, la provincia y el código postal*». A veces los estatutos indican un domicilio que, notoriamente, corresponde a una entidad preexistente, como pueda ser una universidad o un centro municipal. Para estos casos el mismo artículo dispone que «*cuando la asociación señale como domicilio social el de una institución o entidad pública o privada, el Registro requerirá a aquélla documento acreditativo de la conformidad con tal señalamiento por parte de dicha institución o entidad*».

La precariedad con que nacen muchas asociaciones hace que no cuenten en un principio con un local diferenciado, ni con los recursos para adquirirlo o alquilarlo, por lo que, si tampoco concurre cesión institucional o privada, es uno de los promotores el que ofrece su propio domicilio particular como domicilio social. Cuando ninguno está dispuesto a ello, es habitual el señalamiento en los estatutos de un «apartado de correos», es decir, de un cajetín de recepción en una Oficina de Correos. Sin embargo, entendemos que el apartado de correos no sustituye al domicilio físico ni, por tanto, da cumplimiento al artículo 9 LODA, pues tal apartado ni se puede considerar sede de la junta directiva ni lugar donde se desarrolla la actividad social.

La importancia del domicilio reside en ser el sitio donde realizar ciertos actos (práctica de notificaciones) o en servir de base para realizar precisas determinaciones (competencia judicial o administrativa).

Sin embargo, con el tiempo, el domicilio de las asociaciones ha perdido cierta relevancia. Por un lado, el domicilio ya no marca el registro público competente para la inscripción, sino que tal competencia deriva del ámbito territorial de actuación elegido por la entidad. Por otro, el carácter de persona jurídica que ostenta la asociación ha hecho que desde la Ley 39/2015, de 1 de octubre, del procedimiento administrativo común de las Administraciones Públicas (LPAC), artículo 14.2.a), estén obligadas a la relación electrónica con la Administración, incluida la notificación de los actos administrativos por esta vía, por lo que para ellas ha desaparecido la tradicional notificación personal y directa, normalmente a través del Servicio de Correos, en el domicilio físico. Las asociaciones, por tanto, han asumido la carga de tener que acceder con cierta frecuencia a las plataformas establecidas por la Administración para conocer las comunicaciones

90. El mismo criterio rige para las sociedades mercantiles, que habrán de señalar el domicilio en los estatutos, «en el lugar del territorio español en que se prevea establecer el centro de su efectiva administración y dirección o su principal establecimiento o explotación» (artículos 120 y 182 RRM).

y notificaciones que les afecten, pudiendo, en caso contrario, decaer en sus derechos por falta de comparecencia en los correspondientes procedimientos.

2.3. DURACIÓN

La duración no viene referida en la LODA[91].

En este punto nos remitimos a lo expuesto sobre el elemento temporal del concepto de asociación, recordando que las asociaciones, en general, se constituyen por tiempo indefinido, y siendo así no es necesario que tal circunstancia se haga constar en los estatutos. Sólo cuando nace por un tiempo determinado o para la realización de un concreto objetivo que alcanzado hace decaer la existencia de la asociación, resulta preceptivo que se explicite en los estatutos[92]. La duración indefinida, por tanto, es un contenido obligado pero implícito de los estatutos[93].

Cuando una vez inscrita una asociación sujeta a condición, vence el plazo marcado o se cumple el fin social, es conveniente que los socios se apresuren a acordar la disolución y a solicitar su inscripción determinante de la baja en el Registro.

2.4. ÁMBITO TERRITORIAL DE ACTUACIÓN

El ámbito geográfico de actuación viene indirectamente referido en la LODA al tratar de la competencia registral[94].

Sobre este punto se destaca que los promotores y socios, sin interferencias ni condicionantes de tipo alguno, son libres de indicar en los estatutos un ámbito territorial local, provincial, regional, nacional o internacional. Sin embargo, esta decisión no es irrelevante por cuanto que la misma va a marcar la competencia registral y la legislación aplicable.

El artículo 25 LODA establece que el registro del Estado será competente para inscribir *«las asociaciones de ámbito estatal y todas aquéllas que no desarro-*

91. Algunas referencias normativas, directas o indirectas, sobre la duración las encontramos en el artículo 19.2 LAA; artículo 9 LAC; artículo 321-1 LACat; y artículo 7 LAPV.
92. Ninguna relación guarda las «asociaciones temporales», verdaderas asociaciones, con las «iniciativas temporales» sobre cuestaciones, suscripciones públicas o actos benéficos destinados a la recaudación de fondos a que se refiere la disposición adicional cuarta de la LODA.
93. Que la vigencia indefinida es lo normal lo demuestra el hecho de que el número de disoluciones es claramente inferior al ritmo de creación de asociaciones. A fecha 31 de diciembre de 2013 se encontraban inscritas en el RNA 44.485 entidades asociativas. Entre 2014 y 2022 esta cifra se incrementó en 20.745 nuevas entidades, mientras que en el mismo periodo se inscribieron 1.838 disoluciones, vid. *Anuario Estadístico del Ministerio del Interior 2022*, Ministerio del Interior, 2023, págs. 12 a 47.
94. Las leyes de asociaciones de las Comunidades Autónomas, lógicamente, limitan su ámbito de aplicación a las asociaciones que actúen dentro de su respectivo territorio.

llen principalmente sus funciones en el ámbito territorial de una Comunidad Autónoma», y el artículo 26 que los registros de las Comunidades Autónomas «*tendrán por objeto la inscripción de las asociaciones que desarrollen principalmente sus funciones en el ámbito territorial de aquéllas*». De forma correlativa el ámbito territorial determina el ordenamiento aplicable, la LODA para las asociaciones de ámbito estatal y autonómico, y la LODA y la ley de asociaciones propia para las asociaciones autonómicas de Andalucía, Canarias, Cataluña, Comunidad Valenciana y País Vasco.

De nuevo aquí se impone un cierto sentido común, de manera que en, general, los promotores y socios deberían indicar un ámbito territorial acorde con sus posibilidades reales de actuación. Por tanto, una asociación local, provincial o regional debería quedar inscrita en el correspondiente registro autonómico, mientras que una asociación nacional o internacional debería quedar en el registro estatal.

En torno al ámbito elegido y su repercusión registral conviene hacer dos precisiones.

Por un lado, no es infrecuente que los estatutos fijen el ámbito principal de actuación en una sola Comunidad Autónoma, sin perjuicio de actuaciones puntuales en la Comunidad Autónoma limítrofe. Lo que dice el artículo 26 LODA es que los registros autonómicos son competentes respecto de las asociaciones que desarrollen «principalmente» sus funciones en el territorio de la respectiva Comunidad Autónoma, y principalmente no es únicamente o exclusivamente, pues la Ley estima con acierto que la actividad asociativa, aun circunscrita a una Comunidad Autónoma, puede exigir esporádicas actuaciones fuera de ella, pero sin que ello invalide la regla de competencia. Si unos estatutos señalan que el principal ámbito territorial de actuación es Madrid, sin perjuicio de también poder actuar de forma ocasional en Castilla-La Mancha, el registro competente para la inscripción no será el RNA sino el Registro de Asociaciones de la Comunidad de Madrid. El RNA, conforme a lo dispuesto en el artículo 25.1.a) LODA, sólo será competente si la actuación se prevé, al menos, en dos Comunidades Autónomas con igual intensidad de intervención, es decir, si por ejemplo la asociación va a tener la misma implantación en Madrid y en Castilla-La Mancha[95].

Por otro, tampoco es extraño que una asociación, sin vocación de actuación global o mundial, sí plasme en los estatutos que su actuación se proyecta hacia el extranjero o tiene alcance internacional, y no por ello, en todo caso, el registro estatal será el competente. Así, por ejemplo, una asociación puede tener como

95. El artículo 2.1 LAPV acierta al no excusar la competencia autonómica por el solo hecho de que la asociación se extralimite territorialmente. En concreto, se dispone: «la presente ley es de aplicación a las asociaciones que desarrollen sus actividades principalmente en la Comunidad Autónoma del País Vasco, sin perjuicio de que puedan realizar actividades ocasionales o accesorias fuera de su ámbito territorial».

único objetivo el de recaudar fondos en el ámbito territorial de una sola provincia para destinarlos a un proyecto humanitario de un país del tercer mundo, e incluso desplazar a dicho país a algún socio para la ejecución o seguimiento del proyecto, y no por eso perder la condición de asociación autonómica susceptible de ser inscrita en el registro general de asociaciones de la Comunidad Autónoma. A pesar de esta evidencia, cuando en los estatutos se indica un ámbito internacional, los promotores y socios e incluso los registros autonómicos automáticamente los elevan a inscripción en el RNA, que, como tales, los viene aceptando.

2.5. ÁMBITO FUNCIONAL DE ACTUACIÓN: FINES Y ACTIVIDADES. LA AUSENCIA DE ÁNIMO DE LUCRO

Los fines y actividades aparecen referidos en los artículos 2.1, 7 y 8, 5.1 y 13 LODA, así como en el artículo 32.1.a) y b) para las asociaciones de utilidad pública.

El «fin» común es un elemento estructural básico de la asociación sin el cual difícilmente se puede hablar de la existencia de una entidad separada de sus miembros componentes[96].

Ese fin puede ser de interés general o de interés particular, cuando en este segundo caso se persigue actuar en beneficio exclusivo de los socios, lo cual encuentra su máxima expresión en las asociaciones de corte corporativo o profesional. No obstante ser mayoritarias las asociaciones de interés particular, otras muchas se crean con vocación de servir a terceros ajenos a la asociación, persiguiendo, por tanto, un interés colectivo o social[97].

Siendo un contenido típico, es del todo relevante que los promotores y socios hagan constar en los estatutos el carácter general o particular de los fines que

96. «... todo fenómeno asociativo apunta a la idea de fin: los hombres se asocian para la consecución de determinados objetivos y es la noción de fin la que permite ver en una pluralidad de personas físicas un ente distinto de ellas. Donde existe un fin constante, autónomo, es decir, no esencialmente conectado con una persona individualmente determinada, el pensamiento jurídico ve el presupuesto de un sujeto destinado a proveer a la realización de este fin, sujeto que es elevado al grado de personalidad jurídica mediante su reconocimiento por parte del ordenamiento jurídico», cfr. GÓMEZ MONTORO, A.J., «Artículo 22», en *Comentarios a la Constitución Española. XXX Aniversario*, (dirs. E.M. Casas Baamonde y M. Rodríguez-Piñero), Fundación Wolters Kluwers, Madrid, 2008, pág. 657.

97. La LAPV clasifica las asociaciones en tres grupos (artículo 5). Dejando a un lado las «asociaciones de fines generales declaradas de utilidad pública», la Ley las define como sigue: «asociaciones de fines particulares»: asociaciones cuyas actividades sociales se orientan habitual y preferentemente a favor de las personas asociadas, aunque pueden llevar a cabo también actividades a favor de terceras personas; «asociaciones de fines generales»: asociaciones entre cuyas finalidades figura la satisfacción de intereses que trascienden los de las personas asociadas, y que realizan habitual y preferentemente actividades a favor de terceras personas o del conjunto de la sociedad, ofreciendo a otras personas su ingreso voluntario en dicha organización asociativa.

se persiguen. Sin embargo, al margen del carácter abierto o cerrado del objeto social, lo que realmente va a permitir la viabilidad de los estatutos en cuanto a fines y actividades son otros elementos como la licitud, precisión y ausencia de ánimo de lucro.

2.5.1. Fines lícitos

Ha sido una constante en nuestro derecho la declaración de que las asociaciones pueden perseguir cualquier tipo de fin y que tras la Constitución no existen más límites a esa globalidad que la propia ilicitud penal de los fines y medios asociativos. Nunca fue así. Con cita en jurisprudencia anterior a 1978, ya antes de 2002 se apuntó que la licitud de las asociaciones debía considerarse en relación con las normas penales y con las normas civiles[98], y después de 2002 se afirmó que las únicas asociaciones ilegales no podían ser las asociaciones penalmente ilícitas, sino también aquellas cuyos fines no sean jurídicamente posibles o ajustados a Derecho[99].

En este sentido, la LODA reitera que las personas tienen derecho a asociarse libremente *«para la consecución de fines lícitos»* (art. 2.1), que las asociaciones se constituyen para *«conseguir unas finalidades lícitas»* (art. 5.1) y que el contenido de los estatutos *«no podrá ser contrario al ordenamiento jurídico»* (art. 7.3), es decir, todo el ordenamiento jurídico. Por ello entendemos que, aunque la STC 115/1987 manifestó que el derecho de asociación, en su vertiente positiva, garantiza la posibilidad de los individuos de unirse para el logro de todos los fines de la vida humana (FJ 3), la STC 152/2008, posterior a la LODA, vino a matizar que la finalidad de la constitución de una asociación puede ser variada *«siempre y cuando el fin al que obedezca sea determinado, lícito y posible»* (FJ 4).

Por tanto, los fines de las asociaciones son factibles si son posibles legalmente, con independencia de la naturaleza de la norma que esté en juego. Todo ello se podría encuadrar dentro del amplio concepto de «licitud» de la asociación.

98. «... huelga decir que los fines y actividades para su consecución han de ser lícitos, tanto con referencia a las normas penales como civiles», cfr. SALAS MURILLO, S. de, *Las asociaciones sin ánimo de lucro en el derecho español*, op. cit. pág. 177.

99. «La jurisprudencia ha mantenido que la ilicitud civil es un límite efectivo a las asociaciones reconocidas o, si se quiere, dotadas de personalidad jurídica. Baste recordar, en este sentido, la STS de la Sala 1ª de 31 de diciembre de 1979 en la que se concluyó que, siendo ilícita —objetiva y casualmente— la actividad de la asociación, dada la evidencia de su dedicación a prácticas restrictivas colusorias, resulta perfectamente posible y necesario declarar la nulidad de la constitución de la asociación. O téngase presente también la STS de 2 de marzo de 1982, que confirmó la adecuación a Derecho de la denegación administrativa de la pretendida inscripción en el Registro de Asociaciones de la asociación denominada "Indagatoria Popular", cuya finalidad esencial era la denuncia de los delitos públicos mediante el ejercicio de la acción popular a través de querellas..., por cuanto se consideró que, con arreglo al sistema procesal-penal, la facultad de ejercitar la acción pública penal no puede profesionalizarse por una entidad privada desvinculadamente de la tutela de sus derechos e intereses legítimos», cfr. FERNÁNDEZ FARRERES, G. *Derecho de Asociación*, op. cit., pág. 112.

El primer y principal límite de los fines resulta directamente del artículo 22 CE y del artículo 2.7 y 8 LODA, que declaran que son ilegales las asociaciones que persigan fines o utilicen medios tipificados como delitos, así como prohíben las asociaciones secretas y la de carácter paramilitar. Se distingue, como vemos, entre «fines» y «medios» o entre «fines» y «actividades», que son dos extremos de obligatoria constancia en los estatutos (artículo 7.1.d) LODA). Mientras que los fines se identifican con el objeto social las actividades presentan un carácter instrumental ordenadas a la consecución de tal objeto, pero ambos elementos han de ser lícitos penalmente.

El artículo 515 del Código Penal (CP), considera asociaciones ilícitas:

> *«1.º Las que tengan por objeto cometer algún delito o, después de constituidas, promuevan su comisión; 2.º Las que, aun teniendo por objeto un fin lícito, empleen medios violentos o de alteración o control de la personalidad para su consecución; 3.º Las organizaciones de carácter paramilitar; 4.º Las que fomenten, promuevan o inciten directa o indirectamente al odio, hostilidad, discriminación o violencia contra personas, grupos o asociaciones por razón de su ideología, religión o creencias, la pertenencia de sus miembros o de alguno de ellos a una etnia, raza o nación, su sexo, orientación sexual, situación familiar, enfermedad o discapacidad».*

El CP acota las asociaciones paramilitares y las que promueven el odio y la violencia, pero deja abierta la posibilidad de que la intención de la asociación sea constitutiva de muy diferentes delitos. De la misma manera que las personas se pueden asociar para perseguir los más nobles fines también lo pueden hacer para todo lo contrario, y sin querer ser extravagante en este orden no es difícil concebir asociaciones orientadas a la manipulación genética, la trata de seres humanos, la sustracción de menores, las estafas, el blanqueo de capitales, el tráfico de drogas, las falsificaciones o el depósito de armas. Quiere esto decir que no está delimitado lo que, en todo caso, deba ser la asociación ilícita, la cual puede derivar de amplios contenidos del CP y de la legislación penal especial. Piénsese, por ejemplo, en la Ley Orgánica 12/1995, de 12 de diciembre, de Represión del Contrabando, que tampoco es delito que se pueda considerar extraño a la organización asociativa[100].

Un supuesto que se ha extendido en los últimos años es el de los llamados clubes de cannabis.

---

100. El Código Penal «no hace sino remitir genéricamente a los tipos delictivos previstos en el ordenamiento jurídico-penal la delimitación concreta y singularizada, caso por caso, de la ilegalidad asociativa. La tipificación que en el art. 173.1 del Código Penal [hoy art. 515] se hace de la ilicitud asociativa no tiene, por ello mismo, sustantividad propia e independiente, queriendo con tal expresión significar que la misma actúa y adquiere pleno significado por remisión a los restantes tipos delictivos que en el Código Penal se prevean. Habrá que estar, en consecuencia, a lo que el ordenamiento tipifique como delito para poder determinar si por su objeto o actividad concreta la asociación es o no ilícita», cfr. FERNÁNDEZ FARRERES, G., *Asociaciones y Constitución*, op. cit., págs. 52 y 53.

En los últimos años los registros han experimentado un incremento de solicitudes de inscripción de asociaciones orientadas al cultivo, distribución y consumo de la sustancia estupefaciente «cannabis». Se entendió que el objeto de estas asociaciones podía colisionar con el artículo 368 CP, que castiga a los que ejecuten actos de cultivo, elaboración o tráfico, o de otro modo promuevan, favorezcan o faciliten el consumo ilegal de drogas tóxicas, estupefacientes o sustancias psicotrópicas, o las posean con aquellos fines (delito contra la salud pública), y una vez valorada la jurisprudencia al respecto (SSTS 1050/1999, de 18 de octubre, 1008/2003, de 3 de octubre, 327/2008, de 28 de mayo, 473/2008, de 3 de julio, 305/2012, de 26 de abril o 359/2012, de 9 de mayo), se comenzaron a remitir los estatutos a la Fiscalía General del Estado, con la consiguiente suspensión de los respectivos procedimientos de inscripción. En la base de esta remisión estuvo, por un lado, que los estatutos de las asociaciones contemplaban como actividad el cultivo de la sustancia estupefaciente cannabis sativa para su posterior consumo entre un número indeterminado de personas, pues se admitía como socio a cualquier persona mayor de 18 años, con meros fines lúdicos o recreativos, que no necesariamente médicos o terapéuticos y, por otro, en que el delito del artículo 368 CP es un delito de peligro abstracto, que incrimina conductas peligrosas según la experiencia general, resultando punibles sin necesidad de una lesión directa al bien jurídico protegido, es decir, que su comisión no requiere una lesión concreta, sino la creación de un riesgo abstracto para la salud pública o colectiva.

Ante la dimensión del fenómeno, que no permitía una solución puntual, se dictó la «Instrucción 2/2013, de 5 de agosto, de la Fiscalía General del Estado, sobre algunas cuestiones relativas a asociaciones promotoras del consumo de cannabis». La Instrucción establece pautas de actuación dirigidas a las fiscalías territoriales pero ha resultado de indudable interés para los promotores y socios, y también para los registros, que pueden distinguir tres clases de asociaciones. La primera clase de asociación es aquella que refiere en los estatutos iniciativas para modificar la legislación vigente en aras a la llamada legalización o despenalización del tráfico de drogas, o aquella relacionada con la divulgación científica o realización de estudios en la materia, las cuales suponen manifestaciones de la libertad de expresión o del mismo derecho de asociación. La segunda sería aquella que plasma en los estatutos la explícita actividad de cultivo y uso cannabis, pero aportando al expediente la correspondiente autorización administrativa por parte de la Agencia Española de Medicamentos y Productos Sanitarios[101]. La tercera es aquella que declara estatutariamente la realización

101. El cannabis es una sustancia sometida a fiscalización internacional incluida en la lista I de la Convención Única de 1961 sobre Estupefacientes de las Naciones Unidas. La Ley 17/1967, de 8 de abril, por la que se actualizan las normas vigentes sobre estupefacientes, dispone, por un lado, que ninguna persona natural o jurídica podrá dedicarse al cultivo y producción, ni aún con fines de experimentación, sin disponer de la pertinente autorización y, por otro, que no se permitirán otros usos de los estupefacientes que los industriales, terapéuticos, científicos o docentes autorizados.

de actos de cultivo, reparto y consumo de cannabis entre los socios, sin más, y de forma indefinida.

Las dos primeras clases de asociaciones serían legales pero no la tercera, por lo que aconsejamos a promotores y socios, de cualquier territorio[102], que extremen la redacción de los estatutos cuando su objeto atenga, en general, a drogas, estupefacientes o sustancias psicotrópicas, para no verse inmersos en supuestos de suspensión o denegación de la inscripción registral, e incluso de responsabilidad penal personal y disolución misma de la entidad.

El segundo supuesto de asociación ilícita del artículo 515 CP alude a la que, aun teniendo por objeto un fin lícito, emplee medios violentos o de alteración o control de la personalidad para su consecución[103]. Es decir, en estos casos los promotores y socios han incluido en los estatutos un objeto lícito pero después de la inscripción y bajo su cobertura la entidad se conduce con violencia o ejerce manipulación sobre personas. De producirse esto es posible que se resuelva judicialmente la suspensión de sus actividades o la disolución misma por constituir asociación ilícita.

La tercera de las asociaciones ilícitas es la llamada «asociación paramilitar». La Constitución y la LODA prohíben y el CP tipifica como delito las organizaciones de carácter paramilitar pero ninguna de estas normas las define. Para el Diccionario del Español Jurídico-RAE «paramilitar» es «*dicho de una organización civil: dotada de estructura o disciplina de tipo militar*». Es por ello que habrá que acudir al ordenamiento de la Defensa para obtener unas mínimas orientaciones sobre sus elementos característicos para después poder establecer la debida comparación con aquellos que se atribuyen ciertas asociaciones. El artículo 8 CE recoge que las Fuerzas Armadas se componen del Ejército de Tierra, la Armada y el Ejército del Aire. La Ley Orgánica 5/2005, de 17 de diciembre, de la Defensa Nacional, sobre la organización de las Fuerzas Armadas se refiere al Estado mayor (artículo 12), así como al Cuartel General, la Fuerza y el Apoyo a la Fuerza (artículo 13). Del artículo 6 de la Ley Orgánica 9/2011, de 27 de julio, de derechos y deberes de miembros de las Fuerzas Armadas, titulado «reglas del comportamiento militar», se desprenden algunas como mando, disciplina, obediencia, jerarquía, lealtad, unidad o empleo de la fuerza. Y la Orden DEF/1756/2016, de 28 de octubre, por la que se aprueban las normas de uniformidad de las Fuerzas Armadas, define «uniformidad» como el «*conjunto de prendas de vestuario, emblemas, divisas, distintivos y recompensas que los mili-*

102. Téngase en cuenta que la Ley Foral 24/2014, de 2 de diciembre, reguladora de los colectivos de usuarios de cannabis de Navarra, y la Ley del Parlamento de Cataluña 13/2017, de 6 de julio, de las asociaciones de consumidores de cannabis, fueron ambas declaradas nulas en su integridad por SSTC 144/2017 y 100/2018, respectivamente, por invasión de la competencia exclusiva del Estado en materia penal (art. 149.1.6ª CE).

103. Se refiere el artículo en el segundo inciso a los métodos empleados por algunas sectas religiosas o pseudorreligiosas para lograr el sometimiento acrítico de sus miembros.

tares ostentan sobre su uniforme y que son representativas de la Institución militar» (Norma 3ª). La doctrina, por su parte, se ha pronunciado sin referencia directa a la normativa, dando por entendido que la asociación paramilitar es aquella que, básicamente, se organiza como los ejércitos y tiene tendencia al uso de la fuerza[104].

Para no deducir razonablemente que estamos ante una organización paramilitar, los promotores y socios deberían evitar ciertos términos en la denominación («fuerza», «ejército», «estado mayor» o «cuartel general»), en la definición de las actividades (desarrollo de técnicas operativas o de combate), no adoptar simbología y uniformidad de corte militar o de camuflaje, no tener estructura jerarquizada ni manejar armas, no necesariamente prohibidas, que son todos ellos elementos estatutarios.

Para el artículo 515 CP son también asociaciones ilícitas las que fomenten, promuevan o inciten directa o indirectamente al odio, hostilidad, discriminación o violencia contra personas, grupos o asociaciones por razón de su ideología, religión o creencias, la pertenencia de sus miembros o de alguno de ellos a una etnia, raza o nación, su sexo, orientación sexual, situación familiar, enfermedad o discapacidad. Basta aquí la simple lectura de los documentos fundacionales de la asociación para comprobar si por sus fines y actividades se promueve cualquiera de los comportamientos referidos, y para que promotores y socios adviertan que están incurriendo en ilicitud penal.

Respecto de todos los supuestos del artículo 515 CP es decisivo el propósito y acciones previstos en los estatutos pero también las demás exigencias que permiten estar ante una asociación ilícita. Por todas, para la STS 852/2016, de 11 de noviembre, la asociación ilícita requiere: *«a) pluralidad de personas asociadas para llevar a cabo una determinada actividad; b) existencia de organización más o menos compleja en función del tipo de actividad prevista; c) consistencia o*

104. Por asociación de carácter paramilitar hay que entender «aquel tipo de ente que se dota de una organización, una simbología y actividades similares a la de los ejércitos. Esta forma de comportamiento denota una clara predisposición por parte de las referidas asociaciones para el ejercicio de la coacción o de la fuerza física», cfr. VIDAL MARÍN, T., «El Derecho de Asociación», *Parlamento y Constitución. Anuario*, núm. 2, Toledo, 1998, pág. 222. Para la delimitación del concepto se han ofrecido las siguientes dos notas: «la estructura organizativa en unidades operativas y con disciplina semejantes a las militares; el adiestramiento y equipamiento de los miembros con medios o en técnicas adecuadas para el ejercicio de la violencia», cfr. SANTAMARÍA PASTOR, J.A., «Comentarios al artículo 22 de la Constitución», en *Comentarios a la Constitución*, (dir. F. Garrido Falla), 3ª Ed., Civitas, Madrid, 2011, pág. 501. También se han definido las organizaciones de carácter paramilitar como «aquellas que adoptan estructuras organizativas, hábitos, medios y signos externos propios de las organizaciones militares, atentando contra el monopolio del Estado en el ejercicio de la violencia. El sentido de la inclusión de este supuesto en el catálogo de asociaciones ilícitas es evidente, pues en la prohibición de esta clase de organizaciones encuentra el Estado su propia razón de ser», cfr. QUINTERO OLIVARES, G., *Comentario al Nuevo Código Penal*, Thomson-Aranzadi, Cizur Menor, 2004, pág. 2351.

permanencia en el sentido de que el acuerdo asociativo ha de ser duradero y no puramente transitorio; d) el fin de la asociación ha de ser la comisión de delitos, lo que supone una cierta determinación de la actividad ilícita, sin llegar a la precisión total de cada acción individual en tiempo y lugar» (FJ 2). Pues bien, al margen de fines y actividades sociales, las tres primeras exigencias ya están implícitas en la formación misma de la asociación general, que requiere de un mínimo de tres personas, de una estructura organizativa definida y de una continuidad en el tiempo.

Cabe recordar, además, que las asociaciones, por sí mismas, en tanto que personas jurídicas, pueden ser penalmente responsables en los términos de los artículos 31 bis a 31 quater CP[105].

La última de las asociaciones prohibidas (artículo 22.5 CE), pero no delictivas, son las asociaciones secretas. Existe cierto consenso en entender que las asociaciones secretas son aquéllas que de propósito sustraen al conocimiento público su existencia o datos esenciales de organización, actividad o miembros. Más en concreto se ha delimitado el concepto sobre la concurrencia de dos notas: a) la ocultación de la existencia de la asociación o de sus finalidades y actividades sociales o incluso de todos o parte de los socios entre sí o respecto de terceros; y b) el desarrollo de actividades que directamente se encaminan a interferir en el ejercicio de las funciones de las instituciones públicas estatales en general[106]. Desde otra perspectiva se ha dicho que las asociaciones o sociedades secretas *«son grupos, sectas, etc., que exigen a sus miembros guardar secreto de sus ritos, miembros, prácticas, etc., con o sin juramento previo»*[107]. Ninguna de estas formaciones asociativas, ya sean de corte político o ritual, son, en principio, ilegales pues, como dice el Tribunal Supremo, si bien es lógico que en el sistema democrático se exija claridad, transparencia y publicidad a las asociaciones, el ocultismo no es inexorablemente indiciario de ilegalidad penal (STS 14034/1994, FJ 5). Poco más se puede añadir desde el momento en que, al margen del supuesto típico de la ocultación de su existencia, una asociación puede perfectamente registrar unos estatutos, legales y completos, incluso tomando como referencia un modelo tipo, y luego en la práctica guiarse en su actividad y membresía por el secretismo, fuera de cualquier publicidad. Puede ser el deseo

105. En los supuestos expresamente previstos, las personas jurídicas serán penalmente responsables de los delitos cometidos en su nombre por los representantes legales o por quienes estén autorizados a tomar decisiones (artículo 31 bis CP). Las personas jurídicas pueden eludir la responsabilidad penal mediante la implantación de *compliance programs* o Modelos de Prevención de Delitos (MPDs), por lo que no es descartable su adopción por asociaciones complejas y de considerable volumen de negocio. Sobre un estudio comparado de este tipo de modelos, vid. GOENA VIVES, B., *Responsabilidad penal y atenuantes en la persona jurídica*, Marcial Pons, Madrid, 2017, págs. 329 a 370.

106. Vid. FERNÁNDEZ FARRERES, G. *Asociaciones y Constitución,* op. cit. pág. 81.

107. Cfr. GUERRA GÓMEZ, M., *Diccionario Enciclopédico de las Sectas*, 4ª Ed., Biblioteca de Autores Cristianos, 2005, pág. 892.

de promotores y socios pero sabiendo que en ambos casos incurrirían en el concepto de asociación prohibida.

Hasta aquí hemos visto la llamada ilicitud penal de las asociaciones, y corresponde ahora, bajo el amplio concepto de la ilicitud civil, señalar dos límites específicos que recaen sobre las asociaciones de régimen común.

Ese primer límite en el objeto de la asociación general no es otro que la prohibición de asumir los fines que la ley reserva a las asociaciones especiales. La presentación de candidatos a las elecciones generales, el ejercicio de la acción sindical, el apostolado religioso, la defensa de los derechos generales de los consumidores y usuarios, la defensa de los derechos profesionales de militares, guardias civiles, jueces, magistrados y fiscales o la organización de competiciones deportivas son todos ellos atributos exclusivos de las respectivas asociaciones especiales del artículo 1.3 y 3. b) y c) LODA. Ahora bien, no siempre es diáfano discernir ante qué tipo de asociación nos encontramos debido a que la asociación general no tiene impedido un fin ideológico, de defensa de los trabajadores y empresarios, de las profesiones, de los consumidores, o de naturaleza religiosa o deportiva. Por ello, es aconsejable que al momento de confeccionar los estatutos se haga una declaración expresa de constituirse la entidad como asociación de régimen general, se descarten cometidos que a la asociación común nunca le podrían corresponder (basta con omitirlos) y se eviten redacciones confusas que pudieran inducir a pensar que está en el límite con las asociaciones políticas, religiosas, sindicales, deportivas, de consumidores y usuarios, o profesionales diferenciadas en la LODA.

El segundo límite ha terminado por pasar al derecho positivo (artículo 38.3 RRNA) ante la intención de las asociaciones de asumir funciones propias de los poderes públicos[108]. La conocida STC 67/1985 ya sentó que «*la configuración de las Federaciones españolas [deportivas] como un tipo de asociaciones a las que la Ley atribuye el ejercicio de funciones públicas, justifica que se exijan determinados requisitos para su constitución, dado que no se trata de asociaciones constituidas al amparo del artículo 22 de la Constitución, que no reconoce el derecho de asociación para constituir asociaciones cuyo objeto sea el ejercicio de funciones públicas de carácter administrativo*» (FJ 4). A pesar de esta evidencia es reiterativa la fijación de algunas asociaciones por atribuirse funciones públicas de, por ejemplo, certificación de productos, inspección de servicios privados, expedición de títulos u organización de competiciones deportivas, todas ellas con la idea de interferir sobre terceros con visos de oficialidad. Y no sólo funciones administrativas sino que también hay casos de asunción de funciones jurisdiccionales

108. Ya se había establecido para el País Vasco, con carácter más restrictivo, que las personas jurídico-públicas podrán ejercitar el derecho de asociación entre sí, o con otras personas físicas o jurídicas, pero que no podrán constituir asociaciones cuyo objeto sea el ejercicio de funciones públicas de carácter administrativo en relación con un sector de la vida social (artículo 6.3.c) LAPV).

cuando, normalmente, miembros de una comunidad ideológica o religiosa erigen una asociación para formar un tribunal *ad hoc*, integrado por ellos mismos, al objeto de impartir justicia en los más variados ámbitos sobre los socios, que al ingresar en la asociación aceptan renunciar ellos mismos y sus familias a la justicia ordinaria. De la misma forma, no es extraño que asociaciones profesionales o de otro tipo pretendan la redacción y aprobación de reglamentos regulatorios, de contenido normativo y vinculante para un determinado colectivo, colisionando con la potestad reglamentaria que sólo corresponde ejercer al poder ejecutivo[109].

Al margen de la LODA, ya lo hemos dicho, los estatutos deben ser conformes con el resto del ordenamiento jurídico en toda su extensión. Esto coloca a promotores y socios en la situación de analizar su propuesta asociativa, que puede no ser delictiva, ni invadir fines propios de las asociaciones especiales ni asumir funciones públicas, pero que puede ser contraria al derecho en general o a algún tipo de norma jurídica. Por ello, es recomendable tener un mínimo conocimiento de la legislación que rige para el ámbito funcional elegido y así poder efectuar el debido contraste entre aquélla y los estatutos[110].

2.5.2. Fines precisos

La LODA impone como contenido obligatorio de los estatutos la indicación de los fines y actividades de la asociación «descritos de forma precisa» (artículo 7.1.d)[111].

Este precepto se puede considerar heredero de las precedentes leyes de asociaciones, que enfatizaron en la determinación de los fines[112]. Para la LODA también es importante la fijación del «para qué» de una nueva asociación, prohibiendo implícitamente las asociaciones abstractas o que pretendan desarrollar

109. No hay que confundir este tipo de iniciativas normativas, con pretensiones de trascendencia y alcance general, con el reglamento interno o de régimen interior que las asociaciones aprueban en desarrollo de los estatutos para detallar aquellos aspectos que sólo figuran en los mismos con carácter básico y que únicamente vinculan a los socios.

110. Los clubes privados de fumadores se han constituido como asociaciones, y para ellos rige la Ley 28/2005, de 26 de diciembre. Esta norma, en su disposición adicional novena, prohíbe la entrada de menores de edad a tales clubes, por lo que unos estatutos que admitieran a menores de 18 años incurrirían en un supuesto de ilicitud por ser contrarios a una disposición legal.

111. Para las sociedades, el artículo 178 del RMM exige que la definición estatutaria del objeto social se realice mediante la determinación de las actividades que lo integran, y en relación con el mismo la Resolución de 9 de octubre de 2018, de la Dirección General de los Registros y el Notariado (*BOE* núm. 262, de 30 de octubre de 2018), sentó que «la trascendencia que el objeto social tiene tanto para los socios y administradores como para los terceros que entren en relación con la sociedad justifica la exigencia legal de una precisa determinación del ámbito de actividad en el que debe desenvolverse la actuación del nuevo ente» (FJ 2). La misma trascendencia se presenta para las asociaciones.

112. En la Ley de 1887 se exigía la presentación a la autoridad de los estatutos «expresando claramente en ellos la denominación y objeto de la Asociación» (artículo 4). En la Ley de

globalmente todos los fines de la vida humana. Hasta tal punto lo hace que enfatiza de forma notable la obligación. Y ello porque «describir» ya supone detallar o explicar algo de forma completa, y «precisar» ofrecer una idea clara y nítida de algo, según se deduce de la RAE, por lo que la fórmula elegida no deja lugar a la indefinición.

Mientras que en la normativa anterior a 1978 en este deber latía una idea de conocimiento exhaustivo que favoreciera el control administrativo de la asociación, en la LODA supone un reforzamiento de la transparencia y visibilidad de la actuación de las organizaciones sociales de tipo asociativo en garantía de todos, terceros y socios. Un deber que, en esta línea, también contribuye a acotar un sector de actividad y a impedir que los representantes de la asociación se separen sustancialmente de los objetivos comunes y pactados[113].

Sin embargo, con este artículo 7.1.d) LODA volvemos al campo de los conceptos no determinados, que exigen su aplicación caso por caso, y es práctica no poco habitual la de los promotores que redactan los estatutos desde la más absoluta vaguedad. No son aconsejables las expresiones genéricas que nada aportan, tal como decir que la asociación persigue «fines benéficos», «fines culturales» o «fines ecologistas», sin más, como tampoco aquellas que no van acompañadas de un verbo de acción o voluntad y de un objetivo susceptible de ser alcanzado. De lo que se trata es de explicitar la idea por la que nace la asociación, lo que, aunque no siempre exige extensos artículos estatutarios, sí impone un mínimo esfuerzo explicativo.

Luego está el caso contrario, el de la superabundancia de fines o, mejor dicho, el de la sucesión incoherente de fines, pues nada impide que una sola asociación pueda tener un objeto múltiple. El problema deriva de mezclar finalidades sin relación alguna y colocadas al mismo nivel, provocando que se desvanezca la precisión que exige la norma, al no poderse determinar para qué exactamente o principalmente surge la asociación.

Por ello, y si bien se impone un criterio flexible, tanto la parquedad como el exceso incongruente, la confusión como las fórmulas residuales, son recursos estatutarios que deberían evitarse. El objeto para el que surge una asociación,

---

1964 los fines asociativos debían ser «lícitos y determinados», entendiéndose que eran determinados «cuando no exista duda respecto a las actividades que, efectivamente, se propone desarrollar» (artículo 1.2).

113. Sobre el requisito de la «precisión» se ha ofrecido otra interesante perspectiva: «Considero que se pretende un doble objetivo. Por un lado tener la mayor constancia posible, desde el momento de la inscripción en el registro de los fines de la Asociación; por otro, desde el punto de vista fiscal, conocer con exactitud los epígrafes que a efectos del Impuesto de Actividades Económicas son de aplicación a la Asociación, así como, de cara a la obtención de ventajas fiscales, cuando éstas dependen de la realización de determinadas actividades», cfr. ALBERICH NISTAL, T., *Guía Fácil de Asociaciones*, FEMP-Dykinson, Madrid, 2012, pág. 194.

en definitiva, debe estar «limitado» a un ámbito o sectores concretos, y «delimitado» en cuanto a un género de actividad o varios coherentes.

2.5.3. Fines no lucrativos

La ausencia de lucro no es un contenido típico de los estatutos sino que se deduce del concepto de asociación (artículo 1.2 y 5.1 LODA), y solo de forma tangencial se ha de indicar en dicho documento que al momento de la disolución el destino del patrimonio remanente no puede desvirtuar el idea básica que rige la existencia misma de las asociaciones (artículo 7.1.k) LODA).

A veces, aunque pueda sorprender, los promotores y socios utilizan la vía asociativa para declarar su intención de ganancia y reparto de beneficios, lo que claramente es contrario a la ley[114]. Los estatutos de la asociación general tampoco pueden encubrir figuras lucrativas, como la más antigua de las tontinas o más reciente de las peñas quinielísticas, ni cualquier otra que persiga un enriquecimiento, ni prácticas lucrativas como la emisión de deuda que, suscrita por los socios, es recuperada con intereses, ni el reparto directo entre los socios o sus familiares ni la cesión gratuita de los recursos asociativos (lucro subjetivo). Esto último es lo que expresamente prohíbe el artículo 13.2 LODA, es decir, que los beneficios de las actividades económicas no se desvíen sino que reviertan en «exclusiva» en el cumplimiento de los fines sociales, «*sin que quepa en ningún caso su reparto entre los asociados ni entre sus cónyuges o personas que convivan con aquéllos con análoga relación de afectividad, ni entre su parientes,*

114. La sentencia del Tribunal Superior de Justicia de Canarias de 1 de marzo de 2005 (Sala de lo Contencioso-Administrativo) confirmó la actuación del registro de asociaciones de suspender la inscripción de una modificación de estatutos que preveía, en caso de disolución, la distribución entre los socios del haber resultante. La sentencia manifestó: «La inscripción de una asociación en el Registro de Asociaciones tiene como finalidad y ámbito exclusivamente el de la publicidad respecto a terceros (art. 22.3 de la Constitución de 1978). Ahora bien, solo tienen acceso a ese Registro las asociaciones que sean calificables jurídicamente como tales conforme a las normas jurídicas que regulan las que se constituyan en el ejercicio del derecho reconocido en el art. 22.1 de la citada Constitución. Por consiguiente, cabe suspender la inscripción cuando se detecte en sus estatutos que la asociación de que se trate no se adecua a la naturaleza jurídica de tales asociaciones. Y eso es lo que ocurre en el caso que nos ocupa. La Administración suspende la inscripción de la modificación de estatutos de *Atlantide* porque entiende que no está exenta de fin de lucro al prever en su art. 22 que en caso de disolución, si el patrimonio presenta un saldo positivo una vez practicada la liquidación, *el haber resultante, se distribuirá entre los socios*» (FJ 2). La asociación argumentó que la entidad estaba constituida por tiempo indefinido y que tal vocación de permanencia convertía la eventual disolución en un hecho extraordinario, del que no podía deducirse que la asociación se fundara con finalidad de lucro. Por el contrario, el TSJ respondió lo siguiente: «... como la disolución la acuerda la asamblea general (art. 9.d) de los Estatutos), tal disolución puede tener lugar en cualquier momento, con independencia del tiempo de vida de la asociación y de que haya o no cumplido sus fines, con el resultado de repartir dicho saldo positivo del patrimonio cuando lo deseen, patrimonio que se ha podido formar no solo ni principalmente con las cuotas de los asociados, sino también con donativos, herencias, legados u otro título gratuito» (FJ 3).

ni su cesión gratuita a personas físicas o jurídicas con interés lucrativo». Pero no sólo los beneficios, sino también cualquier clase de bienes de la asociación, sin perjuicio de su destino a personas físicas y jurídicas sin interés lucrativo a modo de donación, por ejemplo, de ropa, enseres, libros u otros objetos, y siempre que quienes los reciban los empleen con una finalidad coherente con la propia de la asociación cedente.

A pesar de no ser obligatorio, no sobra que al principio de los estatutos se declare de forma expresa que la asociación es una entidad sin ánimo de lucro, e incluso, por razones de claridad, que se pueda reproducir o parafrasear el contenido del artículo 13.2 LODA.

Nada de lo anterior es incompatible con la decisión de los promotores y socios de establecer en los estatutos una retribución para los miembros del órgano de representación, tanto en función del cargo (artículo 11.5 LODA) como por la prestación de servicios diferentes (artículo 32.1.c) LODA), que por estar expresamente amparada por la Ley no se puede considerar un supuesto de provecho ilegítimo.

También está superada en la actualidad la polémica sobre si las asociaciones generales o comunes pueden tener por finalidad la realización de actividades económicas.

En la actualidad, la LODA, ya lo hemos visto, no deja lugar a dudas a la realización de este tipo de actividades pues su artículo 13.2, antes de llegar a la prohibición del reparto subjetivo, comienza diciendo: «*Los beneficios obtenidos por las asociaciones, derivados del ejercicio de actividades económicas, incluidas las prestaciones de servicios…*»[115]. A continuación recoge el deber de las asociaciones de «*llevar una contabilidad que permita obtener una imagen fiel del patrimonio, del resultado y de la situación financiera de la entidad, así como las actividades realizadas*» (artículo 14.1 LODA), que parece pensado para algo más que para controlar el único recurso económico preceptivo, es decir, las cuotas de los socios. Relacionándolas con el lucro y el fin, las leyes de las Comunidades Autónomas también permiten a las asociaciones realizar toda clase de actividades económicas, si bien con el límite que de aquellos elementos resultan, de forma

115. A modo de primera aproximación a este precepto se puede compartir que la LODA «acoge el denominado *privilegio del fin accesorio —Nebenzweckpriviliegs—* formulado en el Derecho alemán para la *Nichwirschaftlicher Verein* o Ideal Verein (21 BGB), conforme al cual, se permite que las asociaciones realicen actividades económicas siempre que no constituyan su fin principal y la explotación de dicha actividad se encamine a garantizar, precisamente, la realización del fin común no lucrativo», cfr. PÉREZ ESCALONA, S., «La asociación y el Derecho de Sociedades: Notas para un debate», *REDUR*, núm. 2, 2004, pág. 95. En el mismo sentido, que, «la clave de la aceptación de la posibilidad de realización de actividades económicas se halla, sobre todo, en la reinversión del fruto de las actividades económicas en el fin asociativo. Esta es una medida coherente con el carácter no lucrativo del fin, que como vengo reiteradamente señalando, está impuesta por su condición instrumental», cfr. SALAS MURILLO, S. de, *Las asociaciones sin ánimo de lucro en el derecho español*, op. cit., pág. 309.

que sean instrumentales respecto del objeto y los beneficios se apliquen al cumplimiento del mismo[116].

Tampoco es oscura la Ley 49/2002, de 23 de diciembre, de régimen fiscal de las entidades sin fines lucrativos y de los incentivos fiscales al mecenazgo, que reputa la asociación de utilidad pública como «entidad sin fin lucrativo» si destina a la realización de sus fines de interés general el 70% de, entre otras, «*las rentas de las explotaciones económicas que desarrollen*» (artículo 3.2°). La asociación que no está reconocida de utilidad pública está sujeta a la Ley 27/2014, de 27 de noviembre, del Impuesto de Sociedades (artículo 6), y si lo está, aunque parcialmente, es porque puede desplegar cualquier actividad económica, entendida como «*la ordenación por cuenta propia de los medios de producción y de recursos humanos o de uno de ambos con la finalidad de intervenir en la producción o distribución de bienes o servicios*» (artículo 5.1).

Que, por lo demás, a las asociaciones les sea frecuentemente aplicada la Ley Concursal por motivo de insolvencia, es decir, por presentar un estado patrimonial que no les permite cumplir regularmente con sus obligaciones frente a los acreedores, es también demostrativo de que razonablemente el proceso judicial trae causa de una actividad económica y de su gestión.

No cabe olvidar que la Ley 5/2011, de 29 de marzo, de Economía Social, entiende por «economía social» el «*conjunto de actividades económicas y empresariales, que en el ámbito privado llevan a cabo aquellas entidades que, de conformidad con los principios recogidos en el art. 4, persiguen bien el interés colectivo de sus integrantes, bien el interés general económico o social, o ambos*» (artículo 2), e identifica como entidades de economía social «*las cooperativas, las mutualidades, las fundaciones y las asociaciones que lleven a cabo actividad económica, las sociedades laborales, las empresas de inserción, los centros especiales de empleo, las cofradías de pescadores, las sociedades agrarias de transformación y las enti-*

116. Artículo 2.2 LAC: «Se considera que una asociación carece de ánimo de lucro, aunque desarrolle una actividad económica, si el fruto de tal actividad se destina exclusivamente al cumplimiento de las finalidades comunes de interés general, mutuo o sectorial establecidas en los estatutos». Artículo 321-1.2 LACat: «Las asociaciones pueden realizar actividades económicas accesorias o subordinadas a su finalidad si los rendimientos que derivan de las mismas se destinan exclusivamente al cumplimiento de esta». Artículo 10 LACV: «1. Se considerará que una asociación no tiene ánimo de lucro aunque desarrolle una actividad económica si el fruto de tal actividad se destina exclusivamente al cumplimiento de las finalidades comunes de interés general establecidas en sus estatutos. 2. A efectos de esta ley, se considera que las asociaciones desarrollan una actividad económica cuando realicen la ordenación por cuenta propia de medios de producción y de recursos humanos, o de uno de ambos, con la finalidad de intervenir en la producción o distribución de bienes o servicios. El arrendamiento del patrimonio inmobiliario de la entidad no constituye, a estos efectos, explotación económica». Artículo 20.a) LAPV: «Para el cumplimiento de sus fines las asociaciones podrán: a) Desarrollar actividades económicas de todo tipo, encaminadas a la realización de sus fines o a allegar recursos con ese objetivo». Por su parte, el artículo 2.2 LAA reproduce el artículo 13.2 LODA.

dades singulares creadas por normas específicas que se rijan por los principios del art. 4» (artículo 5.1)[117].

Conforme a lo expuesto no se discute ya que la asociación común pueda desplegar actividades económicas para conseguir ganancias (lucro objetivo) con las que completar sus recursos y así permitir la más segura realización de sus fines. Incluso se ha planteado la conveniencia de que las asociaciones actúen en tal sentido, especialmente en épocas de reducción de las ayudas públicas[118].

2.6. RÉGIMEN DE LOS SOCIOS. DERECHOS Y DEBERES. ADMISIÓN Y SEPARACIÓN

Los socios o asociados están referidos en los artículos 2.9, 3, 5.1, 6.1.a), 19, 20, 21, 22, y 23 LODA[119].

Los socios son el principal activo de una asociación y es lógico que los estatutos regulen los derechos y obligaciones de los mismos, así como los requisitos y modalidades de admisión y baja, sanción y separación.

2.6.1. Derechos y deberes

Por lo que hace a derechos y deberes, se ha de estar a los artículos 21 y 22 LODA, y otros preceptos conexos.

El artículo 21 establece que todo asociado ostenta los siguientes *derechos*:

> *«a) a participar en las actividades de la asociación y en los órganos de gobierno y representación, a ejercer el derecho de voto, así como a asistir a la Asamblea General, de acuerdo con los Estatutos;*
>
> *b) a ser informado acerca de la composición de los órganos de gobierno y representación de la asociación, de su estado de cuentas y del desarrollo de su actividad;*

---

117. Un análisis de los elementos que determinan la inclusión de las asociaciones en la economía social (a) primacía de las personas y del fin social sobre el capital; b) aplicación de los resultados económicos al fin social; c) promoción de la solidaridad; d) independencia de los poderes públicos) en DÍAZ-AGUADO JALÓN, C., «Las Asociaciones», *Revista Jurídica de Economía Social y Cooperativa*, núm. 29, 2016, págs. 29 a 32.

118. Existen numerosas empresas de asesoramiento y guías metodológicas para orientar a las asociaciones en el cumplimiento de las obligaciones que rodean la actividad económica, de naturaleza documental, laboral, fiscal, contable, etc. En este sentido, una de las primeras recomendaciones que se formulan a las asociaciones es la de su alta en el Impuesto de Actividades Económicas (IAE).

119. Otras referencias normativas sobre los derechos y deberes de los asociados aparecen en los artículos 13, 14 y 15 LAC; artículos 323-1 a 323-9 LACat; artículos 22 y 23 LACV; y artículos 26 y 27 LAPV.

c) a ser oído con carácter previo a la adopción de medidas disciplinarias contra él y a ser informado de los hechos que den lugar a tales medidas, debiendo ser motivado el acuerdo que, en su caso, imponga la sanción;

d) a impugnar los acuerdos de los órganos de la asociación que estime contrarios a la ley o a los Estatutos».

El apartado a) plantea la importante cuestión del derecho de voto, un derecho que es la consecuencia lógica de lo dispuesto en los artículos 2.5 y 11.3, de los que se deduce que la organización y funcionamiento de las asociaciones «deben ser democráticos» con pleno respeto al pluralismo, y que la asamblea general está formada por todos los socios y adoptará sus acuerdos conforme al «principio mayoritario o de democracia interna». Ahora bien, desde el momento en que los estatutos categoricen a los socios es posible que también se establezca un sistema de voto ponderado, con la consecuencia del distinto valor del voto emitido. Este sistema, que se puede entender comprendido dentro del principio de autoorganización, presenta un problema de límites ya que en no pocas ocasiones la desproporción del distinto valor del voto, sobre todo a favor de los socios promotores, puede anular de hecho el principio de participación del resto de asociados.

Por eso, la normativa de las Comunidades Autónomas establece determinadas reglas a tener en cuenta. Es el caso de la LAC, que tras proclamar que todo asociado dispone de un voto en la asamblea general, añade que los estatutos pueden establecer sistemas de voto ponderado con criterios objetivos y sin que puedan suponer la acumulación en un asociado de más del 25 por 100 de los votos de la asamblea general (artículo 14). Lo mismo se establece en el artículo 23 de la LACV, matizando que asociado comprende tanto a persona física como jurídica. La LAPV permite que los estatutos, en general, puedan establecer sistemas de voto ponderado o cualificado (artículo 26), mientras que la Ley 4/2006, de 23 de junio, de Asociaciones de Andalucía (LAA) contrae esta opción a las federaciones, confederaciones o uniones de asociaciones de acuerdo con criterios objetivos, y a aquellas asociaciones en que los miembros sean personas jurídicas, siempre con respeto al principio democrático y de representatividad (artículos 10 y 11). Incluso la LACat, tras admitir el voto ponderado en las asociaciones de interés particular y en las que existan personas jurídicas, excluye esta posibilidad respecto de la adopción de acuerdos de carácter disciplinario (artículo 322-7). Como vemos, todo un conjunto de normas sobre el derecho de voto (tipo de asociaciones, de acuerdos, criterios y porcentajes) que facilitan la labor de promotores y socios al redactar los estatutos de estas asociaciones autonómicas, que en todo caso deberán valorar que la distribución del voto reflejada en los estatutos no invalide el principio democrático inherente al ejercicio del derecho de asociación.

Una distribución que para el resto de asociaciones estatales y autonómicas podrán establecer los promotores y socios en los estatutos sin referencia legal alguna, pues nada dice la LODA al respecto, pero cuidando igualmente que exista cierto equilibrio en tan esencial derecho.

El resto de apartados del artículo 21 merecen un mínimo comentario. El apartado b) conecta con el derecho de información reconocido a los socios en el artículo 14.2, consistente en acceder a la documentación administrativa (relación de socios, inventario de bienes y libro de actas) y contable de la asociación[120], siempre con respeto a la normativa sobre protección de datos de carácter personal. El apartado c) viene a establecer los principios básicos del procedimiento disciplinario o sancionador que deben respetar los órganos competentes (audiencia y motivación)[121]. Y el apartado d) no es sino un resumen de los apartados 2 y 3 del artículo 40, que reconocen a los socios el derecho a impugnar los acuerdos sociales que estimen contrarios al ordenamiento jurídico o a los estatutos.

Por su parte, el artículo 22 LODA recoge que son *deberes* de los asociados:

«a) compartir las finalidades de la asociación y colaborar para la consecución de las mismas;

b) pagar las cuotas, derramas y otras aportaciones que, con arreglo a los Estatutos, puedan corresponder a cada socio;

c) cumplir el resto de obligaciones que resulten de las disposiciones estatutarias;

d) acatar y cumplir los acuerdos válidamente adoptados por los órganos de gobierno y representación de la asociación».

Este artículo viene a ser una concreción de los artículos 13 y 19 respecto de los socios promotores y de los futuros socios, respectivamente. El artículo 13 indica que las asociaciones «deberán» realizar las actividades necesarias para el cumplimiento de sus fines, es decir, establece una verdadera obligación de actuación que difícilmente se podría desplegar si los promotores no formalizan determinados deberes y compromisos. Al mismo tiempo, plasma el artículo 19,

120. En el ámbito societario este derecho de información se considera esencial, instrumental al derecho de voto e imperativo, por permitir al socio actuar de forma efectiva en el seguimiento de la marcha de la gestión social, controlar las decisiones de los órganos correspondientes y defender sus intereses, sin perjuicio de posibilitarle una emisión consciente y reflexionada del voto, vid. Resolución de 28 de enero de 2019, de la Dirección General de los Registros y del Notariado (FJ 2), en *BOE* núm. 46, de 22 de febrero de 2019. Los mismos deseos de conocimiento de la gestión social, de control de la junta directiva y de defensa de sus propios intereses, que se hacen efectivos a través del derecho de información, concurren en los miembros de las asociaciones.

121. Obsérvese que la LODA elude el elemento de la tipicidad, por lo que para la expulsión bastaría con darle a conocer al socio los hechos cometidos, la posibilidad de alegar y emitir una resolución motivada. La legislación de las Comunidades Autónomas sobre asociaciones, en cambio, ha optado por la predeterminación estatutaria de los hechos como infracciones, lo que, a nuestro juicio, es un acierto.

que al decir que «*la integración en una asociación constituida es libre y voluntaria, debiendo ajustarse a lo establecido en los Estatutos*» le viene a anunciar al socio de número que se integra en una asociación ya existente que con tal acto acepta los contenidos estatutarios, en particular, los deberes que ahí se establezcan. La STC 104/1999 ya declaró que «*si toda asociación tiene como fundamento la libre voluntad de los socios de unirse y de permanecer unidos para cumplir los fines sociales, quienes pretendan ingresar en ella se entiende que han de conocer y aceptar en bloque las normas estatutarias a las cuales habrán de quedar sometidos*» (FJ 4).

Pues bien, se aconseja que los estatutos recojan con la mayor precisión posible los derechos y las obligaciones que legalmente corresponden a los socios.

2.6.2. Requisitos y modalidades de admisión y baja, sanción y separación

En un principio conviene aclarar que la «admisión y baja» comprenden supuestos de voluntariedad, mientras que la «sanción y separación» son actos coactivos, debiéndose entender la separación dentro del concepto de sanción; de hecho, la máxima que se puede imponer, pues no hay mayor sanción que la propia expulsión de la entidad asociativa acordada por el órgano estatutariamente legitimado para ello.

Por lo que hace a lo primero (admisión y baja), es claro que nadie puede ser obligado a integrarse en una asociación ni a permanecer en ella, tal y como se adelanta en el artículo 2.3 y después se concreta en los artículos 19 y 23.1 LODA. Ahora bien, el ingreso en una asociación ya constituida puede estar sujeta a una serie de requisitos, que deberán estar debidamente definidos en los estatutos, pudiendo ser diferentes según las clases de socios que de la misma forma se hayan podido establecer. No importa aquí tanto las modalidades como los requisitos, los cuales, además de estar predeterminados para evitar decisiones arbitrarias por parte de la asociación frente a la solicitud de ingreso de un nuevo socio, deberían evitar incurrir en supuestos de discriminación. En primer lugar, para no verse excluida la asociación de las ayudas públicas pues el artículo 4.5 LODA es claro al disponer que «*los poderes públicos no facilitarán ningún tipo de ayuda a las asociaciones que en su proceso de admisión o en su funcionamiento discriminen por razón de nacimiento, raza, sexo, religión, opinión o cualquier otra condición o circunstancia personal o social*». Y, en segundo término, para no verse la asociación incursa en determinados procesos pues cualquier persona interesada en los fines de la misma que viera rechazada su solicitud de ingreso como nuevo socio podría impugnar el acuerdo asociativo de denegación ante la jurisdicción civil (artículo 40.2 LODA), especialmente si el rechazo no se basa en motivos objetivos sino en tales causas de discriminación. No obstante, como tantas otras cuestiones, también ésta resulta contingente, y así la STS (Civil) n.º 925/2021, declaró conforme a la Constitución y al resto del ordenamiento jurídico el artículo 1 de los estatutos de una asociación religiosa que establecía la imposibilidad de ser socio a las mujeres y, por tanto, sobre la base del principio de autoorganización asociativa vino a rechazar que tal precepto contuviera un motivo de discriminación por razón de sexo.

En todo caso, lo más común es que los estatutos no se extiendan en este aspecto del ingreso de nuevos miembros y se limiten a establecer la general admisión de cualquier persona que lo solicite por escrito a la Junta Directiva, que comparta los objetivos de la asociación y que asuma las obligaciones tendentes a su consecución, sin mayores exigencias. Éstas, en cambio, sí pueden concurrir de forma objetiva en determinado tipo de asociaciones, como las profesionales o de similar naturaleza en que tenga un papel decisivo la condición del socio. Tales asociaciones bien pueden estar abiertas a cualquiera pero también, y es lógico, cerradas a aquellas personas que ostenten una determinada titulación o cualificación, o cualquier otra condición personal o social determinante de su integración de forma coherente en el grupo. Lo que de manera alguna es admisible es que promotores y socios redacten unos estatutos que pretendan la afiliación obligatoria de todas las personas que reúnan tal titulación, cualificación o condición, en general o en un sector determinado, o bien se atribuyan la plena y única representación de las mismas. La LODA, insistimos, proclama que nadie puede ser obligado a constituir una asociación ni a integrarse en ella (artículo. 2.3) y, además, las asociaciones no tienen derecho de exclusividad, pudiendo concurrir multitud de ellas, con distintos o semejantes perfiles, en un mismo ámbito.

En cuanto a la baja, ya lo hemos dicho, se trata de un acto voluntario del socio, que puede ejercer en cualquier momento, y al que no se puede oponer la entidad pues nadie puede ser obligado a permanecer donde no se quiere estar. Otra cosa distinta, como luego se verá en el contenido potestativo de los estatutos, es que éstos, en caso de separación voluntaria, puedan regular las condiciones para la recuperación de las aportaciones económicas realizadas por el socio que sale e incluso su no restitución.

Por lo que respecta a lo segundo (sanción y separación), ya hemos visto que la LODA establece el derecho del socio «*a ser oído con carácter previo a la adopción de medidas disciplinarias contra él y a ser informado de los hechos que den lugar a tales medidas, debiendo ser motivado el acuerdo que, en su caso, imponga la sanción*», lo que le viene a indicar a promotores y socios que al momento de confeccionar los estatutos tendrán que regular un mínimo procedimiento disciplinario que incluya la notificación al socio de los hechos que se le imputan, su derecho a presentar alegaciones y la adopción de un acuerdo motivado. Recordemos que estamos en un Estado de Derecho y que con tales previsiones lo que se pretende evitar, aún en el seno de entidades privadas, son decisiones de plano, unilaterales e inmotivadas, que dejarían al socio afectado sin la más mínima posibilidad de defensa. Aunque no se dice, es importante identificar al órgano competente para imponer la correspondiente sanción o expulsión, siendo recomendable que lo sea la asamblea general. Y no menos importante relacionar expresamente qué conductas son constitutivas de falta y la sanción que su comisión conlleva. El impago de las cuotas o la no contribución al cumplimiento de los fines asociativos son causas razonables de sanción y expulsión, pero pueden incluirse en los estatutos cualesquiera otras[122].

La importancia del régimen disciplinario exigiría su más detallado reflejo en la LODA, al igual que hace la legislación de las Comunidades Autónomas.

Con directa referencia a los estatutos, la LAA establece sucesivamente que *«las infracciones y sanciones disciplinarias, por incumplimiento de los deberes de las personas asociadas, estarán determinadas en los estatutos»* (artículo 23.1), que *«los estatutos contemplarán los plazos de prescripción de las infracciones y sanciones»* (artículo 23.3) y que *«no se podrán imponer sanciones sin la tramitación del procedimiento disciplinario previsto en los estatutos»* (artículo 24.2). La LAC directamente impone como contenido obligatorio de los estatutos el «régimen disciplinario» (artículo 6.1.i), para después explicitar que *«las sanciones disciplinarias estarán determinadas en los estatutos»* (artículo 17.1), que *«los estatutos contemplarán los plazos de prescripción de las sanciones sin que excedan de tres años»* (artículo 17.4) y que *«no se podrán imponer sanciones sin la tramitación del procedimiento disciplinario previsto en los estatutos»* (artículo 18). La LACat señala que *«los estatutos o el reglamento de régimen interno deben tipificar las infracciones y las sanciones»* (artículo 323-7.2). La LACV presta especial atención a esta temática dedicando los artículos 24, 25 y 26, respectivamente, a las «infracciones», que serán *«las determinadas en los Estatutos, fundadas en el incumplimiento de los deberes de las personas asociadas»*, a las «sanciones», que

122. La STC 218/1988 reconoció un amplio margen de autoorganización a determinada asociación con motivo de sucesivos acuerdos de baja de socios. El Tribunal Constitucional declaró que «la potestad de organización que comprende el derecho de asociación se extiende con toda evidencia a regular en los Estatutos las causas y procedimientos de la expulsión de socios. La asociación tiene como fundamento la libre voluntad de los socios de unirse y de permanecer unidos para cumplir los fines sociales y quienes ingresan en ella se entiende que conocen y aceptan en bloque las normas estatutarias a las que quedan sometidas» (FJ 1), e insistiendo en esta aceptación se añade que «el derecho de los socios como miembros de la asociación consiste en el derecho a que se cumplan los estatutos, siempre que estos sean conformes a la Constitución y las leyes. Y, como se ha dicho, dejar la valoración de una conducta en un supuesto determinado (en este caso, la valoración de que se haya producido un perjuicio al buen nombre de la entidad) al juicio del órgano supremo de gobierno de la Asociación y con las garantías que establece el citado art. 19 de los Estatutos, entra en el contenido del derecho de asociación como elemento integrante de su derecho de autorregulación» (FJ 2). La doctrina se reiteró en las SSTC 96/1994, 56/1995 y 104/1999, y se vio confirmada en la STC 42/2011, que analizaba la sanción de suspensión de actividad a un socio por parte de un club deportivo por haber hecho públicas sus críticas a la junta directiva a través de un periódico. El Tribunal mantuvo que el control judicial de estas decisiones debe limitarse a comprobar la competencia del órgano social actuante, la regularidad del procedimiento y si existió «base razonable» a la luz de las disposiciones legales y estatutarias aplicables.

«estarán determinadas en los Estatutos», y al «procedimiento disciplinario» *que «será el previsto en los Estatutos»*, con expresa indicación en los mismos de *«los órganos competentes para instruir y resolver el procedimiento»*. E igualmente la LAPV establece que *«los estatutos determinarán las causas de infracción y las correspondientes sanciones, que sólo podrán fundamentarse en el incumplimiento de los deberes, así como el procedimiento»* (artículo 28).

Todas estas leyes, además, se ocupan de hacer determinadas precisiones procedimentales, como que los órganos para instruir y resolver los expedientes se integren por personas distintas, que se garantice el trámite de audiencia, que la resolución sancionadora sea motivada, que la sanción sea proporcional a la gravedad de los hechos cometidos, o que la sanción pueda ser recurrida ante la Asamblea General, especialmente si supone la expulsión de la asociación.

Nuestro criterio es que cualquier asociación, ya sea de ámbito estatal o autonómico, debería recoger en los estatutos y con cierta precisión el régimen disciplinario que se esconde bajo la expresión «sanción y separación» (artículo 7.1.e) LODA), tanto en sus aspectos formales como materiales, por su indudable relevancia, y para ello bien sirven las referencias que ofrece la legislación autonómica citada.

2.7. ÓRGANOS DE GOBIERNO Y REPRESENTACIÓN

La organización de las asociaciones aparece en los artículos 2. 4 y 5, 6.1.d), 11, 12 y 18 LODA[123].

2.7.1. Órganos necesarios: Asamblea General y Junta Directiva

El artículo 11.2 LODA proclama que el régimen interno de las asociaciones se ajustará a lo establecido en los estatutos, siempre que no esté en contradicción con dicha Ley.

De entrada, los estatutos no pueden eludir la existencia y regulación de la Asamblea General y de la Junta Directiva. El artículo 11.3 establece que *«la Asamblea General es el órgano supremo de gobierno de la asociación, integrado por los asociados, que adopta sus acuerdos por el principio mayoritario o de democracia interna y deberá reunirse, al menos, una vez al año»*, y el artículo 11.4 dispone que *«existirá un órgano de representación que gestione y represente los intereses de la asociación, de acuerdo con las disposiciones y directivas de la Asamblea General»*. Es decir, que en toda asociación existirá un órgano supremo de gobierno, la Asamblea General, y un órgano subalterno de gestión y representación, nor-

123. Otras referencias normativas a los órganos de gobierno y representación de las asociaciones, con alguna exhaustividad, las encontramos en los artículos 7 a 17 LAA; artículos 19 a 29 LAC; artículos 322-1 a 322-18 LACat; artículos 36 a 48 LACV; y artículos 15 a 19 LAPV.

malmente llamado Junta Directiva pero que puede adoptar otro nombre (comisión ejecutiva, junta rectora, etc.).

En cuanto a su composición, la Asamblea General estará integrada por todos los socios, mientras que del órgano más reducido que es la Junta Directiva sólo podrán formar parte una parte de los socios, siempre que sean mayores de edad, estén en pleno uso de los derechos civiles y no se encuentren incursos en motivos de incompatibilidad (artículo 11. 3 y 4 LODA). Directamente inferido del artículo 28.e) LODA, que impone la inscripción registral de la identidad de los titulares del órgano de representación, y del artículo 19 RRNA, que concreta tal inscripción en las figuras del presidente o representante legal y del secretario o persona con facultad para certificar acuerdos sociales, es necesario que en la composición de la Junta Directiva aparezcan siempre las figuras de presidente y secretario, con expresa atribución de estas funciones, sin perjuicio de otros posibles cargos (vicepresidente, tesorero o vocales).

Respecto de las competencias de ambos órganos, a la Asamblea General le debe corresponder la aprobación anual de las cuentas, de las modificaciones estatutarias, de la disposición o enajenación de bienes, de la remuneración de los miembros de la Junta Directiva y de la disolución de la entidad *ex art*ículos 14.3, 16.1, 12.d) y 17.1 LODA, respectivamente. Como señala el artículo 12.a) LODA «*las facultades del órgano de representación se extenderán, con carácter general, a todos los actos propios de las finalidades de la asociación, siempre que no requieran, conforme a los Estatutos, autorización expresa de la Asamblea General*». Quiere esto decir que los promotores y socios pueden optar por enumerar las competencias indelegables de la Asamblea General, ya vistas, y cualesquiera otras que por su relevancia consideren que deben quedar reservadas a dicho órgano supremo, y, de manera residual, remitir a la Junta Directiva el resto de acuerdos necesarios para el funcionamiento regular de la asociación, o bien hacer aquella enumeración y también detallar las concretas competencias de la Junta Directiva. Y todo ello sin perjuicio de añadir que tal Junta Directiva puede ejercer cuantas atribuciones le delegue expresamente la Asamblea General.

Indicados los precedentes extremos (composición y competencias), los estatutos deben recoger las reglas esenciales de convocatoria, *quorum* y adopción de acuerdos. De los artículos 11 y 12 LODA se desprende para la Asamblea General lo siguiente: a) se reunirá, al menos, una vez al año en sesión ordinaria; b) se reunirá con carácter extraordinario cuando lo solicite un número de socios no inferior al 10%; c) se constituirá válidamente previa convocatoria efectuada por la Junta Directiva con, al menos, quince días de antelación, y concurran a ella, presentes o representados, un tercio de los socios, incluidos el presidente y el secretario; d) adoptará los acuerdos por mayoría simple, cuando los votos afirmativos superen a los negativos, excepto que se trate de materias de especial importancia (modificación de estatutos, disposición o enajenación de bienes, retribuciones de la Junta Directiva y disolución de la asociación) en que los acuerdos requerirán mayoría cualificada.

Aquí los promotores y socios pueden matizar ciertos términos, como, por ejemplo, instaurar dos reuniones ordinarias al año, aumentar el porcentaje de socios necesario para pedir una asamblea extraordinaria, ampliar el plazo de convocatoria o concretar la mayoría cualificada en la mayoría absoluta, de dos tercios, de tres quintos o cualquiera otra. Otras determinaciones procedimentales pueden hacerse para garantizar la máxima participación de los socios. Igualmente, es muy aconsejable añadir unas mínimas reglas de convocatoria, *quorum* y acuerdos para la Junta Directiva, especialmente si su composición es compleja y no se reduce a presidente y secretario.

La redacción del artículo 12 LODA («si los estatutos no lo disponen de otro modo»), relativo al régimen interno, no debe llevar a promotores y socios a la errónea impresión de que pueden obviar o alterar completamente las previsiones de este precepto. En principio, no puede interpretarse el artículo en el sentido de que contempla unas disposiciones no obligatorias, y en segundo término en la idea de que los redactores se pueden apartar sustancialmente de las mismas, en particular, en lo relativo a la asamblea general. Por el contrario, son reglas necesarias e indisponibles, y sobre las mismas, en su caso, caben las modulaciones que hemos indicado.

En nuestra opinión, una ley de mínimos como es la LODA no presenta excesos que atenten contra la regulación endoasociativa, ni tan siquiera el artículo 12, siendo que esos mínimos, por el contrario, contribuyen a formar un cuerpo estatutario homogéneo y a potenciar la singularidad e identidad de las asociaciones comunes frente a otro tipo de personas jurídicas. Más bien, si algo se puede reprochar a la LODA es su parquedad en muchos aspectos. Las leyes autonómicas de asociaciones, por el contrario y en buena lógica, prohíben sustraer a la competencia de la Asamblea General determinados acuerdos (los del artículo 12.d) LODA), bien atribuyéndoselos en exclusiva (Cataluña y País Vasco) o bien empleando la fórmula «sin perjuicio de aquellas otras que figuren en los estatutos» (Andalucía, Canarias y Comunidad Valenciana).

2.7.2. Actuación por medios electrónicos

Las disposiciones de la LODA sobre el contenido estatutario alusivo al funcionamiento interno entendemos que está necesitado de una importante reforma. Ya son muchas las asociaciones que celebran las reuniones de sus órganos sociales a través de los instrumentos que permiten las nuevas tecnologías, singularmente mediante videoconferencias si no participa un excesivo número de miembros o utilizando las posibilidades de compartición y participación que ofrece la web propia de la entidad. Inevitablemente se han ido abriendo paso fórmulas alternativas a la tradicional reunión presencial en el domicilio de la asociación, y en este sentido la LODA debería hacer una previsión específica en relación a los medios válidos (videoconferencias, audioconferencias, webs u otros) y determinar las mínimas garantías sobre convocatoria, deliberación y adopción de acuerdos, que en todo caso aseguren la identidad de los socios o sus representantes, el contenido de sus manifestaciones y el sentido de su voto.

Las asociaciones están necesitadas de una ley orgánica avanzada y coherente con el ritmo de los tiempos, que acoja el progreso tecnológico y uso de las novedosas herramientas por parte de los órganos sociales para su más ágil funcionamiento, tal y como ocurre en la práctica, pero sin pérdida de las correspondientes garantías. Por ello, a través de los artículos 11 y 12 LODA la invocada reforma debería remitir a los estatutos la fijación de los medios y condiciones para realizar sesiones virtuales, si es que la asociación así lo desea como forma ordinaria de actuación o en previsión de situaciones extraordinarias, pero siempre previa observancia de los requisitos mínimos establecidos por la Ley para garantizar la regularidad de las reuniones y la legalidad de los acuerdos adoptados.

Tuvo que sobrevenir la pandemia de 2020 para que el legislador estatal admitiera esta realidad y, en evitación de la extensión del contagio que podría derivarse de las reuniones presenciales, permitiera las sesiones virtuales de los órganos de gobierno de las personas jurídicas de derecho privado, y así dar continuidad a su funcionamiento durante el estado de alarma declarado por Real Decreto 463/2020, de 14 de marzo. En este sentido, el artículo 40 del Real Decreto ley 8/2020, de 18 de marzo, de medidas urgentes extraordinarias para hacer frente al impacto económico y social del COVID-19, contempló para las asambleas generales y juntas directivas de las asociaciones que, en caso de vacío estatutario, sus sesiones se pudieran celebrar por videoconferencia o conferencia telefónica múltiple, siempre que todos los miembros dispusieran de los medios necesarios y el secretario del órgano reconociera su identidad. Respecto de los acuerdos estableció, además, la aplicación del artículo 100 RRM, con independencia del tipo de persona jurídica afectada (asociación, sociedad civil y mercantil, cooperativa o fundación). Posteriormente, la Ley 2/2021, de 29 de marzo, de medidas urgentes de prevención, contención y coordinación para hacer frente a la crisis sanitaria ocasionada por el COVID-19, confirmó la continuidad de estas medidas, pero excepcionalmente y hasta el 31 de diciembre de 2021.

Por tanto, desde el 1 de enero de 2022 los promotores y socios, como ya lo eran antes de la pandemia, son libres de establecer en los estatutos cualquier fórmula alternativa a la reunión presencial de los órganos sociales, utilizando para ello las modernas tecnologías, aunque ante la falta de regulación normativa siempre quedará al registro de asociaciones y, en última instancia, a los jueces y tribunales, valorar la legalidad del *quorum*, debates y acuerdos de este tipo de reuniones plasmados en las actas y certificados destinados a surtir efectos jurídicos.

A modo de excepción, la legislación de algunas Comunidades Autónomas ya se adelantó a esta realidad.

El apartado 2 del artículo 312-5 LACat dispone: «*Los estatutos de las personas jurídicas pueden establecer que los órganos puedan reunirse por medio de videoconferencia o de otros medios de comunicación, siempre que quede garantizada la identificación de los asistentes, la continuidad de la comunicación, la posibilidad de intervenir en las deliberaciones y la emisión del voto. En este caso, se entiende que la reunión se celebra en el lugar donde está la persona que la preside*».

De la misma forma, el apartado 2 del artículo 7 LACV establece: «*Las asociaciones podrán realizar las reuniones de sus órganos mediante recursos informáticos y telemáticos que permitan la participación simultánea en la reunión a las personas asociadas que no se encuentren físicamente en el mismo espacio siempre que se garantice la participación y deliberación de todas aquellas que formen parte de la reunión*».

En cualquier caso, estas previsiones legales para Cataluña y Comunidad Valenciana, respectivamente, no excusan para las asociaciones de sus respectivos ámbitos la precisa determinación en los estatutos de la posibilidad de utilización de estos novedosos medios y en qué condiciones.

2.7.3. Duración, elección y cese de los cargos

Dos cuestiones estrechamente ligadas al principio de democracia interna (artículo 2.5 LODA) son la «duración de los cargos» y los «procedimientos para la elección y sustitución de los miembros representativos, y causas de cese», recogidas como requisitos en el artículo 7.1.h) LODA.

La expresión «duración de los cargos» debe entenderse en el sentido de que los estatutos deben prever una duración determinada para el ejercicio del mandato representativo, normalmente de cuatro o cinco años, y la necesaria renovación de los cargos.

La Ley 7/1997, de 18 de junio, de Asociaciones de Cataluña, se ocupó de esta materia obligando a las asociaciones a incluir en los estatutos la duración de los cargos, la cual «*no puede exceder de los cinco años, sin perjuicio de su posible reelección si no lo excluyen los estatutos*» (art. 5.i). Este contenido estatutario se declaró constitucional y compatible con el artículo 7.1.h) LODA, inclinándose el Tribunal Constitucional por considerar que la «duración de los cargos» es una expresión que alude a un lapso temporal y nunca a una duración indefinida[124].

124. El Tribunal Constitucional, en relación con el artículo 5.i) de la Ley de Asociaciones de Cataluña de 1997 y el artículo 7.1.h) LODA, y sobre la limitación temporal de los cargos que figuraba en el primer precepto pero no aparece en el segundo, manifestó lo siguiente:

Los promotores y socios, por tanto, han de respetar este criterio y fijar siempre en los estatutos un tiempo concreto de mandato para la junta directiva.

Pero no siempre es así. El hecho de que un cargo vitalicio también comprenda una duración, indefinida, pero duración al fin, ha hecho que algunas asociaciones defiendan la existencia de un presidente nombrado de por vida desde el mismo momento de la asamblea constitutiva. Existen asociaciones de corte filosófico, ideológico o religioso que surgen en torno a la figura de una persona carismática y decaería su sentido si ésta se expusiera posteriormente a un proceso electoral donde concurrir con candidaturas alternativas. Para estos casos de proyectos asociativos ligados a un líder, una solución intermedia pasa por determinar en los estatutos una duración amplia de diez, quince, veinte o más años de mandato, que respetaría el artículo 7.1.h) en cuanto al señalamiento de una duración concreta de los cargos o de un preciso cargo, y a la vez encomendar a la asamblea general la competencia para el nombramiento y remoción de tales cargos, que cumpliría formalmente con el principio democrático.

En el terreno de las asociaciones autonómicas encontramos algunos límites concretos de mandato que oscilan entre los cuatro y los cinco años, a salvo de su posible reelección. El artículo 26.1 LAC establece: «*Los estatutos fijarán los requisitos de los asociados para ser miembros del órgano de representación, así como la duración del mandato, que no podrá ser superior a cuatro años, la posibilidad de reelección y el procedimiento a seguir*». El artículo 322-13 LACat dispone: «*La duración del cargo de miembro del órgano de representación no puede exceder de cinco años, sin perjuicio del derecho a la reelección si no lo excluyen los estatutos*». En términos similares, el artículo 44.1 LACV recoge: «*Los estatutos regularán la duración del cargo, sin que el mismo pueda exceder de un plazo de cinco años, la posibilidad de reelección y el procedimiento a seguir*».

Establecido el período de mandato, los estatutos deben incorporar las reglas esenciales de la elección de los representantes, prestando especial atención al voto. Son válidas las reglas que establezcan «un socio un voto» o un «voto ponderado», ya visto al tratar de los derechos de los socios, e incluso aquellas que priven a determinada clase de socios, los socios de honor, del derecho de

«ambos preceptos legales coinciden en remitir a los estatutos la precisión de los términos temporales de ejercicio de los cargos asociativos, si bien la norma autonómica acota la duración máxima de los mandatos. Esta acotación no cabe entenderla como opuesta a la prescripción de la Ley Orgánica del derecho de asociación en la medida en que, si bien impide que los estatutos prevean una duración mayor de los mandatos, no dificulta, como se ha dicho, que estos estatutos posibiliten el alargamiento del tiempo de ocupación del cargo por medio de posteriores reelecciones. Lo único que hace imposible, en realidad, es la indeterminación de la duración de cada mandato, es decir, la fijación estatutaria de que los mandatos puedan ser de duración indefinida, imposibilidad que refuerza la intervención de los asociados en un extremo de tanta trascendencia en la vida de las asociaciones como es la designación de los miembros de sus órganos de gobierno. La precisión, pues, de la Ley de Cataluña, no cabe entender que vulnera la condición básica prevista en el artículo 7.1.h) LODA al amparo del art. 149.1.1 CE» (STC 135/2006, FJ 8).

voto[125]. En todo caso, la privación del voto debe realizarse por categorías de socios y nunca para personas concretas, y además tal clasificación hacerse sobre criterios objetivos que en ningún caso alcance a las causas de discriminación del artículo 14 CE[126].

Otras determinaciones deberán estar referidas a los supuestos de baja voluntaria u obligada de los miembros de la junta directiva, y su reemplazo. Los estatutos deben admitir la renuncia voluntaria de los cargos y, junto con otros supuestos (muerte, enfermedad, incompatibilidad, etc.), prever la sustitución de las bajas producidas. También deben explicitar las causas de cese de los miembros individualmente considerados. De la misma forma, pueden regular un procedimiento de moción de censura para el cese en bloque de la junta directiva y su sustitución por un órgano gestor provisional (comisión gestora) hasta que procedan nuevas elecciones, con expresa indicación de las causas justificadoras. En todos los casos, las causas deben referirse a incumplimientos de la ley o los estatutos, a la inobservancia de los deberes inherentes al cargo o a conductas contrarias a los objetivos asociativos, y los respectivos acuerdos serán votados en asamblea general.

Un mayor detalle de orden formal y procedimental puede pasar al reglamento de régimen interior.

En el recurso de inconstitucionalidad presentado contra la LODA se reprochó el excesivo detallismo del artículo 7.1.h), comprensivo, entre otros extremos, de la elección, duración y cese de los cargos como contenidos obligatorios de los estatutos, pues venía a plasmar un diseño completo y acabado de la organización interna de las asociaciones. El Tribunal Constitucional, por el contrario, confirmó la constitucionalidad del completo artículo 7.1.h) diciendo que tal precepto «*garantiza la transparencia respecto de condiciones previas al ejercicio de los derechos de participación e información de los asociados reconocidos en su vertiente sustantiva en el art. 21. a) y b) LODA*» y que «*la publicidad de estas determinaciones representa el corolario lógico del principio de transparencia que debe informar la organización de las asociaciones en nuestro Ordenamiento jurídico en*

125. El Tribunal Supremo, ante la demanda de nulidad de los artículos estatutarios de una asociación que clasificaba a los socios y les atribuía distintos derechos de voto, se pronunció a favor de desestimar el motivo «porque la ordenación de afiliados en protectores, de honor y de número, y la determinación de que los dos primeros tienen derecho a voz pero no a voto, constituye una cuestión interna de una entidad con fines culturales y festivos, contraria a los métodos democráticos hoy en uso, en verdad anacrónica y, por ende, desligada de la actual realidad social, sin embargo ha de ser modificada mediante el oportuno cambio estatutario a iniciativa de los socios» (STS de 7 de junio de 1997, Sala 1ª). Después de la LODA los principios de autoorganización y democrático se conjugan para impedir la privación del derecho de voto a los socios promotores y de número, pero también para permitirla respecto de los socios de honor, entre otras cosas porque los estatutos los someten a un régimen especial que, por ejemplo, les exime del pago de las cuotas.

126. Vid. MARTÍN HUERTAS, A., *El contenido esencial del derecho de asociación*, Serie Monografías, núm. 79, Congreso de los Diputados, 2009, pág. 373.

aras de la efectividad de la libertad asociativa de los ciudadanos» (STC 133/2006, FJ 5).

2.7.4. Funcionamiento democrático

El funcionamiento democrático de las asociaciones viene recogido en los artículos 2.5 y 11.3 LODA[127].

A modo de concreción de estas disposiciones la propia Ley Orgánica lleva al contenido obligatorio de los estatutos *«los criterios que garanticen el funcionamiento democrático de la asociación»* (artículo 7.1.g) LODA).

Los artículos 2.5 y 7.1.g) LODA se han evidenciado como polémicos por cuanto, por un lado, se ha cuestionado la imposición del modelo democrático para las asociaciones comunes, y por otro, no se termina de saber qué se espera de promotores y socios al redactar dicho contenido estatutario.

A diferencia de lo que hace respecto de partidos políticos, sindicatos y asociaciones empresariales, así como sobre colegios y organizaciones profesionales, la Constitución no exige en el artículo 22 que las asociaciones deban tener una estructura y funcionamiento democráticos. Sí lo hicieron la ley de asociaciones del País Vasco de 1987, la ley de asociaciones de Cataluña de 1997 y, finalmente, la LODA en 2002. La controversia parte, entonces, del hecho de que el legislador se ha excedido al exigir un requisito que la Constitución prevé para determinados tipos de asociaciones y de organizaciones pero no para las asociaciones de régimen común, contraviniendo, en principio, su libertad de organización y regulación.

El artículo 2.4 de la Ley 3/1988, de 12 de febrero, de Asociaciones del País Vasco, estableció entre los principios generales de la norma que *«la organización y funcionamiento de las Asociaciones será democrático»* y mediante la STC 173/1998 dicho apartado se declaró nulo e inconstitucional por exceder de la competencia autonómica. El Tribunal Constitucional expuso que *«basta con advertir que esta imposición, como condición genérica de constitución y reconocimiento legal de una asociación, constituye un desarrollo directo de un elemento esencial para definir la libertad de autoorganización de las asociaciones, por lo que solamente las Cortes Generales mediante Ley Orgánica tienen competencia para pronunciarse sobre si las asociaciones deben organizarse y funcionar democráticamente o, por el contrario, los estatutos de la asociación pueden establecer libremente otros modos de organización y funcionamiento»* (FJ 13). El Tribunal consideró que la ley vasca imponía un límite directamente relacionado con uno de los aspectos esenciales del «desarrollo» del derecho de asociación, cuya regulación debe encuadrarse en el ámbito de reserva de ley orgánica del artículo 81.1 CE.

127. También en el artículo 6 LAC y artículo 9 LAPV.

Igual suerte corrió el artículo 2.2 de la Ley 7/1997, de 18 de junio, de Asociaciones de Cataluña, conforme al cual *«la organización interna y funcionamiento de las asociaciones deben ser democráticos, con respeto al pluralismo»*, que se declaró nulo por STC 135/2006 con base a los mismos argumentos expresados. Sin embargo, el Tribunal Constitucional, al resolver la cuestión en 2006 y no poder obviar la vigencia del artículo 2.5 LODA, se esforzó por defender la constitucionalidad del modelo democrático, impuesto, ahora sí, en una ley orgánica[128]. No es este el momento de extenderse en este asunto pero afirmamos que sí hubo un esfuerzo argumentativo de difícil entendimiento, que incluso la doctrina ha calificado de «curioso»[129], «injustificado»[130], «dudoso»[131] o «dubitativo»[132].

Frente a estas posiciones se ha defendido que desde la perspectiva del carácter dual de los derechos fundamentales, como derechos subjetivos y elementos estructurales del Estado, el derecho de asociación debe ser congruente con la definición constitucional del Estado social y democrático de Derecho (artículo 1.1 CE) y con el deber de los poderes públicos de facilitar la participación de todos en la vida política, económica, cultural y social (artículo 9.2 CE), en gran medida

128. Antes de 2002 se había opinado que «la exigencia de una organización democrática no debe imponerse, indiscriminadamente, a cualquier asociación» ya que «las reglas y valores democráticos... constituyen un principio estructural del Estado-aparato que no tiene por qué extenderse como regla inderogable a todas las actividades y organizaciones sociales», vid. BILBAO UBILLOS, J.M., *Libertad de asociación y derechos de los socios*, Universidad de Valladolid, 1997, págs. 13 y 14. También que «imponer el funcionamiento democrático a asociaciones privadas atentaría contra la libertad de asociación y sería inconstitucional», cfr. ALFARO ÁGUILA-REAL, J., op. cit., pág. 168. A partir de 2002 igualmente se dijo que «si la CE se ha limitado a exigir el carácter democrático de la organización y funcionamiento a determinadas modalidades asociativas, y si esa exigencia no es sino una limitación del derecho de asociación que, como tal, debe ser interpretada restrictivamente, fácilmente se comprende que la previsión de la LODA que ahora se comenta suscite esa duda de inconstitucionalidad», cfr. FERNÁNDEZ FARRERES, G., *Derecho de asociación*, op. cit. pág. 130. Las dudas sobre el modelo adoptado se han mantenido diciendo que «a pesar de la habilitación que esta Sentencia concedió al Legislador Orgánico para pronunciarse sobre la exigencia de organización y funcionamiento interno democrático en el ámbito del desarrollo del derecho fundamental, resulta muy discutible que, en ausencia de tal previsión en la Constitución, el Legislador Orgánico pueda suprimir una de las facetas en las que se concreta el contenido esencial del derecho de asociación eligiendo una (la democrática) de entre todas las formas de organización posibles y generalizadamente para todos los tipos de asociaciones susceptibles de ampararse en el ámbito del derecho fundamental, por más que del modelo democrático quepan diversas concreciones», cfr. PÉREZ ESCALONA, S., *El Derecho de Asociación y las Asociaciones en el Sistema Constitucional Español*, Thomson-Aranzadi, Cizur Menor, 2007, pág. 72.

129. Vid. ELVIRA PERALES, A., «A vueltas con el derecho de asociación», *Revista Española de Derecho Constitucional*, núm. 83, 2008, pág. 319.

130. Vid. MARTÍN HUERTAS, A., op. cit., pág. 364.

131. Vid. BELUCHE RINCÓN, I., *Derecho de asociación y organización democrática*, La Ley Digital, 2006, pág. 6.

132. Vid. POLO SABAU, J.R., «Notas sobre el estatuto de las confesiones religiosas en la Ley Orgánica del Derecho de Asociación», *Revista Española de Derecho Constitucional*, núm. 97, 2013, págs. 215 y 215.

canalizada a través de las asociaciones. La LODA en su exposición de motivos habla de fortalecer las estructuras democráticas de la sociedad y de promover la participación en todos los ámbitos sociales en tanto que *«filosofía que impregna toda la norma»* (párrafos sexto y séptimo del apartado I). También conviene recordar que la STC 133/2006, sobre la constitucionalidad de la propia LODA, tuvo oportunidad de analizar el artículo 7.1.h), que se refiere al funcionamiento de los órganos de gobierno y representación y, en relación con ello, impone precisas determinaciones sobre sus atribuciones, la validez de constitución de los mismos, la adopción de acuerdos o la duración de los cargos, que están estrechamente ligadas al modelo democrático, y el Tribunal, ya lo hemos indicado, declaró su plena constitucionalidad. Vemos, pues, que la presunta inconstitucionalidad del artículo 2.5 LODA no está demostrada ni tampoco declarada por el Tribunal Constitucional, por lo que el interesante debate doctrinal carece de efectos prácticos ante la evidencia de la plena vigencia del precepto legal.

Partiendo de esta evidencia y vigencia, también se ha erigido como polémico el artículo 7.1.g) LODA, pues no es fácil comprender qué quiso decir el legislador al redactar esta letra, o lo que es lo mismo, qué quiso que los promotores y socios recogieran en los estatutos bajo tal imposición. Tan es así que difícilmente se encontrará depositado en el RNA estatuto alguno que dedique el más mínimo capítulo, artículo o apartado a relacionar los «criterios» que garanticen el funcionamiento democrático de la asociación.

En efecto, la LODA impone a los promotores que añadan a los estatutos, como contenido obligatorio, los necesarios criterios de democracia interna pero, a nuestro juicio, no sería necesario un contenido diferenciado acerca de los «criterios democráticos» si los estatutos ya recogen aquellos aspectos obligatorios de los que inevitablemente se deduce un funcionamiento democrático y participativo, y, en esencia, prevén como órgano supremo una asamblea general, integrada por todos los socios, con derecho de voto y que adopta sus acuerdos conforme al principio mayoritario, así como se dispone la temporalidad de los cargos y se reconoce, en los más amplios términos, el derecho de participación de todos los socios en la vida asociativa, incluido el control de los órganos de gobierno y representación[133], todo ello con pleno respeto al pluralismo[134]. De esta forma, la letra g) del artículo 7.1 LODA carece de sustantividad propia y se

133. Estarían así presentes las dos manifestaciones del concepto democrático, es decir, la distribución del poder (concepto formal) y el reconocimiento de los derechos de los socios (concepto material), vid. ANZURES GURRÍA, J.J., op. cit. pág. 214. La STC 56/1995, al hablar de «democracia interna», pone el acento en los derechos de los socios. Tras reiterar que un partido político no es más que una asociación, declara que aquella expresión «no sólo encierra una carga impuesta a los partidos, sino que al mismo tiempo se traduce en un derecho o conjunto de derechos subjetivos y de facultades atribuidos a los afiliados respecto o frente al propio partido, tendentes a asegurar su participación en la toma de las decisiones y en el control del funcionamiento interno de los mismos» (FJ 3).

134. Al comentar la Ley 7/1997, de 18 de junio, de Asociaciones de Cataluña, se interpretó que el respeto al pluralismo «parece promocionar a las minorías, proscribiendo los sistemas de

ha de integrar con el resto de los contenidos estatutarios que sustentan el principio democrático para entenderlo cumplido, lo que no impide, si así se quiere, hacer una expresa declaración general consistente en que la entidad observará en todas sus actuaciones los principios de democracia, transparencia, participación y pluralismo.

También serían aptos aquellos estatutos que contemplaran fórmulas alternativas no invalidantes de forma absoluta del modelo democrático[135]. En efecto, el Tribunal Supremo ha tenido ocasión de avalar uno de estos supuestos al confirmar la legalidad de un artículo estatutario del que resultaba que los socios no podían formar parte personalmente de la asamblea general sino que debían hacerlo a través de representantes, con la consecuencia de la privación de los derechos de voz y voto, y sin que los representantes estuvieran obligados a consultar a los representados el sentido de su voto. Así, tratando de armonizar el derecho de los socios a la participación y el derecho de la asociación a la autoorganización, el alto tribunal declaró que *«el derecho de participación de los asociados no impone necesariamente un determinado modelo de organización y funcionamiento de las asociaciones, que según los recurrentes sería el de una democracia asamblearia en la que todos los asociados tienen derecho a asistir por sí mismos a la asamblea general, intervenir en ella y votar. La libertad de organización de las asociaciones permite que los modelos de organización y funcionamiento sean diversos y que la asociación pueda decidir en sus estatutos qué modelo prefiere, con el único límite de no impedir completamente la posibilidad de participación de los asociados... la LODA permite que los estatutos de la asociación, en los que se materializa la libertad de organización que forma parte del contenido esencial del derecho fundamental de asociación, establezcan diversas formas de ejercicio del derecho de los asociados a asistir, intervenir y votar en la asamblea general, y posibilita la previsión estatutaria de que el ejercicio de tales derechos se realice necesariamente por medio de representantes o compromisarios... Por estas razones, el artículo 102 de los estatutos de la Asociación... no vulnera las exigencias que la LODA establece respecto del derecho de participación de los asociados y de*

voto que impidan la expresión de aquéllas», cfr. SALAS MURILLO, S. de, «Consideraciones en torno a las disposiciones generales de la nueva Ley catalana de asociaciones», *Derecho Privado y Constitución*, núm. 11, 1997, pág. 470. Y en comentario a la LODA se afirmó que el pluralismo «ha de interpretarse siempre dentro de los fines y actividades de la asociación, según los estatutos (art. 7.1.d). En modo alguno podrán admitirse grupos, tendencias o corrientes que atenten contra los fines. El pluralismo se concretará en las modalidades, procedimientos y medios para realizar los fines de la asociación. No para alterarlos. Los asociados que no estén de acuerdo con los fines, siempre tendrán la oportunidad de fundar otra asociación con la finalidad que decidan; pero no subvertir los fines de una asociación existente, que fundaron o a la que han sido admitidos», cfr. FERNÁNDEZ FARRERES, G., *Derecho de Asociación*, op. cit., págs 224 y 225.

135. Vid. BARREIRO CARBALLAL, L., «Democracia interna y derecho de asociación», *Anuario da Facultade de Dereito da Universidade da Coruña*, núm. 12, 2008, págs. 63 y 64.

asistencia de los mismos a la asamblea general, puesto que respeta el equilibrio entre ese derecho de participación del asociado y la libertad de organización de la asociación, al configurar la asamblea general como un órgano representativo, en el que los asociados intervienen mediante los representantes que ellos mismos eligen» (STS 905/2019, FJ 5).

Es razonable que en las asociaciones de un gran número de socios se renuncie a la democracia directa, pero siempre será contingente determinar si el modelo representativo elegido «no impide completamente la participación de los asociados» y, a su vez, la legalidad de los estatutos.

En la legislación autonómica encontramos previsiones similares a la LODA. El artículo 6.2.p) LAC, sobre los estatutos, recoge como contenido necesario *«los criterios que garanticen el funcionamiento democrático de la asociación»*, culminando el principio del artículo 3.2 según el cual *«las asociaciones ser regirán en su estructura interna y funcionamiento por los criterios de democracia, pluralismo y respecto a la dignidad de las personas»*. Del mismo tenor es el artículo 9.1.n) LAPV, que exige incluir en los estatutos *«los criterios que garanticen el funcionamiento democrático de la asociación»*. Estas indicaciones, igualmente genéricas, nada aportan o concretan respecto de lo ya dicho en cuanto a la LODA. Más interesante se presenta el artículo 9 LAPV relativo a los extremos estatutarios, que en su apartado 4 viene a señalar que *«los preceptos contenidos en el capítulo VII de la presente ley* [derechos y deberes de los socios] *en cuanto constituyen criterios mínimos que garantizan el funcionamiento democrático de la asociación, podrán ser desarrollados y modulados en los estatutos de acuerdo con la voluntad de las personas asociadas»*. Es decir, que dicho funcionamiento democrático en las asociaciones vascas se reconduce preferentemente al régimen de los socios frente a otros aspectos orgánicos.

2.8. RÉGIMEN DE ADMINISTRACIÓN

A la gestión ordinaria de las asociaciones se refiere someramente en el artículo 14 LODA.

Sin embargo, no es necesario que los estatutos se extiendan en este aspecto, por más que el artículo 7.1.i) LODA exija la constancia del *«régimen de administración, contabilidad y documentación, así como de la fecha de cierre del ejercicio asociativo»*.

Conforme al apartado 1 del citado artículo 14, las asociaciones deberán: a) disponer de una relación actualizada de sus asociados; b) efectuar un inventario de sus bienes; c) llevar una contabilidad que permita obtener la imagen fiel del patrimonio, del resultado y de la situación financiera de la entidad, así como las actividades realizadas; y d) mantener un libro de actas en el que plasmar las reuniones de sus órganos de gobierno y representación.

La relación de socios supondrá recabar datos de carácter personal y, por tanto, observar la normativa sobre protección de este tipo de datos[136], mientras que la contabilidad se ajustará a las normas específicas que resulten de aplicación[137]. Por lo que hace a este segundo deber, cabe decir que la correcta llevanza de los estados contables y la precisa identificación de las actividades realizadas van a resultar decisivas para aquellas asociaciones que, a los dos o más años de verificar la inscripción, consideren que reúnen los requisitos necesarios para ser declaradas de utilidad pública.

Además de la Tarjeta del NIF y del Certificado digital de persona jurídica, y de los documentos que genera la apertura y movimientos de una cuenta bancaria, todos ellos comunes a cualquier asociación, puede ocurrir que, en función de la complejidad de la entidad asociativa, la gestión alcance a otros órdenes de naturaleza laboral y fiscal, sin perjuicio de también elaborar planes presupuestarios y de actuación. Si se realizan actividades económicas, cobran especial importancia los contratos y facturas, y si se admite voluntariado los correspondientes seguros.

Todas estas obligaciones y actuaciones requieren, a su vez, de los correspondientes actos de conservación, custodia y archivo, tanto de la documentación en papel como de la documentación electrónica, comprensiva, lógicamente, aunque no se haya citado, del acta fundacional, de los estatutos y de la resolución administrativa de inscripción registral. Y no sólo porque la misma plasma la memoria asociativa y se puede hacer valer en todo tipo de procedimientos internos y externos, sino también porque su conocimiento es un derecho reconocido a los socios por la LODA, en cualquier momento, y porque las asociaciones quedan vinculadas por la normativa sobre prevención del blanqueo de capitales, que les exige conservarla durante, al menos, diez años[138].

No obstante, como decimos, todas estas son cuestiones prácticas del día a día, cuyo reflejo en los estatutos sería prolijo y confuso, por lo que es suficiente con plasmar las obligaciones del artículo 14.1 LODA y que, por su naturaleza, son de la competencia de la junta directiva, con especial protagonismo del

136. Los tratamientos de datos de carácter personal de los socios personas físicas que puedan realizarse con ocasión de las previsiones contenidas en la LODA, quedan sujetos a lo dispuesto en el Reglamento (UE) 2016/679 del Parlamento Europeo y el Consejo, de 27 de abril de 2016, relativo a la protección de las personas físicas en lo que respecta al tratamiento de sus datos personales y a la libre circulación de estos datos, en la Ley Orgánica 3/2018, de 5 de diciembre, de Protección de Datos Personales y garantía de los derechos digitales, y en el resto de la normativa sobre protección de datos personales.

137. Real Decreto 1491/2011, de 24 de octubre, por el que se aprueban las normas de adaptación del Plan General de Contabilidad a las entidades sin fines lucrativos y el modelo de plan de actuación de las entidades sin fines lucrativos. No obstante, para las asociaciones, incluidas las declaradas de utilidad pública, no es obligatoria la elaboración de un plan de actuación.

138. Artículo 2.1.x) y 25 de la Ley 10/2010, de 28 de abril, de prevención del blanqueo de capitales y de la financiación del terrorismo, y artículos 28, 29 y 30 del Real Decreto 304/2014, de 5 de mayo.

secretario, así como indicar la fecha de cierre del ejercicio asociativo, que normalmente se fija en el 31 de diciembre de cada año, pero sin que se impida, y de hecho no es inusual, que lo sea el 30 de junio.

El artículo 7.1.i) LODA fue objeto de impugnación al entenderse que no podía ostentar la consideración de «condición básica» del ejercicio del derecho de asociación ex artículo 149.1.1ª CE y, en efecto, el Tribunal Constitucional declaró la inconstitucionalidad de *«la disposición final primera, apartado segundo, de la Ley Orgánica 1/2002, de 22 de marzo, reguladora del derecho de asociación, en cuanto hace referencia al art. 7.1.i)»* (STC 133/2006). Acaso por ello, la legislación autonómica presta especial atención a las obligaciones formales pero dejando a promotores y socios su traslado a los estatutos en la extensión que consideren. A las obligaciones documentales y contables se refieren el artículo 5 LAA, artículo 42 LAC, artículos 313-1, 313-2 y 313-3 LACat, artículos 16 y 17 LACV y artículo 23 LAPV. La LACat añade el deber de llevar un libro o registro con una relación actualizada de los voluntarios que colaboren con la asociación mientras que la LACV alude a las obligaciones fiscales. El detallado Reglamento de Asociaciones de Canarias dedica el Capítulo III del Título I (artículos 15 a 23) a este tipo de obligaciones asociativas.

2.9. RÉGIMEN ECONÓMICO

No existe en la LODA ninguna disposición que se refiera en sentido estricto al régimen económico de las asociaciones, a pesar de lo cual el artículo 7.1.j) LODA exige de promotores y socios que hagan constar en los estatutos *«el patrimonio inicial y los recursos económicos de los que se podrá hacer uso»*.

A diferencia de otras entidades[139], las asociaciones no necesitan disponer de un patrimonio inicial, lo que no ha impedido que la LODA lo configure como un extremo estatutario obligatorio[140]. Aunque buena parte de las asociaciones nace sin bienes estimables económicamente, tal circunstancia no les exime de indicar expresamente en los estatutos que se constituyen sin fondo social o con patrimonio de «cero euros».

139. El capital social mínimo en las sociedades anónimas es de 60.000 € y en las sociedades de responsabilidad limitada de 3.000 € (artículo 4 Texto Refundido de la Ley de Sociedades de Capital). La dotación inicial en las fundaciones es de 30.000 € (artículo 12 Ley 50/2002, de 26 de diciembre de Fundaciones). La Ley 27/1999, de 16 de julio, de Cooperativas, remite a los estatutos la fijación del capital social mínimo (artículo 45.2).

140. Se ha justificado que «dentro de la organización de la que se proveen las asociaciones para gobernarse y relacionarse interna y externamente, llama la atención que, en contraposición con el resto de personas jurídicas, no presenta como elemento esencial para su constitución el patrimonio fundacional. Evidentemente, sin patrimonio parece difícil desarrollar casi ningún tipo de actividad, pero es cierto que las asociaciones, al menos en sus primeros estadios de actividad y desarrollo, viven más de las aportaciones en servicios de sus asociados que de las posibles aportaciones patrimoniales de los mismos», cfr. ANGUITA VILLANUEVA, L.A., op. cit., pág. 80.

Entre los recursos económicos deberán aparecer las cuotas de los socios, sin perjuicio de otro tipo de aportación periódica o extraordinaria (derramas) que los promotores y socios establezcan como obligatorias. A partir de aquí, el margen es amplio. Es frecuente encontrar en los estatutos aquellos recursos estrechamente ligados a las entidades no lucrativas como subvenciones, donaciones y legados, siendo cada vez más habitual que, en razón del fin social o en previsión de actuaciones futuras, igualmente se recoja como fuente de ingresos el producto o rendimiento de las actividades económicas.

Este artículo 7.1.j) también fue objeto de recurso al entenderse que la inclusión del patrimonio inicial como contenido mínimo de los estatutos poco tiene que ver con el derecho fundamental pues las asociaciones no necesitan disponer de patrimonio propio. El Tribunal Constitucional declaró su constitucionalidad al decir que «*el precepto impugnado no impone a las asociaciones la obligación de contar con un patrimonio inicial sino sólo la carga formal de que la existencia o inexistencia del mismo y, en su caso, la cuantía a la que asciende, se refleje en los estatutos asociativos... nos hallamos ante una carga formal cuya imposición puede explicarse como una garantía establecida en beneficio de terceros que puedan entablar relaciones jurídicas con la asociación, así como de los propios asociados toda vez que, en función de la actividad... la existencia de un determinado patrimonio inicial —y su consiguiente reflejo documental en los estatutos— puede servir como indicio de viabilidad del nuevo ente. Obviamente, por las razones expuestas, también sirven al eventual ejercicio del derecho positivo de asociación de los terceros que pudieran querer incorporarse a la asociación*» (STC 133/2006, FJ 5).

La legislación autonómica en este orden se limita a reproducir o a remitirse a la LODA.

2.10. DISOLUCIÓN. DESTINO DEL PATRIMONIO

A la disolución de las asociaciones se refieren los artículos 17, 18 y 38 LODA, artículo 39 CC y artículo 28 RRNA[141].

Del juego conjunto de los artículos 17 y 38 LODA resultan cuatro causas de disolución de las asociaciones: a) por voluntad de los socios; b) por las causas previstas en los estatutos; c) por las determinadas en el Código Civil; y d) por resolución judicial[142].

141. Otras referencias legales a la disolución y liquidación de las asociaciones aparecen en los artículos 19 a 21 LAA; artículos 30 a 33 LAC; artículos 314-4 a 314-8, y artículos 324-4 a 324-6 LACat; artículos 50 a 53 LACV; y artículos 31, 32 y 34 LAPV.

142. Sobre la disolución se ha comentado que constituye uno de los aspectos fundamentales del régimen jurídico de las asociaciones, por lo que, respecto del artículo 17.1 LODA, se hubiera preferido una mayor concisión en la determinación de las causas típicas para que se produzca, omitiendo, por ejemplo, la remisión al artículo 39 CC «o esa referencia a la sentencia

La asociación puede decidir disolverse en cualquier momento y por cualquier motivo, sean o no los previstos en el Código Civil, o estén o no recogidos en los estatutos, por lo que lo decisivo es que la competencia para decidir la disolución se atribuya a la asamblea general. Lo que dice el artículo 17 es que la asociación se disolverá por las causas estatutarias «*y, en su defecto*», por voluntad de los asociados expresada en Asamblea General convocada al efecto, de lo que se sigue que tales causas pueden faltar en los estatutos. También dice el precepto que se disolverán «*por las causas determinadas en el artículo 39 del Código Civil*», sobre las que habría que destacar su carácter relativo. Las consistentes en el transcurso del tiempo fijado y el cumplimiento del fin social no son vinculantes para la asociación, que constatado el vencimiento siempre puede decidir prorrogar la vigencia de la asociación por otro período de tiempo o bien ampliar las finalidades asociativas para alcanzar otros objetivos, mientras que la imposibilidad material de continuar con la actividad conlleva, de suyo, la disolución misma, sin necesidad de expresa previsión legal o estatutaria.

Por su parte, la disolución externa sólo puede venir de sentencia judicial firme, por violación de la legislación penal o civil, y aunque tal sentencia pudiera tener su origen en el contenido mismo de los estatutos, es entendible que los promotores y socios nunca se refieran a ella como causa de disolución. En otras ocasiones la sentencia de disolución deriva de una situación previa de insolvencia y del correspondiente proceso concursal (artículo 18.4 LODA), que no es una circunstancia en la que tampoco estén pensando los promotores y socios al redactar los estatutos y desarrollar el proyecto asociativo.

Por ello, descartada la expresa mención a la sentencia judicial, los estatutos en este aspecto serían válidos si se limitan a señalar que la asamblea general es el órgano competente para decidir sobre la disolución de la asociación por cualquier causa que no sea contraria al ordenamiento jurídico y por mayoría cualificada de las personas presentes en la reunión extraordinaria.

Por lo que se refiere al «destino del patrimonio» el artículo 18.3.e) LODA atribuye a los liquidadores, en caso de disolución, la misión de «*aplicar los bienes sobrantes de la asociación a los fines previstos en los Estatutos*», y el propio artículo 7.1.k) dice que el destino del patrimonio «*no podrá desvirtuar el carácter no lucrativo de la entidad*», por lo que las asociaciones se limitan exactamente a expresar esto en los estatutos, es decir, que una vez extinguidas las deudas, el sobrante se destinará a fines que no desvirtúen la naturaleza no lucrativa de la asociación, siendo admisibles en estos términos tan genéricos. Es normal que así sea dada la duración indefinida con que habitualmente surgen las asociaciones, dejando a quienes, en su momento realicen la liquidación, la decisión de

judicial firme, que lejos de actuar como causa material para la disolución, supone su instrumento de articulación adjetiva», vid. DURÁN RIVACOBA, R. y REINA TARTIERE, G., *Código de Asociaciones*, Cizur Menor, Thomson-Aranzadi, 2004, pág. 124.

seleccionar el concreto destinatario del remanente, que suele ser otra entidad no lucrativa.

Lo anterior encuentra una excepción en las entidades asociativas de segundo grado (artículo 2.2 RRNA), de tal forma que si una federación o unión, o confederación, dispone que a la disolución el patrimonio sobrante se repartirá entre los socios, dicha previsión estatutaria sería admisible por la sencilla razón de que tales socios sólo lo pueden ser las asociaciones en federaciones o uniones, y las federaciones en confederaciones, y tanto unas como otras son por su propia naturaleza entidades sin ánimo de lucro. Lo que, por el contrario, resulta rechazable es que en las federaciones o uniones y en las confederaciones los estatutos amparen la distribución de beneficios entre sus socios durante la vida de la entidad. Aunque en estos casos los entes que se agrupan carecen de interés lucrativo, a nuestro juicio debe prevalecer el criterio rector del artículo 13.2 LODA, conforme al cual los beneficios deben dirigirse «exclusivamente» al cumplimiento de los fines, sin posibilidad de reparto entre las asociaciones o federaciones, según proceda.

La legislación autonómica de asociaciones atribuye un mayor protagonismo a los estatutos en materia de disolución y destino del remanente.

La LAA no se ocupa de las causas, pero sí dispone que «*los bienes resultantes de la liquidación de la asociación se destinarán a los fines establecidos en los estatutos*», y en su defecto se destinarán a otras entidades sin ánimo de lucro cuyos fines sean similares a los de la asociación (artículo 20).

La LAC sí relaciona las causas de disolución, si bien, por lo que a los estatutos interesa, la asociación se disolverá «*cuando concurra cualquier causa establecida en los estatutos*», incluyendo la expiración del plazo fijado en los estatutos, si no se hubiera prorrogado antes de su vencimiento, y la realización del fin para el que se constituyó, si no se hubiera acordado previamente su modificación o ampliación (artículo 30). En cuanto al destino del remanente, se recoge la misma previsión que en la LAA (artículo 32).

La LACat añade al listado de causas de disolución la «*baja de los asociados, si se reducen a menos de tres*». Aun cuando no se obliga a que esté expresamente previsto en los estatutos, aconsejamos a las asociaciones catalanas que prevean y regulen expresamente este motivo de disolución en los términos que luego se verán al hablar de la LAPV. Sobre el destino del remanente, la LACat llega más lejos que la LAA y la LAC al decir, por un lado, que «*los bienes sobrantes se deben adjudicar a las entidades o destinar a las finalidades que establezcan los estatutos*», y por otro que los bienes sobrantes, si las disposiciones estatutarias sobre su destino no pueden cumplirse, deben adjudicarse a otras entidades sin ánimo de lucro que tengan finalidades análogas a las de la asociación disuelta, «*con preferencia por las que tengan el domicilio en el mismo municipio o, si no existen, por las que lo tengan en la misma comarca»* (artículo 324-6). Tampoco sobra que esta preferencia territorial se plasme en los estatutos.

En la LACV también encontramos la misma causa de disolución consistente en la reducción del número de socios a menos de tres (artículo 50), y a este respecto hacemos la misma advertencia del párrafo precedente. Sobre el remanente se concreta que *«el patrimonio sobrante, constituido por todos los bienes y derechos que lo integran conforme a lo que resulte del balance de liquidación se aplicará a los fines o entidades públicas o privadas sin ánimo de lucro previstos en los estatutos»*, y en su defecto se asignarán a asociaciones similares con domicilio en la comunidad autónoma (artículo 52). Aquí la novedad está en que los estatutos pueden identificar como destinatarios del remanente a las «entidades públicas», las cuales, al estar al servicio del interés general y no actuar con un criterio de beneficio económico, en ningún caso desvirtúan la liquidación y el carácter no lucrativo de la asociación disuelta.

Por último, la LAPV recoge como otra causa de disolución la *«absorción o la fusión con otras asociaciones»*, que puede o no llevarse al texto estatutario, pues el proceso lleva aparejado la extinción de la asociación que queda absorbida o de la que se fusiona para dar lugar a otra distinta. Como adelantábamos, también acoge como motivo de disolución la falta del número mínimo de personas asociadas legalmente establecido, pero haciendo esta interesante aportación: *«sin perjuicio de que los estatutos puedan prever un plazo para completarlo. Dicho plazo nunca podrá exceder de un año, a contar desde que se produjera la última baja»* (artículo 30). Al igual que decíamos sobre el cumplimiento del plazo o el fin, que eran causas relativas porque la asociación podía reformularlos, también la reducción del número de socios a dos o a uno es contingente desde el momento en que no parece presentar excesiva dificultad incorporar a nuevos socios para alcanzar el número mínimo legalmente establecido, que sólo son tres personas. Al margen de las restricciones de la LAPV en cuanto al plazo de un año, para cualesquiera otras asociaciones, estatales o autonómicas, que libremente decidan llevar a los estatutos esta causa de disolución, recomendamos también prever un mínimo régimen que, en última instancia, agote las posibilidades de continuidad de la asociación.

3. CONTENIDO FACULTATIVO DE LOS ESTATUTOS

La ley permite que promotores y socios añadan a los estatutos todos aquellos contenidos que estimen convenientes para adaptar este importante texto a las peculiaridades de la asociación. Por su propio carácter abierto resulta imposible acotar estas ampliaciones pero, por ejemplo, y sólo a título ilustrativo, suelen comprender un preámbulo que motive la existencia de la asociación, la regulación detallada de las facultades de la asamblea general y la junta directiva, la previsión de órganos complementarios (grupos o comisiones de trabajo, órganos de control interno o auditoría, etc.), así como otros artículos alusivos a la confección de las actas y la impugnación de los acuerdos, al proceso electoral respecto de la junta directiva con un amplio detalle, a la delegación del voto, a la implantación territorial a través de delegaciones, a aspectos propios del reglamento de régimen interior (normas de conducta, uso de instalaciones, etc.), a causas de disolución e incluso a la misma definición de los conceptos empleados.

Sobre estos contenidos, hacemos tres advertencias.

Respecto de la posibilidad de incluir órganos distintos de la asamblea general y la junta directiva, se ha de cuidar que, en la práctica, no anulen las competencias de estos órganos preceptivos. A veces los estatutos prevén órganos menores formados exclusivamente por los socios fundadores con funciones obstativas, de emisión de informes vinculantes o poderes de veto, que en la práctica hacen ilusorio el carácter soberano de la asamblea general y el mismo principio democrático[143].

Sobre la impugnación de los acuerdos sociales es muy habitual que los estatutos, para eludir gastos y/o evitar que los problemas intraasociativos trasciendan al exterior, establezcan la obligación de los socios de observar y seguir los procedimientos internos de resolución de conflictos o disputas antes de ejercer directamente acciones judiciales[144]. Esta disposición, amparada en el principio de autoorganización, no se contradice con el derecho de los socios *«a impugnar los acuerdos de los órganos de la asociación que estimen contrarios a la Ley o a los Estatutos»* (artículo 21.d) LODA), siempre que se recoja en el sentido de que deben agotar las vías internas de solución de controversias para, sólo en caso de no surtir efecto, acudir después a la jurisdicción ordinaria. El TC ha tenido oportunidad de pronunciarse sobre una cláusula de esta naturaleza y dar preferencia al derecho que asiste a la asociación en cuanto tal frente al derecho individual del socio discrepante[145].

En cuanto a la disolución, ya lo hemos comentado, también se encuentran estatutos que han previsto la unipersonalidad sobrevenida y han incluido como causa determinante la reducción del número de socios a dos o uno solo, siendo conveniente en estos casos que se regulen dos posibles situaciones, o bien que se establezca un plazo para que los socios o socio restantes puedan incorporar

143. Aunque una cláusula de este tipo pueda ser aprobada por la asociación, siempre y en cualquier momento podrá ser impugnada por cualquiera de los socios a los efectos de que se declare nula de pleno derecho, como así se resolvió en la STSJ Andalucía de 18 de abril de 2002.

144. Entraría aquí en juego lo dispuesto, con carácter general, en la disposición adicional tercera LODA establece: «Las Administraciones públicas fomentarán la creación y la utilización de mecanismos extrajudiciales de resolución de conflictos que se planteen en el ámbito de actuación de las asociaciones». Más, en concreto, la LACat remite a los estatutos el que voluntariamente puedan «establecer que las controversias que surjan por razón del funcionamiento de la asociación se sometan a arbitraje o mediación» (artículo 321-4.2).

145. STC 129/2023, de 23 de octubre.

nuevos socios, o bien que aquéllos certifiquen la inmediata extinción de la entidad.

Aunque el contenido de libre configuración se remite a la decisión y diseño de los propios promotores y socios, especialmente a estos últimos una vez que la asociación ya tiene un cierto recorrido en el tiempo y en la actividad, y necesitan o desean singularizar los estatutos, lo cierto es que la ley no se ha resistido a sugerir algunos aspectos suplementarios. Que esto sea así responde a que se consideran de cierta importancia y significa que, de asumirse, tales aspectos deberán tener directo reflejo en los estatutos y no el otro documento típicamente asociativo, pero de menor jerarquía, que es el reglamento de régimen interior. Estas indicaciones adicionales las encontramos tanto en la LODA como en las leyes de asociaciones de las Comunidades Autónomas.

Todas ellas, en realidad, permiten singularizar los estatutos mediante «inclusiones» y «modulaciones». Las primeras suponen añadir lo que la ley no contempla o bien alterar lo que la ley dispone. Las segundas suponen matizaciones a las disposiciones legales pero siempre dentro de los límites establecidos. Si tomamos como referencia la LODA ejemplos de inclusión serían los artículos 7.1.e) y 20. Uno habilita a regular *ex novo* las clases de socios, pues nada dice la ley al respecto, de tal manera que a falta de clasificación estatutaria todos los socios serían iguales. El segundo declara que la condición de socio es intransmisible pero que los estatutos pueden establecer todo lo contrario, alterando completamente tal previsión legal. Y ejemplo de modulación sería el artículo 12.b), que para la convocatoria de una asamblea extraordinaria exige que la solicite un número de socios no inferior al diez por ciento, dejando a los estatutos un margen para determinar un porcentaje superior pero nunca inferior.

Por lo demás, ya se ha dicho, en los estatutos cabe un amplísimo repertorio de contenidos, no previstos y ni tan siquiera imaginados por el legislador, pero que han de respetar no sólo la legislación de asociaciones sino todo el ordenamiento jurídico en su más extensa consideración.

3.1. CONTENIDO OPCIONAL EXTRAÍDO DE LA LODA

El contenido facultativo que, en general, permite el artículo 7.2 LODA puede ser de dos tipos, tanto el que la misma LODA refiere de forma diseminada en su articulado como aquel otro de libre conformación. No obstante, como luego veremos, ambas extensiones sobre el contenido mínimo y obligatorio quedan sujetas a determinados límites.

Como hemos apuntado, determinados contenidos no obligatorios se deducen de la misma Ley, es decir, la LODA considera excluido del contenido mínimo del artículo 7.1 una serie de cuestiones que, sin embargo, estima propias de los estatutos y a las que presta atención singular. Así, el artículo 11.4 establece los requisitos indispensables para ser miembro del órgano de representación o junta directiva, sin perjuicio de que los estatutos puedan exigir cualquier otro complementario. Del juego combinado de los artículos 11.5 y 32.1.c) se desprende *a contrario* que los cargos de la junta directiva son gratuitos, a menos que los estatutos establezcan expresamente una retribución por su desempeño e incluso por la prestación de servicios a la asociación. El artículo 18.2 señala que los miembros del órgano de representación se convierten en liquidadores en el momento de la disolución de la asociación, excepto que los estatutos lo dispongan de otro modo. También se recoge en el artículo 20 la regla general de que la condición de asociado es intransmisible, salvo que los estatutos dispongan otra cosa. El artículo 22 permite que los estatutos puedan ampliar los deberes que para los socios se prevén en dicho precepto, debiendo cumplir tales obligaciones adicionales en las mismas condiciones que los deberes legales. En los supuestos de separación voluntaria del socio, el artículo 23.2 permite que los estatutos regulen la percepción de la participación patrimonial inicial u otras aportaciones económicas realizadas a la asociación, con excepción de las cuotas abonadas.

De manera inversa, del artículo 7.1 salen y se transfieren al contenido facultativo unos pretendidos contenidos obligatorios que, por los términos en que está redactado el precepto, no pueden considerarse como tales. El apartado e) obliga a introducir en los estatutos los requisitos de admisión y separación de socios, añadiendo, por un lado, *«y, en su caso, la clase de éstos»*, y, por otro, que *«podrán incluir también las consecuencias del impago de las cuotas por parte de los asociados»*, y estos «en su caso» y «podrán» exceden de lo que debe considerarse preceptivo.

En cualquier caso, creemos conveniente que todos estos extremos, aunque no obligatorios, figuren expresamente en los estatutos con el grado de precisión que se considere.

3.2. CONTENIDO OPCIONAL DERIVADO DE LA LEGISLACIÓN AUTONÓMICA

Las leyes de asociaciones de las Comunidades Autónomas son prolijas en la remisión a los estatutos a efectos de incluir nuevos contenidos sobre los obligatorios, algunos de los cuales ya están previstos en la LODA. Para su consideración por promotores y socios de estas asociaciones regionales pero también como referencia para las asociaciones de ámbito estatal, siempre que no estén en contradicción con la LODA, nos limitamos a reproducir aquellos contenidos suplementarios que consideramos más relevantes de las leyes de Andalucía, Canarias, Cataluña, Comunidad Valenciana y País Vasco[146].

146. Se hace una reproducción íntegra de tales preceptos por razones de claridad aunque no todos los apartados presenten interés a los efectos aquí planteados. No obstante, mediante subrayado se llama la atención sobre la materia susceptible de ser añadida a los estatutos.

LAA:

«Artículo 7. Órganos.

1. Las asociaciones tendrán, al menos, los siguientes órganos:

a) *La Asamblea General, que es el órgano supremo de gobierno de la asociación, integrada por las personas asociadas, que adopta sus acuerdos por el principio mayoritario o de democracia interna y que deberá reunirse, al menos, una vez al año.*

b) *Un órgano de representación, que gestione y represente los intereses de la asociación, de acuerdo con las disposiciones y directivas de la Asamblea General. Sólo podrán formar parte del órgano de representación las personas asociadas.*

2. En los estatutos se podrán establecer otros órganos complementarios o auxiliares de los necesarios y se determinará si deberán estar integrados por personas asociadas o no asociadas.

Artículo 8. Competencias.

1. Sin perjuicio de las que figuren en los estatutos, la Asamblea General tiene las siguientes atribuciones:

a) *Modificar los estatutos.*

b) *Elegir y separar a los miembros del órgano de representación.*

c) *Controlar la actividad del órgano de representación y aprobar su gestión.*

d) *Aprobar el presupuesto anual y la liquidación anual de cuentas.*

e) *Acordar la disolución de la asociación.*

f) *Acordar la unión a asociaciones, la integración en federaciones o confederaciones, la separación de las mismas, así como la creación y participación en fundaciones.*

g) *Aprobar el reglamento de régimen interno de la asociación.*

h) *Tener conocimiento de las altas y bajas de las personas asociadas, sin perjuicio de lo dispuesto en el artículo 24.1 de la presente Ley.*

i) *Acordar la solicitud de la declaración de utilidad pública y de interés público de Andalucía.*

j) *Aprobar las disposiciones y directivas del funcionamiento de la asociación.*

k) *Cualquier otra que no corresponda a otro órgano de la asociación.*

2. El ejercicio de las atribuciones de la Asamblea General se realizará teniendo presente el principio de igualdad de oportunidades entre mujeres y hombres.

Artículo 9. Convocatoria y constitución.

1. Si los estatutos *no lo disponen de otro modo, el régimen de convocatorias de la Asamblea General será el siguiente:*

a) *Se efectuará por el órgano de representación, por propia iniciativa, o a solicitud de las personas asociadas en los términos de la letra c) de este apartado, y deberá contener, como mínimo, el orden del día, lugar, fecha y hora de la reunión en primera y segunda convocatorias.*

b) *Se comunicará, como mínimo, quince días antes de la fecha de reunión, individualmente y mediante escrito dirigido al domicilio que conste en la relación actualizada de personas asociadas, sin perjuicio de que se establezcan otros medios de notificación, entre ellos, los electrónicos, informáticos y telemáticos.*

c) *El órgano de representación convocará la Asamblea General siempre que lo solicite un número de personas asociadas no inferior al 10 por 100; en tal caso, la Asamblea General se reunirá dentro del plazo de treinta días a contar desde la solicitud.*

2. La Asamblea General quedará constituida válidamente en primera convocatoria cuando concurran, presentes o representadas, al menos un tercio de las personas asociadas, y en segunda convocatoria cualquiera que sea el número de personas asociadas que concurran. La hora de la reunión en segunda convocatoria será, como mínimo, treinta minutos posterior a la fijada en primera convocatoria.

3. El orden del día se fijará por el órgano de representación o por las personas asociadas que hayan solicitado la convocatoria de la Asamblea General. Los estatutos *podrán determinar los supuestos y formas en que cabrá la alteración del orden del día fijado.*

Artículo 10. Adopción de acuerdos.

Si los estatutos *no lo disponen de otro modo, el régimen de adopción de acuerdos de la Asamblea General será el siguiente:*

a) *Los acuerdos se adoptarán por mayoría simple de las personas asociadas presentes o representadas, cuando los votos afirmativos superen a los negativos.*

b) *Sin perjuicio de lo previsto en la letra anterior, los* estatutos *requerirán mayoría cualificada, que existirá cuando los votos afirmativos superen la mitad de los emitidos por las personas asociadas presentes o representadas, en los acuerdos relativos a la disolución de la asociación, modificación de los estatutos, disposición o enajenación de bienes y remuneración de los miembros del órgano de representación, así como en los acuerdos sobre asuntos no incluidos en el orden del día fijado y en cualesquiera otros en que así se recoja en los propios* estatutos.

c) *En las asociaciones en las que sean miembros personas jurídicas, los* estatutos *podrán fijar criterios de proporcionalidad de voto ponderado, respetando siempre los principios democráticos y de representatividad que deben regir la adopción de los acuerdos.*

d) *En el caso de federaciones, confederaciones y uniones de asociaciones, el derecho de voto deberá ejercerse con arreglo a criterios objetivos, de acuerdo con la proporcionalidad de voto ponderado que se haya establecido en los estatutos para las distintas personas asociadas, garantizando el principio de democracia interna.*

Artículo 11. Derecho de voto.

1. Toda persona asociada dispone de un voto en la Asamblea General, sin perjuicio de los criterios de proporcionalidad que se establezcan en los supuestos previstos en las letras c) y d) del artículo anterior.

2. La representación de las personas asociadas y el voto por correo o por medios electrónicos, informáticos y telemáticos se ejercerán de conformidad con los estatutos, que habrán de respetar la forma que reglamentariamente se establezca.

Artículo 12. Actas.

1. De las reuniones de la Asamblea General se extenderá acta, en la que deben constar las personas asistentes, los asuntos tratados, tanto los incluidos en el orden del día como los que no lo estuvieran, las circunstancias de lugar y tiempo, las principales deliberaciones y los acuerdos adoptados.

2. Cualquier persona asociada tendrá derecho a solicitar la incorporación de su intervención o propuesta en el acta en la forma prevista en los estatutos.

Artículo 13. Competencia y estructura.

1. Las facultades del órgano de representación se extienden a todos los actos comprendidos en los fines de la asociación. No obstante, los estatutos pueden determinar los actos que necesitarán la autorización expresa de la Asamblea General.

2. Los estatutos establecerán la estructura del órgano de representación, así como la representatividad y facultades que pueda ostentar cada integrante del mismo.

3. Las personas jurídicas podrán formar parte del órgano de representación por medio de persona física que las represente y que esté especialmente facultada al efecto por el órgano que resulte competente.

Artículo 14. Funcionamiento.

1. El funcionamiento del órgano de representación se rige por lo dispuesto en los estatutos de la asociación, sin perjuicio de lo establecido en la presente Ley y demás normativa de aplicación.

2. Las reuniones del órgano de representación se celebrarán a iniciativa de quien estatutariamente ostente la facultad de convocatoria o de la mayoría de sus miembros.

3. Los miembros del órgano de representación tienen el derecho y el deber de asistir y participar en sus reuniones.

4. Los acuerdos del órgano de representación deben constar por escrito en la correspondiente acta, que será firmada por quien ostente las funciones de secretaría con el visto bueno de la Presidencia.

Artículo 15. Elección, duración y separación del cargo.

1. Para ser miembro de los órganos de representación de una asociación, sin perjuicio de lo que establezcan sus respectivos estatutos, serán requisitos indispensables: ser mayor de edad, estar en pleno uso de los derechos civiles y no estar incurso en los motivos de incompatibilidad establecidos en la legislación vigente. Los estatutos regularán la duración del cargo, la posibilidad de reelección y el procedimiento a seguir.

2. Los miembros del órgano de representación comenzarán a ejercer sus funciones una vez aceptado el cargo.

3. La separación de los miembros del órgano de representación será acordada motivadamente, respetando lo que puedan establecer los estatutos y, en todo caso, el derecho a ser informado de los correspondientes hechos.

4. Las elecciones y ceses de los miembros del órgano de representación deben inscribirse en el Registro de Asociaciones de Andalucía para general conocimiento.

Artículo 16. Ejercicio del cargo.

1. Los miembros del órgano de representación ejercen sus funciones de conformidad con lo establecido en la normativa general aplicable, en la presente Ley y en los estatutos.

2. Los miembros del órgano de representación ejercen su cargo gratuitamente, salvo que los estatutos prevean expresamente la retribución de sus funciones y conste así en las cuentas anuales aprobadas por la Asamblea General.

3. En todo caso, los miembros del órgano de representación tendrán derecho al anticipo y reembolso de los gastos, debidamente justificados.

Artículo 17. Delegaciones.

1. Si los estatutos no lo prohíben, el órgano de representación puede delegar sus facultades en una o más de las personas asociadas, así como otorgar a otras personas apoderamientos generales o especiales.

2. Las delegaciones deberán ser autorizadas por la Asamblea General respecto de los supuestos en los que el órgano de representación precise de autorización expresa de aquélla para actuar.

3. Las personas asociadas que no formen parte del órgano de representación estarán sujetas en el ejercicio de facultades delegadas al régimen de derechos y responsabilidades previsto en los estatutos para los miembros de aquél.

Artículo 20. Liquidación.

1. La disolución de la asociación determinará la apertura del procedimiento de liquidación, durante el cual la asociación conservará su personalidad jurídica. Este procedimiento lo llevará a cabo el órgano de representación, cuyos miembros se convertirán en liquidadores o liquidadoras, salvo que los estatutos establezcan otra cosa.

2. Los bienes resultantes de la liquidación de la asociación se destinarán a los fines establecidos en los estatutos.

3. Si los estatutos no lo disponen de otro modo, los bienes resultantes de la liquidación deben ser destinados a otras entidades, sin ánimo de lucro, cuyos fines sean similares a los de la asociación, a excepción de las aportaciones condicionales.

4. Finalizada la liquidación, se comunicará al Registro de Asociaciones de Andalucía.

Artículo 22. Separación voluntaria.

Los estatutos podrán establecer que, en caso de separación voluntaria de la asociación de una persona asociada, ésta pueda percibir la participación patrimonial inicial u otras aportaciones económicas realizadas, sin incluir las cuotas de pertenencia a la asociación que hubiese abonado, con las condiciones, alcances y límites que se fijen en los estatutos. Ello se entiende siempre que la reducción patrimonial, resultante de la devolución, no conlleve perjuicios a terceras personas».

LAC:

«Artículo 19. Órganos.

1. La organización de la asociación contendrá, al menos, los siguientes órganos:

a) *La asamblea general de asociados, que es el máximo órgano de gobierno de la asociación.*

b) *El órgano de representación, que gestiona y representa los intereses de la asociación.*

2. En los estatutos, y de acuerdo con éstos, los reglamentos internos, se podrá establecer otros órganos complementarios o auxiliares de los anteriores.

Artículo 20. Competencias.

1. Sin perjuicio de las que figuren en los estatutos, la asamblea general tiene las siguientes competencias:

a) *Modificar los estatutos.*

b) *Elegir y separar a los miembros del órgano de representación.*

c) *Controlar la actividad del órgano de representación y aprobar su gestión.*

d) *Aprobar el presupuesto anual y la liquidación anual de cuentas.*

e) *Acordar la disolución de la asociación.*

f) *Acordar la unión en federaciones o confederaciones así como la separación de las mismas.*

g) *Aprobar el reglamento de régimen interno.*

h) *Ratificar las altas acordadas por el órgano de representación y acordar con carácter definitivo las bajas de los asociados.*

i) *Solicitar la declaración de utilidad pública o interés público.*

j) *Cualquier otra cuestión que no esté directamente atribuida a ningún otro órgano de la asociación.*

2. La asamblea general deberá reunirse al menos una vez al año.

Artículo 21. Convocatoria.

1. La convocatoria de la asamblea general se efectuará por iniciativa del órgano de representación o a solicitud de los asociados de acuerdo con los estatutos, sin perjuicio de la especialidad de los supuestos de disolución.

2. En el supuesto de que la convocatoria se efectúe a iniciativa de los asociados, la reunión deberá celebrarse en el plazo de treinta días naturales desde la presentación de la solicitud.

3. Las convocatorias, con precisión de la fecha, hora, lugar y orden del día de la reunión, deberán efectuarse con antelación suficiente en forma que se garantice su conocimiento por los asociados conforme a los estatutos. Desde el momento en que se comunique la convocatoria a los asociados deberá ponerse a disposición de los mismos copia de la documentación necesaria en la forma que prevengan los estatutos o, en su defecto, en el domicilio social.

4. La asamblea general, quedará constituida válidamente cuando en su primera convocatoria estén, presentes o representados, al menos un tercio de sus asociados. En segunda convocatoria quedará válidamente constituida, sea cual fuere el número de los asociados, presentes o representados, que concurran.

5. El orden del día se fijará por el órgano de representación o por los asociados que hayan solicitado su convocatoria.

6. La presidencia y la secretaría de la asamblea general, serán determinadas al inicio de la reunión, según lo que determinen los estatutos.

Artículo 22. Adopción de acuerdos.

1. Los acuerdos serán adoptados por mayoría de votos.

2. Sin perjuicio de lo previsto en el apartado anterior, los estatutos podrán exigir mayorías cualificadas para determinadas cuestiones.

3. De las reuniones y acuerdos de la asamblea general se extenderá acta en la que deben constar los asistentes, los asuntos tratados, tanto los incluidos en el orden del día como los que no lo estuvieran, las circunstancias de lugar y tiempo, las principales deliberaciones y los acuerdos adoptados.

4. Cualquier miembro tendrá derecho a solicitar la incorporación de su intervención o propuesta en el acta en la forma prevista en los estatutos.

Artículo 23. Impugnación de acuerdos.

1. Los acuerdos de la asamblea general son impugnables en la forma prevista en las leyes.

2. A solicitud de los interesados, las impugnaciones que tengan por objeto actos inscribibles en el Registro de Asociaciones serán anotadas en éste, así como su resolución definitiva y la adopción de medidas cautelares acordadas por órgano judicial o autoridad competente cuando afecten a la eficacia de los acuerdos adoptados.

3. Las controversias derivadas de los acuerdos adoptados pueden someterse a arbitraje en los términos de la legislación vigente, si no hay disposición en contra en los estatutos.

Artículo 24. Competencias y estructura.

1. El órgano de representación gestiona los intereses de la asociación y la representa.

2. Los estatutos pueden determinar aquellos supuestos en que el órgano de representación requiera autorización expresa de la asamblea general.

3. Los estatutos establecerán la estructura del órgano de representación, así como la representatividad y facultades que pueda ostentar cada integrante del mismo.

4. Las reuniones del órgano de representación cuando sea colegiado se celebrarán a iniciativa de quien estatutariamente ostente la facultad de convocatoria o de la mayoría de sus miembros.

5. Si así lo admiten los estatutos, las personas jurídicas podrán formar parte del órgano de representación por medio de representante especialmente facultado al efecto por el órgano que resulte competente según sus estatutos sociales.

Artículo 25. Delegaciones.

1. Si los estatutos no lo prohibieran el órgano de representación podrá delegar sus facultades en los siguientes términos:

a) *Si es un órgano unipersonal, en cualquier asociado.*

b) *Si es un órgano colegiado, en cualquiera de sus miembros o en cualquiera de los asociados, en este último caso cuando se trate de cometidos específicos por razón de la materia o del tiempo.*

2. Las delegaciones deberán ser autorizadas por la asamblea general en los supuestos en que el órgano de representación precise de tal autorización para actuar.

3. Las delegaciones y su revocación deberán inscribirse en el Registro de Asociaciones a efectos de general conocimiento.

4. Los asociados que no formen parte del órgano de representación estarán sujetos en el ejercicio de facultades delegadas de éste al régimen de derechos y responsabilidades previsto para sus miembros.

Artículo 26. Nombramiento y separación de sus miembros.

1. Los estatutos fijarán los requisitos de los asociados para poder ser miembros del órgano de representación, así como la duración del mandato, que no podrá ser superior a cuatro años, la posibilidad de reelección y el procedimiento a seguir.

2. Los miembros del órgano de representación comenzarán a ejercer sus funciones una vez aceptado el mandato para el que hayan sido designados por la asamblea general.

3. La separación de funciones de los miembros del órgano de representación podrá ser acordada por la asamblea general de acuerdo con los estatutos.

4. Los nombramientos y ceses deben inscribirse en el Registro de Asociaciones para general conocimiento.

Artículo 27. Responsabilidades.

1. Los miembros del órgano de representación ejercerán sus funciones en interés de los objetivos y finalidades de la asociación según lo establecido en la presente Ley y en los estatutos sociales.

2. Los miembros del órgano de representación responden por los daños causados en el ejercicio de sus funciones de acuerdo con la legislación aplicable.

Artículo 28. Funcionamiento.

1. El funcionamiento del órgano de representación se rige por los estatutos o, en su defecto, por las reglas que él mismo se dote.

2. Todos los miembros del órgano de representación tienen el derecho y el deber de asistir y participar en sus reuniones.

3. Los miembros del órgano de representación deberán abstenerse de intervenir y de votar en los asuntos en que se hallen en conflicto de intereses con la asociación.

Artículo 30. Disolución.

Las asociaciones se disolverán por las siguientes causas:

a) *Cuando expire el plazo fijado en los estatutos, si no se hubiera prorrogado antes de su vencimiento.*

b) *Cuando se hubiere realizado el fin para el que se constituyeron, si no se hubiera acordado previamente su modificación o ampliación.*

c) *Cuando sea imposible alcanzar los fines de la asociación.*

d) *Cuando concurra cualquier causa establecida en los* <u>*estatutos*</u>*.*

e) *Por acuerdo mayoritario de los asociados.*

f) *Cuando concurra cualquier otra causa legal.*

g) *Por sentencia judicial firme y especialmente las establecidas en el artículo 39 del Código Civil.*

Artículo 32. Liquidación.

1. La disolución de la asociación determinará la apertura del procedimiento de liquidación, en el cual la asociación conservará su personalidad jurídica. Este procedimiento lo llevará a cabo el órgano de representación, cuyos miembros se convertirán en socios liquidadores, salvo que los <u>*estatutos*</u> *de la asociación establezcan otra cosa.*

2. Los bienes resultantes de la liquidación de la asociación se destinarán a los fines establecidos en los <u>*estatutos*</u>*.*

3. Si los <u>*estatutos*</u> *no disponen de otro modo, tales bienes deben ser destinados a otras entidades análogas, sin ánimo de lucro, cuyos fines sean similares a los de la asociación en liquidación.*

4. Si los <u>*estatutos*</u> *así lo prevén, los socios que se separen voluntariamente de la asociación podrán ser reintegrados de las participaciones patrimoniales extraordinarias que hayan efectuado a la misma siempre que no se perjudiquen los derechos de terceros.*

5. Finalizada la liquidación se comunicará al Registro de Asociaciones».

LACat (Título II):

«Artículo 322-3. Reuniones.

1. La asamblea general debe reunirse con carácter ordinario como mínimo una vez al año, para aprobar, si procede, la gestión del órgano de gobierno, el presupuesto y las cuentas anuales.

2. La asamblea general debe reunirse con carácter extraordinario en los siguientes casos:

a) *Si el órgano de gobierno lo considera conveniente.*

b) *Si lo solicita un 10% de los asociados o, si así lo establecen los* *estatutos, un porcentaje inferior de estos.*

3. La asamblea general, en caso de reunión a instancias de los asociados, debe celebrarse en el plazo de treinta días a contar de la solicitud, si los estatutos no fijan uno más breve.

Artículo 322-4. Convocatoria.

El órgano de gobierno debe convocar la asamblea general, al menos quince días antes de la fecha prevista para la reunión, por medio de un escrito dirigido al domicilio de cada asociado, salvo que los estatutos permitan hacerlo en un plazo más breve o por otros medios, incluidos los telemáticos.

Artículo 322-5. Orden del día.

1. Un número de asociados que represente al menos el 10 % de los votos sociales de la asociación, o un porcentaje inferior si así lo establecen los estatutos, puede solicitar al órgano de gobierno la inclusión de uno o más asuntos en el orden del día de la asamblea general. Si esta ya ha sido convocada, la solicitud debe formularse en el primer tercio del período comprendido entre la recepción de la convocatoria y la fecha prevista para la reunión, a fin de que pueda informarse a todos los asociados de la ampliación del orden del día.

2. La asamblea general no puede adoptar acuerdos sobre asuntos que no consten en el orden del día, salvo que se haya constituido con carácter universal o que los acuerdos se refieran a la convocatoria de una nueva asamblea general.

3. Si en la asamblea general pretende tratarse el ejercicio de la acción de responsabilidad contra miembros del órgano de gobierno o la separación de estos de sus cargos, debe convocarse en el mismo acto una sesión extraordinaria de la asamblea general con este punto como único punto del orden del día.

Artículo 322-6. Constitución de la asamblea general.

1. La asamblea general, salvo que los estatutos establezcan otra cosa, se constituye válidamente sea cual sea el número de asociados presentes o representados.

2. La presidencia y la secretaría de la asamblea general, si los estatutos no establecen otra cosa, corresponden a las personas que ocupan estos cargos en el órgano de gobierno, salvo que los asociados asistentes designen a otras al inicio de la reunión.

Artículo 322-7. Derecho de voto.

1. Cada asociado tiene, como mínimo, un voto en la asamblea general. Los estatutos pueden establecer la suspensión del ejercicio de este derecho por el incumplimiento de obligaciones económicas.

2. Los estatutos de las asociaciones de interés particular y de aquellas en que haya personas jurídicas que tengan la condición de asociadas pueden establecer sistemas de voto ponderado. La ponderación debe estar basada en la representatividad de los asociados o en otros criterios objetivos. El voto ponderado no opera en la adopción de acuerdos de carácter disciplinario.

3. El derecho de voto puede ejercerse por delegación, por correo o por medios telemáticos si los estatutos lo establecen y determinan el procedimiento de ejercicio de este derecho.

4. La asamblea general, si se cuestiona el derecho de voto de algún asociado por razón de un posible conflicto de intereses con la asociación, debe decidir sobre esta cuestión en votación separada y, si procede, secreta.

Artículo 322-8. Adopción de acuerdos.

1. Los acuerdos se adoptan por mayoría simple de los asociados asistentes o válidamente representados en la reunión, si bien los estatutos pueden exigir, para cuestiones determinadas, un voto favorable más cualificado.

2. Los asociados que, por razón de un conflicto de intereses con la asociación, no puedan votar un determinado punto del orden del día no se computan a los efectos del establecimiento de la mayoría necesaria para la adopción del acuerdo, salvo que este tenga por objeto la resolución de un procedimiento sancionador, la destitución de la persona afectada como miembro de un órgano o el ejercicio de la acción de responsabilidad contra ella.

3. La votación para la adopción de acuerdos debe ser secreta si lo solicitan, al menos, el 10% de los asociados presentes o representados en la reunión.

Artículo 322-9. Atribuciones y delegación de funciones.

1. El órgano de gobierno está facultado con carácter general para hacer los actos necesarios para el cumplimiento de las finalidades de la asociación, salvo los que, de acuerdo con la ley o los estatutos, deban ser acordados por la asamblea general o requieran la autorización previa de esta.

2. El órgano de gobierno puede delegar sus funciones, de acuerdo con el artículo 312-1.2, si los estatutos no lo prohíben. No son delegables la formulación de las cuentas ni los actos que deban ser autorizados o aprobados por la asamblea general.

Artículo 322-10. Composición del órgano de gobierno y requisitos para ser miembro.

1. El órgano de gobierno tiene carácter colegiado. Los estatutos determinan su composición.

2. Los miembros del órgano de gobierno deben ser asociados y deben tener capacidad para ejercer sus derechos sociales.

3. Las personas inhabilitadas de acuerdo con la legislación concursal no pueden ser miembros del órgano de gobierno de las asociaciones que realizan una actividad económica mientras no haya finalizado el período de inhabilitación.

Artículo 322-12. Elección y nombramiento.

1. Los miembros del órgano de gobierno deben ser escogidos, en reunión de la asamblea general o por medio del procedimiento electoral que establezcan los estatutos, por votación de todos los asociados que estén en situación de ejercer sus derechos sociales.

2. Las candidaturas que se presenten a elección tienen derecho a comunicar su programa de actuación a los asociados antes de la fecha de la elección, así como, si esta se efectúa en asamblea general, durante la misma reunión. A tales efectos, tienen derecho a disponer de la lista de los asociados con antelación suficiente. El órgano de gobierno, a propuesta de los candidatos, debe hacer llegar a los asociados, una vez como mínimo, los programas y las demás comunicaciones que sean razonables. En los casos en que los asociados lo autoricen expresamente, el órgano de gobierno puede facilitar a los candidatos que lo soliciten el domicilio, los teléfonos y las direcciones de correo electrónico de los asociados.

3. Los integrantes de la candidatura más votada son escogidos como miembros del órgano de gobierno, salvo que los estatutos requieran una mayoría cualificada o establezcan algún otro sistema de provisión de los cargos.

4. El órgano de gobierno, si se producen vacantes durante el plazo para el que han sido designados sus miembros, puede nombrar sustitutos, los cuales ocupan el cargo hasta la siguiente reunión de la asamblea general o hasta la elección de nuevos cargos de acuerdo con los estatutos, salvo que estos establezcan otra cosa.

Artículo 322-13. Aceptación y duración del cargo.

1. Los miembros del órgano de gobierno entran en funciones una vez han aceptado el cargo para el que han sido escogidos o nombrados.

2. La aceptación del cargo para el que han sido escogidos o nombrados los miembros del órgano de gobierno debe inscribirse en el Registro de Asociaciones.

3. La duración del cargo de miembro del órgano de gobierno no puede exceder de cinco años, sin perjuicio del derecho a la reelección si no lo excluyen los estatutos.

Artículo 322-15. Deberes de elaboración de las cuentas y de transparencia.

1. El órgano de gobierno debe elaborar el presupuesto y las cuentas anuales, que deben presentarse a la asamblea general para su aprobación en el plazo que establezcan los estatutos y, como máximo, en los seis meses siguientes a la fecha de cierre del ejercicio. No es preciso elaborar cuentas anuales si la asociación puede llevar una contabilidad simplificada en aplicación del artículo 313-2.1.

2. Las asociaciones declaradas de utilidad pública deben presentar al departamento de la Generalidad competente para su inscripción, en los seis meses siguientes a la fecha de cierre del ejercicio, las cuentas anuales aprobadas, una memoria de actividades y, si procede, de acuerdo con su normativa, el informe de auditoría.

3. Las asociaciones declaradas de utilidad pública, las que reciban periódicamente subvenciones u otras ayudas económicas de las administraciones públicas y las que recorran a la captación pública de fondos como medio de financiación de sus actividades deben elaborar en todo caso las cuentas anuales y hacerlas accesibles al público.

Artículo 322-17. Responsabilidad.

1. Los miembros del órgano de gobierno responden de los daños que causen a la asociación por incumplimiento de la ley o de los estatutos o por actos u omisiones negligentes en el ejercicio de sus funciones.

2. El ejercicio de la acción de responsabilidad debe ser acordado, por mayoría simple, por la asamblea general, que puede otorgar con esta finalidad un mandato especial.

3. Un número de asociados que, conjuntamente, representen al menos el 10 % de los votos sociales o el porcentaje superior o inferior que, si procede, establezcan los estatutos puede ejercer la acción de responsabilidad, en interés de la asociación, en los siguientes casos:

a) *Si no se convoca la asamblea general solicitada para acordar el ejercicio de la acción de responsabilidad.*

b) *Si el acuerdo adoptado es contrario a la exigencia de responsabilidad.*

c) *Si la pretensión no se formula judicialmente en el plazo de un mes a contar de la adopción del acuerdo.*

4. La acción de responsabilidad en interés de la asociación prescribe a los tres años de la fecha en que los responsables cesan en el cargo.

5. La acción de responsabilidad por daños a la asociación es independiente de la que corresponda a los asociados o a terceros por actos u omisiones de los miembros de los órganos de gobierno que hayan lesionado sus derechos o intereses. Esta acción prescribe a los tres años, contados de acuerdo con lo establecido por el artículo 121-23.

6. Si la responsabilidad a que se refieren los apartados 1 a 5 no puede imputarse a una o más personas determinadas, responden todos los miembros del órgano salvo los siguientes:

a) *Los que se han opuesto al acuerdo y no han intervenido en su ejecución.*

b) *Los que no han intervenido en la adopción ni en la ejecución del acuerdo, siempre y cuando hayan hecho todo lo que era posible para evitar el daño o al menos se hayan opuesto formalmente al saberlo.*

7. La responsabilidad, si es imputable a varias personas, tiene carácter solidario.

Artículo 322-18. Cese en el cargo.

1. Los miembros del órgano de gobierno cesan en el cargo por las siguientes causas:

a) *Muerte o declaración de ausencia, en el caso de las personas físicas, o extinción, en el caso de las jurídicas.*

b) *Incapacidad o inhabilitación.*

c) *Vencimiento del cargo, salvo renovación.*

d) *Renuncia notificada al órgano de gobierno.*

e) *Separación acordada por la asamblea general.*

f) *Cualquier otra que establezcan la ley o los estatutos.*

2. La asamblea general puede acordar en cualquier momento separar de sus funciones a alguno o a todos los miembros del órgano de gobierno, con sujeción, si procede, a lo establecido por el artículo 322-5.3. El acuerdo de la asamblea general de ejercer la acción de responsabilidad determina la separación de los miembros del órgano de gobierno afectados.

Artículo 323-1. Adquisición de la condición de asociado.

1. Pueden adquirir la condición de asociados las personas con capacidad de obrar y los menores no emancipados de más de catorce años, con la asistencia de sus representantes legales. Se exceptúan las asociaciones infantiles, juveniles y de alumnos y las demás asociaciones integradas por menores, en las que se requiere capacidad natural.

2. Los menores de catorce años pueden adquirir la condición de asociados, por medio de sus representantes legales, si los estatutos no lo excluyen. Los menores con capacidad natural suficiente pueden oponerse siempre al ingreso en una asociación y darse de baja en cualquier momento.

3. Las personas jurídicas, privadas y públicas, pueden adquirir la condición de asociadas si no lo excluyen la ley ni sus estatutos. La solicitud de ingreso debe ser acordada por el órgano competente.

Artículo 323-2. Aportaciones al patrimonio de la asociación.

1. Los asociados pueden hacer aportaciones de bienes o dinero al patrimonio de la asociación, a título de dominio o de uso, y sujetarlas a las condiciones y los plazos que consideren pertinentes.

2. Los estatutos de la asociación pueden establecer que los asociados deban hacer aportaciones cuando ingresen en la misma o, si existen necesidades de financiación que lo justifiquen, en un momento posterior. Si así se establece, estas aportaciones pueden devolverse cuando, por cualquier causa, se produzca la baja del asociado que las ha hecho o cuando se disuelva la asociación.

3. Las aportaciones restituibles, tanto si se hacen con carácter voluntario como en cumplimiento de un deber estatutario, pueden devengar intereses que no superen el interés legal del dinero si así se pacta expresamente. También pueden establecerse cláusulas de estabilización del valor del dinero.

4. El reembolso, si las aportaciones son restituibles, solo se produce en la medida en que no comporte que la asociación quede en una situación de patrimonio neto negativo. El derecho a la restitución no puede hacerse efectivo hasta que se hayan aprobado las cuentas del ejercicio en el que se ha producido la baja o, en caso de disolución, las cuentas finales.

Artículo 323-5. Derecho a recibir servicios.

Los asociados tienen derecho a recibir los servicios que la asociación ofrezca en cumplimiento de sus finalidades o con carácter accesorio, de acuerdo con lo que establezcan los estatutos y hayan acordado los órganos competentes.

Artículo 323-6. Deberes de los asociados.

Los asociados tienen los siguientes deberes:

a) *Comprometerse en las finalidades de la asociación y participar en su consecución.*

b) *Contribuir a pagar los gastos de la asociación con el pago de cuotas y derramas y con las demás aportaciones económicas que establezcan los estatutos y que se aprueben de acuerdo con estos.*

c) *Respetar y cumplir los acuerdos válidamente adoptados por los órganos de la asociación.*

d) *Cumplir las demás obligaciones que establezcan los estatutos.*

Artículo 323-8. Transmisión de la condición de asociado.

La condición de asociado solo puede transmitirse si los estatutos lo establecen.

Artículo 324-1. Adopción de los acuerdos de modificación estructural y disolución.

Para adoptar los acuerdos de modificación estatutaria, transformación, fusión, escisión y disolución de una asociación, si los estatutos no lo establecen de otra forma, los asociados presentes o representados en la asamblea general deben representar al menos la mitad de los votos sociales. En este caso, la aprobación por mayoría simple es suficiente. Si no se alcanza este quórum de asistencia en primera convocatoria, se requiere una mayoría de dos tercios de los votos sociales presentes o representados en segunda convocatoria.

Artículo 324-4. Causas de disolución.

Las asociaciones se disuelven por las siguientes causas:

a) *Acuerdo de la asamblea general.*

b) *Finalización del plazo establecido por los estatutos, salvo que la asamblea general acuerde su prórroga.*

c) *Cumplimiento de la finalidad para la que se constituyó la asociación o imposibilidad de alcanzarla, salvo que la asamblea general acuerde su modificación.*

d) *Baja de los asociados, si se reducen a menos de tres.*

e) *Ilicitud civil o penal de las actividades o finalidades de la asociación, declarada por sentencia firme.*

f) *Apertura de la fase de liquidación en el concurso.*

g) *Las demás que establezcan la ley o los estatutos».*

LACV:

«Artículo 22. Derechos de las personas asociadas.

Sin perjuicio de los derechos previstos en el artículo 21 de la Ley Orgánica 1/2002, de 22 de marzo, Reguladora del Derecho de Asociación, las personas asociadas tienen derecho:

a) *A conocer los estatutos y los reglamentos y normas de funcionamiento aprobados por los órganos de la asociación. Asimismo tendrán derecho a que se les facilite copia de los estatutos vigentes y del reglamento de régimen interno de la asociación, si existiese.*

b) *A consultar los libros de la asociación en la forma establecida por los estatutos.*

c) *A transmitir tal condición, por causa de muerte o a título gratuito, cuando así lo permitan los estatutos.*

d) *Si los estatutos así lo prevén, las personas asociadas que se separen voluntariamente de la asociación podrán ser reintegradas de las participaciones patrimoniales extraordinarias que hayan efectuado a la misma siempre que no se perjudiquen los derechos de terceros.*

Artículo 23. El derecho de voto.

1. Toda persona asociada dispone de un voto en la asamblea general.

2. Los Estatutos pueden establecer sistemas de voto ponderado con criterios objetivos y sin que puedan suponer la acumulación en una única persona asociada, sea física o jurídica, de más del 25 por 100 de los votos de la Asamblea General.

3. Los estatutos podrán establecer formas de representación de las personas asociadas, de modo que cualquiera de ellas pueda autorizar a otra persona para que le represente en la toma de decisiones cumpliendo los requisitos estatutariamente previstos.

4. Los estatutos podrán admitir el voto por correspondencia o por medios electrónicos, informáticos o telemáticos, estableciendo, en su caso, los requisitos necesarios para garantizar la autenticidad y procedencia de dichos votos.

5. Las personas asociadas deberán abstenerse de votar los asuntos en que se hallen en conflicto de intereses con la asociación.

6. Los estatutos de las federaciones y confederaciones podrán adaptar el sistema de voto ponderado a su especial configuración.

Artículo 36. Competencias.

Sin perjuicio de las que figuren en los estatutos, la Asamblea General tiene las siguientes competencias:

a) *Modificar los estatutos.*

b) *Elegir y separar a los miembros del órgano de representación.*

c) *Controlar la actividad del órgano de representación y aprobar su gestión.*

d) *Aprobar el presupuesto anual y la liquidación anual de cuentas.*

e) *Acordar la disolución de la asociación.*

f) *Acordar la unión a asociaciones, la integración en federaciones o confederaciones, la separación de las mismas, así como la creación y participación en coordinadoras u otras organizaciones específicas.*

g) *Aprobar el reglamento de régimen interno de la asociación.*

h) *Ratificar las altas de asociados o asociadas acordadas por el órgano de representación y acordar con carácter definitivo las bajas de las mismas.*

i) *Solicitar la declaración de utilidad pública o de interés público de la Comunitat Valenciana.*

j) *Aprobar las disposiciones y directivas del funcionamiento de la asociación.*

k) *Cualquier otra que no corresponda a otro órgano de la asociación.*

Artículo 37. Convocatoria.

Si los estatutos no lo disponen de otro modo, el régimen de convocatorias de la asamblea general será el siguiente:

a) *Se efectuará por el órgano de representación, por propia iniciativa, o a solicitud de las personas asociadas en los términos de la letra c) de este artículo, y deberá contener, como mínimo, el orden del día, lugar, fecha y hora de la reunión en primera y segunda convocatorias.*

b) *Salvo razones de urgencia, que deberán ser ratificadas al inicio de la asamblea general, la convocatoria se comunicará, como mínimo, quince días antes de la fecha de reunión, individualmente y mediante escrito dirigido al domicilio que conste en la relación actualizada de personas asociadas, o mediante medios electrónicos, informáticos y telemáticos.*

c) *El órgano de representación convocará la asamblea general siempre que lo solicite un número de personas asociadas no inferior al 10%; en tal caso, la asamblea general se reunirá dentro del plazo de treinta días a contar desde la solicitud.*

d) *Sin perjuicio de la información que, de conformidad con los Estatutos deba remitirse a las personas asociadas en cada convocatoria, desde el momento en que se les comunique la convocatoria deberá ponerse a su disposición copia de la documentación necesaria en la forma que prevengan los Estatutos o, en su defecto, en el domicilio social.*

Artículo 38. Constitución de la asamblea general.

1. Si los Estatutos no lo disponen de otro modo, la asamblea general quedará constituida válidamente en primera convocatoria cuando concurran, presentes o válidamente representadas, al menos un tercio de las personas asociadas, y en segunda convocatoria cualquiera que sea el número de personas asociadas que concurran. La hora de la reunión en segunda convocatoria será, como mínimo, treinta minutos posterior a la fijada en primera convocatoria.

2. El orden del día se fijará por el órgano de representación o por las personas asociadas que hayan solicitado la convocatoria de la asamblea general. Los Estatutos podrán determinar los supuestos y formas en que cabrá la alteración del orden del día fijado.

3. La presidencia y secretaría de la asamblea general serán determinadas al inicio de la reunión, según lo que determinen los estatutos.

Artículo 39. Adopción de acuerdos.

Si los estatutos no lo disponen de otro modo, el régimen de adopción de acuerdos de la asamblea general será el siguiente:

a) *Los acuerdos se adoptarán por mayoría simple de las personas asociadas presentes o representadas, cuando los votos afirmativos superen a los negativos.*

b) *Sin perjuicio de lo previsto en la letra anterior, requerirán mayoría cualificada, que existirá cuando los votos afirmativos superen la mitad de los emitidos por las personas asociadas presentes o representadas, en los acuerdos relativos a la disolución de la asociación, modificación de los Estatutos, disposición o enajenación de bienes y remuneración de los miembros del órgano de representación, así como en los acuerdos sobre asuntos no incluidos en el orden del día fijado y en cualesquiera otros en que así se recoja en los propios estatutos.*

c) *En las asociaciones en las que sean miembros personas jurídicas, los estatutos podrán fijar criterios de proporcionalidad de voto ponderado, respetando siempre los principios democráticos y de representatividad que deben regir la adopción de los acuerdos.*

d) *En el caso de federaciones, confederaciones y uniones de asociaciones, el derecho de voto deberá ejercerse con arreglo a criterios objetivos, de acuerdo con la proporcionalidad de voto ponderado que se haya establecido en los Estatutos para las distintas personas asociadas, garantizando el principio de democracia interna.*

Artículo 40. Impugnación de acuerdos.

1. Los acuerdos de la asamblea general son impugnables de conformidad con la Ley Orgánica 1/2002, de 22 de marzo, y demás leyes que resulten de aplicación.

2. Las controversias derivadas de los acuerdos adoptados pueden someterse a arbitraje en los términos de la legislación vigente, si no hay disposición en contra en los estatutos.

Artículo 41. Actas de la asamblea general.

1. De las reuniones de la asamblea general se extenderá acta, en la que deben constar las personas asistentes, los asuntos tratados, tanto los incluidos en el orden del día como los que no lo estuvieran, las circunstancias de lugar y tiempo, las principales deliberaciones y los acuerdos adoptados.

2. Cualquier persona asociada tendrá derecho a solicitar la incorporación de su intervención o propuesta en el acta en la forma prevista en los estatutos.

Artículo 42. Competencia y estructura.

1. El órgano de representación gestiona los intereses de la asociación y la representa.

2. Las facultades del órgano de representación se extienden a todos los actos comprendidos en los fines de la asociación. No obstante, los estatutos pueden determinar los actos que necesitarán la autorización expresa de la asamblea general.

3. Los Estatutos establecerán la estructura del órgano de representación, así como la representatividad y facultades que pueda ostentar cada integrante del mismo.

4. Si lo permiten los Estatutos de la asociación, las personas jurídicas podrán formar parte del órgano de representación por medio de persona física que las represente y que esté especialmente facultada al efecto por el órgano que resulte competente.

Artículo 43. Funcionamiento.

1. El funcionamiento del órgano de representación se rige por lo dispuesto en los estatutos de la asociación, sin perjuicio de lo establecido en la presente ley y demás normativa de aplicación.

2. Las reuniones del órgano de representación se celebrarán a iniciativa de quien estatutariamente ostente la facultad de convocatoria o de la mayoría de sus miembros.

3. Los miembros del órgano de representación tienen el derecho y el deber de asistir y participar en sus reuniones.

4. Los miembros del órgano de representación deberán abstenerse de intervenir y de votar en los asuntos en que se hallen en conflicto de intereses con la asociación.

5. Los acuerdos del órgano de representación deben constar por escrito en la correspondiente acta, que será firmada por quien ostente las funciones de secretaría con el visto bueno de la presidencia.

Artículo 44. Elección, duración y separación del cargo.

1. Los estatutos regularán la duración del cargo, sin que el mismo pueda exceder de un plazo de cinco años, la posibilidad de reelección y el procedimiento a seguir.

2. Los miembros del órgano de representación comenzarán a ejercer sus funciones una vez aceptado el cargo para el que hayan sido designados por la asamblea general.

3. La separación de los miembros del órgano de representación será acordada motivadamente, respetando lo que puedan establecer los estatutos y, en todo caso, el derecho de audiencia que les corresponde a aquellos.

4. Las elecciones y ceses de los miembros del órgano de representación deben inscribirse en el Registro de Asociaciones de la Comunitat Valenciana a los solos efectos de publicidad.

Artículo 45. Ejercicio del cargo.

1. Los miembros del órgano de representación ejercen sus funciones de conformidad con lo establecido en la normativa general aplicable, en la presente ley y en los estatutos.

2. En todo caso, los miembros del órgano de representación tendrán derecho al anticipo y reembolso de los gastos, debidamente justificados.

Artículo 46. Delegaciones.

1. Si los Estatutos no lo prohíben, el órgano de representación puede delegar sus facultades en una o más de las personas asociadas, así como otorgar a otras personas apoderamientos generales o especiales.

2. Las delegaciones deberán ser autorizadas por la asamblea general respecto de los supuestos en los que el órgano de representación precise de autorización expresa de aquella para actuar.

3. Las delegaciones y su revocación deben inscribirse en el Registro de Asociaciones de la Comunitat Valenciana a los solos efectos de publicidad.

4. Las personas asociadas que no formen parte del órgano de representación estarán sujetas en el ejercicio de facultades delegadas al régimen de derechos y responsabilidades previsto en los estatutos para los miembros de aquel.

Artículo 47. Responsabilidades.

Quienes sean miembros del órgano de representación ejercerán sus funciones en interés de los objetivos y finalidades de la asociación según lo establecido en la presente ley y en los estatutos sociales.

Artículo 48. Documentación e impugnación de acuerdos.

1. De las reuniones del órgano de representación se extenderá acta, en la que deben constar las personas asistentes, los asuntos tratados, las circunstancias de lugar y tiempo, las principales deliberaciones y los acuerdos adoptados. Asimismo, cualquiera de los asistentes tendrá derecho a solicitar la incorporación de su intervención o propuesta en el acta en la forma prevista en los estatutos.

2. De la impugnación de los acuerdos y resoluciones del órgano de representación debe darse cuenta a la Asamblea General para su ratificación o revocación.

Artículo 50. Causas de disolución de la asociación.

Las asociaciones sobre las que la Generalitat ostenta competencias se disolverán por las causas establecidas en el artículo 17 de la Ley Orgánica 1/2002, de 22 de marzo, Reguladora del Derecho de Asociación, y por las siguientes:

a) *Cuando concurra cualquier causa establecida en los Estatutos.*

b) *Por baja de las personas asociadas, de forma que queden reducidas a menos de tres.*

c) *Cuando concurra cualquier otra causa legal.*

d) *Por sentencia judicial firme.*

Artículo 52. Liquidación.

1. La disolución de la asociación determinará la apertura del procedimiento de liquidación, hasta cuyo término la asociación conservará su personalidad jurídica.

2. El procedimiento de liquidación corresponde al órgano de representación, cuyos miembros se convertirán en liquidadores, salvo que los estatutos de la asociación establezcan otra cosa o sean designados otros para ello por la asamblea general o por la resolución judicial que acuerde la disolución.

3. Salvo que los estatutos lo dispongan de otro modo, se aplicarán a los liquidadores las previsiones relativas al órgano de representación, en tanto sean conformes con el objeto de liquidación.

4. El patrimonio sobrante, constituido por todos los bienes y derechos que lo integran conforme a lo que resulte del balance de liquidación, se aplicará a los fines o entidades públicas o privadas sin ánimo de lucro previstos en los estatutos y en la forma que acuerde la asamblea general.

5. En el supuesto de que los estatutos o el acuerdo de disolución no concreten de manera singularizada la entidad receptora del remanente, este se asignará a asociaciones u otras entidades sin ánimo de lucro que lleven a cabo finalidades semejantes o análogas a las de la asociación disuelta y en su misma localidad o en la Comunitat Valenciana».

LAPV:

«Artículo 15. Órganos necesarios de las asociaciones.

1. Serán órganos necesarios de las asociaciones:

a) *La Asamblea General: es el órgano supremo de gobierno de la asociación, integrado por todas las personas asociadas.*

b) *El presidente o la presidenta de la asociación: es el órgano de representación de la asociación, y, salvo previsión estatutaria en contrario, presidirá también la Asamblea General, así como el órgano de gobierno colegiado, en caso de que éste se constituya por la entidad asociativa.*

c) *El secretario o la secretaria de la asociación: con facultad certificante y salvo previsión estatutaria expresa en contrario, ejercerá sus funciones en la asamblea general, así como en las reuniones del órgano de gobierno colegiado, en caso de que éste se constituya por la entidad asociativa.*

d) *El tesorero o la tesorera de la asociación: se encargará de la custodia de los recursos económicos y de la llevanza y cumplimiento de las obligaciones presupuestarias y contables establecidos en la presente ley y demás normas que sean de aplicación a las asociaciones. La función de tesorería podrá ser desempeñada por el secretario o la secretaria de la asociación.*

2. Los estatutos podrán prever la existencia de un órgano colegiado de gobierno que, con el nombre de Junta Directiva u otros análogos, desempeñará funciones de gobierno y gestión de la asociación.

3. Los estatutos podrán prever también otros órganos, con las funciones que se les atribuya, pero en ningún caso se les podrá encomendar las que la presente ley confiere a la Asamblea General.

Artículo 16. Asamblea General.

1. La Asamblea General es el órgano soberano y de expresión de la voluntad de la asociación, integrado por las personas asociadas, que adopta sus acuerdos por el principio mayoritario o de democracia interna, según lo establecido en sus estatutos. Los estatutos de la asociación podrán establecer la participación en la Asamblea General de terceras personas, no asociadas, que colaboren en las actividades de la entidad.

2. En los estatutos se podrá regular libremente el funcionamiento interno de la Asamblea General, que en todo caso deberán respetar el contenido del presente artículo. La Asamblea General se reunirá en sesiones ordinarias y extraordinarias. Deberá ser convocada en sesión ordinaria al menos una vez al año, y podrá reunirse en sesión extraordinaria cuando lo decida el órgano de gobierno o cuando lo solicite el porcentaje de personas asociadas que se determine en los estatutos y, en todo caso, para adoptar los acuerdos de modificación estatutaria y disolución de la asociación.

3. Corresponde con carácter exclusivo a la Asamblea General la adopción de los siguientes acuerdos:

a) *El examen y la aprobación de las cuentas anuales y del presupuesto del ejercicio siguiente.*

b) *La modificación de estatutos.*

c) *La disolución de la asociación.*

d) *La elección y el cese del presidente o la presidenta, del secretario o la secretaria, del tesorero o la tesorera y, si lo hubiere, de los demás miembros del órgano de gobierno colegiado, así como su supervisión y control.*

e) *Los actos de federación y confederación con otras asociaciones, o el abandono de alguna de ellas.*

f) *La aprobación de la disposición o enajenación de bienes inmuebles.*

g) *El acuerdo de remuneración de los miembros del órgano de gobierno, en su caso.*

h) *La fijación de las cuotas ordinarias o extraordinarias, si bien esta facultad puede ser delegada por la Asamblea General al órgano de gobierno mediante acuerdo expreso.*

i) *La adopción del acuerdo de separación definitiva de las personas asociadas.*

j) *Cualquier otra competencia que los estatutos atribuyan a la Asamblea General.*

Artículo 17. El órgano de gobierno.

1. La asociación debe disponer en todo caso de un órgano de gobierno, que puede ser bien su presidente o presidenta, bien un órgano colegiado con el nombre de Junta Directiva u otros análogos, o bien la propia Asamblea General constituida como tal órgano de gobierno.

2. Sin perjuicio de otras facultades que se le puedan atribuir en los estatutos, corresponde al órgano de gobierno la dirección y gestión ordinaria de la asociación, de acuerdo con las directrices de la Asamblea General y bajo su supervisión y control.

3. Sólo podrán formar parte del órgano de gobierno las personas asociadas. El cargo de miembro del órgano de gobierno se asumirá cuando, una vez designado por la Asamblea General, se proceda a su aceptación o toma de posesión.

4. Para ser miembro del órgano de gobierno, y sin perjuicio de otros requisitos que se puedan establecer en los estatutos, serán requisitos indispensables: ser mayor de edad, estar en pleno uso de los derechos civiles y no estar incurso en los motivos de incompatibilidad establecidos en la legislación vigente. No podrán ser miembros de dicho órgano las personas concursadas y las inhabilitadas para el ejercicio de cargos públicos o privados. Cuando la Asamblea General se haya constituido como órgano de gobierno, las funciones de dirección y gestión sólo podrán ejercerse por las personas asociadas que cumplan los requisitos fijados en este apartado.

Artículo 19. Retribución de los órganos de representación y gobierno.

1. Para que el presidente o la presidenta o, en su caso, demás miembros del órgano de gobierno colegiado puedan recibir retribuciones en función del cargo, deberá preverse expresamente en los estatutos. La Asamblea General acordará la cuantía, duración y demás extremos referentes a la retribución, lo cual deberá reflejarse en las cuentas anuales.

2. Asimismo, la Asamblea General, sin necesidad de previsión expresa en los estatutos, podrá establecer el abono de dietas y gastos justificables para los miembros de los órganos de representación y gobierno, así como para cualquier persona asociada.

3. En los términos y condiciones que se determinen en los estatutos, los miembros de los órganos de representación y gobierno podrán recibir una retribución adecuada por la realización de servicios diferentes a las funciones que les corresponden como miembros de dichos órganos.

Artículo 20. Régimen de actividades.

Para el cumplimiento de sus fines las asociaciones podrán:

a) *Desarrollar actividades económicas de todo tipo, encaminadas a la realización de sus fines o a allegar recursos con ese objetivo.*

b) *Adquirir, poseer y disponer de bienes de todas clases y por cualquier título, así como celebrar actos, contratos y negocios jurídicos de todo género. La aceptación de herencias y legados se hará a beneficio de inventario.*

c) *Cooperar con las instituciones públicas en el diseño, ejecución y evaluación de políticas sectoriales y programas de actuación, así como celebrar convenios de colaboración con las administraciones públicas.*

d) *Ejercitar toda clase de acciones conforme a las leyes y los estatutos.*

Artículo 22. Recuperación de aportaciones patrimoniales.

No obstante lo señalado en el artículo anterior, los estatutos podrán establecer que, en caso de disolución de la asociación o de separación voluntaria de una persona asociada, ésta pueda percibir la participación patrimonial inicial u otras aportaciones económicas realizadas, sin incluir las cuotas de pertenencia a la asociación que hubiese abonado, con las condiciones, alcance y límites que se fijen en los estatutos.

Ello se entiende siempre que la reducción patrimonial no implique perjuicios a terceros.

Artículo 24. Adquisición de la condición de persona asociada.

1. Las personas fundadoras que constituyen la asociación adquieren la condición de personas asociadas desde la firma del acta de constitución. Podrá otorgarse a dicha acta carácter de carta fundacional, en cuyo caso los estatutos fijarán el plazo para que otras personas puedan adquirir también posteriormente el carácter de persona asociada fundadora.

2. Los estatutos establecerán las condiciones y requisitos para la admisión de personas asociadas. La integración en una asociación requiere la previa aceptación por el órgano competente que determinen los estatutos.

Artículo 25. Modalidades de personas asociadas.

1. Los estatutos podrán establecer las diferentes modalidades de personas asociadas, con derechos y obligaciones diferenciados.

2. Entre otras, se pueden establecer las siguientes modalidades de personas asociadas:

a) *Personas que disfrutan de todos los derechos y están sujetas a todas las obligaciones: — Fundadoras: personas que suscriben el acta de constitución. — De número: personas pertenecientes a asociaciones cuyo número de miembros está limitado en los estatutos. — Ordinarias: el resto de las personas asociadas no incluidas en las dos categorías anteriores. — Voluntarias: personas asociadas que aportan una dedicación voluntaria estable o una colaboración personal desinteresada y duradera; puede haber personas voluntarias que colaboran con la asociación y que, sin embargo, no están asociadas a ella.*

b) *Personas cuyos derechos y obligaciones están limitados en los estatutos: — Protectoras: personas que aportan principalmente medios económicos a la asociación. — Honorarias: personas así designadas en atención a las cualidades, méritos y circunstancias que, a juicio de la asociación, concurren en ellas. — Juveniles: personas asociadas que, siendo mayores de 14 años, necesitan para su ingreso el consentimiento documentalmente acreditado de las personas que deban completar su capacidad; aunque pueden tener derecho de voz y voto en las asambleas generales, no podrán asumir cargos directivos. — Infantiles: personas menores de 14 años, sin perjuicio de que el ejercicio de sus derechos y obligaciones asociativas corresponderá a sus representantes legales.*

3. La condición de persona asociada es intransmisible salvo que los estatutos contengan previsiones en sentido contrario.

Artículo 26. Derechos de las personas asociadas.

1. Toda persona asociada ostenta, como mínimo, los siguientes derechos, que deberán ejercitarse de acuerdo con lo establecido en los estatutos de la asociación:

a) *Ejercer el derecho al voto. Toda persona asociada dispone, como mínimo, de un voto en la Asamblea General y en los procesos electorales.*

b) *Participar en las actividades de la asociación.*

c) *Ser convocada a las asambleas generales, asistir a ellas y participar en sus debates.*

d) *Ser informada acerca de la composición de los órganos de gobierno y representación de la asociación, de su estado de cuentas y del desarrollo de su actividad.*

e) *Acceder al libro de socios, libro de actas y libro de cuentas de la asociación, en los términos previstos en la normativa de protección de datos de carácter personal.*

f) *Ejercer el sufragio activo y pasivo respecto a cualquier cargo de la asociación.*

g) *Darse de baja en cualquier momento, sin perjuicio de los compromisos adquiridos pendientes de cumplimiento.*

h) *Impugnar los acuerdos adoptados por la asociación y exigir la responsabilidad a que hubiere lugar.*

i) *Ser oída con carácter previo a la adopción de medidas disciplinarias contra ella y ser informada de los hechos que den lugar a tales medidas, debiendo ser motivado el acuerdo que, en su caso, imponga la sanción.*

2. Los estatutos podrán contemplar un régimen de representación o delegación del derecho de voto, así como el voto por correspondencia.

3. Los estatutos podrán establecer un sistema de voto ponderado o cualificado.

Artículo 27. Deberes de las personas asociadas.

Son deberes de las personas asociadas los siguientes:

a) *Compartir las finalidades de la asociación y colaborar para su consecución.*

b) *Pagar las cuotas, derramas y otras aportaciones que, con arreglo a los estatutos, puedan corresponder a cada socio.*

c) *Cumplir el resto de las obligaciones que resulten de los estatutos.*

d) *Acatar y cumplir los acuerdos válidamente adoptados por los órganos de gobierno de la asociación.*

Artículo 30. Disolución

Son causas de disolución de la asociación:

a) *La simple voluntad de las personas asociadas, expresada mediante acuerdo adoptado por la Asamblea General.*

b) *El cumplimiento del plazo o condición fijados en los estatutos.*

c) *La absorción o fusión con otras asociaciones.*

d) *La falta del número mínimo de personas asociadas legalmente establecido, sin perjuicio de que los estatutos puedan prever un plazo para completarlo. Dicho plazo nunca podrá exceder de un año, a contar desde que se produjera la última baja.*

e) *La resolución judicial firme por la que se acuerda la disolución de la asociación.*

f) *La imposibilidad de cumplimiento de los fines sociales.*

g) *Cualquier otra causa de disolución prevista en los estatutos.*

Artículo 31. Liquidación.

1. La disolución abre el proceso de liquidación, pero, hasta que concluya ésta, la asociación conservará su personalidad jurídica.

2. Los estatutos podrán regular el régimen de designación de los liquidadores. En ausencia de previsión estatutaria al efecto, será la Asamblea General la que los designe en el acuerdo de disolución. En defecto de los dos supuestos anteriores, serán liquidadores los miembros del órgano de gobierno.

Artículo 34. Destino del patrimonio sobrante.

1. El patrimonio sobrante, constituido por todos los bienes y derechos que lo integran conforme a lo que resulte del balance de liquidación, se aplicará a los fines o entidades públicas o privadas sin ánimo de lucro previstos en los estatutos y en la forma que acuerde la Asamblea General.

2. En el supuesto de que los estatutos o el acuerdo de disolución no concreten de manera singularizada la entidad receptora del remanente, éste se asignará a asociaciones u otras entidades sin ánimo de lucro que lleven a cabo finalidades semejantes o análogas a las de la asociación disuelta y en su misma localidad, en su mismo territorio histórico o en la Comunidad Autónoma».

Como apuntábamos, de este amplio conjunto de preceptos, algunos de similar naturaleza, se puede tomar todo un cuerpo normativo adicional que contribuya a un mayor detalle estatutario.

3.3. OTROS CONTENIDOS OPCIONALES: LAS MODIFICACIONES ESTRUCTURALES

Las modificaciones estructurales se vienen a definir como aquellas alteraciones que van más allá de las simples modificaciones estatutarias para afectar a la estructura patrimonial y personal de la entidad, comprendiendo la transformación, la fusión y la escisión. La transformación da lugar a la existencia de una nueva entidad pero conservando la personalidad jurídica. La fusión supone que dos o más entidades se integran en una sola, extinguiéndose las precedentes, con la transmisión en bloque de los respectivos patrimonios sociales a la nueva entidad, que adquiere por sucesión universal los derechos y obligaciones de las disueltas. Y la escisión supone la disolución de la entidad y su consiguiente división en dos o más.

Todos estos procesos no eran ni son ajenos a la práctica y dinámica de las asociaciones comunes, cuyo conjunto es ciertamente complejo. No obstante esto, la LODA no sólo se presentó como una ley de mínimos sino que se dictó desde un total desconocimiento de la realidad de las asociaciones de inicios del siglo XXI, y de sus muchas necesidades de organización y funcionamiento, que alcanzan a las citadas modificaciones estructurales, atendidas en la actualidad por los socios con la única referencia de la legislación mercantil. El posterior RRNA sólo pudo prever el reflejo registral de estas situaciones pero obviando cualquier cuestión sustantiva por ser propia del derecho civil reservado a la ley.

Sentado lo anterior, y centrándonos en el terreno que nos ocupa, cabe decir, por un lado, que la «escisión» es infrecuente entre las asociaciones generales[147], y por otro, que la «transformación», más habitual, sí podría tener una mínima constancia en los estatutos.

En nuestro ámbito y conforme a la legislación estatal, la transformación se desdobla en dos situaciones: a) el cambio que se produce cuando una asociación común autonómica pasa a ser estatal o viceversa; y b) el cambio de dicha asociación común, estatal o autonómica, que por adoptar otro régimen jurídico-asociativo específico pasa a ser una asociación especial, ya sea de tipo sindical, empresarial, político o religioso, y viceversa[148]. Al margen de que la omisión en los estatutos no impediría dicha transformación en cualquier momento, con el solo requisito de ser aprobada por la asamblea general, nada obsta a que los promotores y socios puedan establecer un concreto procedimiento para tramitar y aprobar estos cambios, con señalamiento de concretas mayorías, y consiguiente alteración de los estatutos precedentes[149].

Aunque, como se ha dicho, la legislación estatal no la contempla, la realidad nos ofrece numerosos y frecuentes supuestos de la otra importante modificación estructural, la «fusión» entre asociaciones[150].

---

147. Para aquellas asociaciones que quieran contemplar este supuesto en los estatutos, pueden tomar como referencia regulatoria el artículo 314-2 LACat.

148. Artículo 46.1 RRNA: «Las entidades inscritas en el Registro Nacional de Asociaciones solicitarán su baja en el mismo por reducción del ámbito territorial de actuación o por cambio de régimen jurídico, en el plazo previsto en el artículo 37.1, contado desde la adopción del respectivo acuerdo de modificación de estatutos».

149. En el ámbito autonómico puede verse el artículo 36 LAPV. En el caso de Cataluña se permite la transformación en otra persona jurídica no lucrativa, que puede ser otra asociación o bien una fundación (artículos 314-3 y 324-3 LACat).

150. La ya comentada Resolución del Parlamento Europeo de 17 de febrero de 2022 proponía la adopción de una directiva con criterios comunes a las asociaciones de la UE, en cuyo artículo

Son tan importantes las consecuencias que tienen estos procesos para la entidad misma y para los socios, pues aquella puede quedar extinguida y los socios integrados en otra asociación, e incluso para eventuales trabajadores, que consideramos del mayor interés la regulación estatutaria de los distintos tipos de fusión, el órgano competente para acordarla (la asamblea general) y sus consecuencias jurídicas. Por ello, en el modelo de estatutos que se incorpora como Anexo, recogemos las reglas que consideramos esenciales para este tipo de operaciones, residenciando en la junta directiva el deber de preparar un proyecto e informe de fusión, ya sea por integración o por absorción, en los que se recojan los aspectos jurídicos y económicos de la misma, atribuyendo la aprobación a la asamblea general por mayoría cualificada e indicando los correspondientes efectos.

Para su mero traslado registral, cuando de asociaciones estatales se refiere, el artículo 27 RRNA indica lo siguiente:

> *«1. Las asociaciones inscritas en el Registro Nacional de Asociaciones podrán fusionarse, ya sea mediante la constitución de una nueva por dos o más, o mediante la absorción de una o varias por otra ya existente.*
>
> *2. La fusión dará lugar a la práctica de un asiento de inscripción que expresará: a) Si se trata de la creación de una nueva asociación, los mismos datos que los previstos para la constitución de asociaciones y, además, la fecha del acuerdo de fusión. b) Si se trata de un supuesto de absorción, se hará constar en la hoja registral de la asociación absorbente la fecha del acuerdo de fusión.*
>
> *3. En todo caso, el Registro procederá a cancelar los asientos y al cierre definitivo de las hojas registrales correspondientes a las asociaciones que se extingan».*

Las leyes de asociaciones de las Comunidades Autónomas que se aprobaron con posterioridad a la LODA tenían acaso menos justificación para eludir la regulación de la fusión de las asociaciones, bien por unión o bien por absorción, con las significativas excepciones de País Vasco y Cataluña. Estimamos, por ello, del máximo interés reproducir los respectivos preceptos a modo de guía, y desde nuestro consejo de tomar en consideración estas disposiciones para incorporarlas a los estatutos con el alcance que se determine por sus redactores.

11.2 venía a exigir el siguiente contenido estatutario: «g) los procedimientos aplicables para disolver la organización o fusionarla con otra organización sin ánimo de lucro». Tal disposición revelaba la importancia de los supuestos de fusión y los procedimientos para acordarlos, los cuales, curiosamente, no han merecido atención alguna en la derivada Propuesta de Directiva del Parlamento Europeo y del Consejo, relativa a las asociaciones transfronterizas europeas de 2023. Entendemos que tan relevante cuestión se podrá recuperar durante el proceso de negociación, sobre todo porque, en parte, esta propuesta de norma se inspira en el derecho de sociedades. De hecho, en el informe del ponente de la Comisión de Asuntos Jurídicos del Parlamento Europeo de 21 de noviembre de 2023, se propone, vía enmienda, un nuevo artículo 17.bis sobre fusión entre ECBAs, remitiendo indirectamente a los estatutos su regulación.

El artículo 35 LAPV («Fusión de asociaciones») establece:

«*1. Las asociaciones podrán fusionarse, ya sea mediante la constitución de una nueva por dos o más de ellas, ya sea mediante la absorción de una o varias por otra ya existente.*

2. Los actos de fusión requieren la celebración de asamblea general extraordinaria expresamente convocada con este fin por parte de las asociaciones interesadas. El quórum de asistencia y régimen de mayorías de dicha asamblea serán los previstos para la disolución de la asociación.

3. En los procesos de fusión no se requiere la fase de liquidación y se produce un traspaso universal de bienes, derechos y obligaciones a la nueva asociación creada o a la asociación absorbente. Los estatutos podrán desarrollar los requisitos y el procedimiento de la fusión.

4. El acuerdo de fusión será comunicado al Registro General de Asociaciones del País Vasco, que cancelará de oficio los asientos de las asociaciones fusionadas o de la asociación o asociaciones absorbidas».

Por su parte, el artículo 314-1 LACat («Fusión»)[151] constituye un verdadero ejemplo de normación y, de paso, de respeto y conocimiento real de lo que son y representan las asociaciones. En concreto, dispone:

«*1. Dos o más personas jurídicas pueden fusionarse por medio de la extinción de las entidades fusionadas y la constitución de una nueva persona jurídica, o bien por medio de la absorción de una o varias personas jurídicas por otra. Los patrimonios de las entidades fusionadas o absorbidas se transmiten en bloque a la entidad resultante de la fusión o a la absorbente, que los adquieren por sucesión universal.*

2. Los órganos de gobierno de las personas jurídicas que pretenden fusionarse deben redactar un proyecto de fusión, que debe contener al menos:

a) *La denominación y el domicilio de las entidades participantes en la operación y, si procede, de la persona jurídica que deba constituirse.*

b) *El texto íntegro de los estatutos de la persona jurídica resultante de la fusión o las modificaciones que deban introducirse en los estatutos de la entidad absorbente.*

c) *La fecha a partir de la cual debe considerarse que las operaciones de las personas jurídicas que se extingan por razón de la fusión están hechas, a efectos contables, por la persona jurídica a la que transmiten el patrimonio.*

3. El proyecto de fusión debe ir acompañado del balance de fusión, de un informe elaborado por el órgano de gobierno de la entidad que debe acordarla, en el que se justifiquen los aspectos jurídicos y económicos de la fusión, y de los demás documentos que, para cada caso, establezca la ley. Puede considerarse balance de fusión el último balance anual aprobado si se ha cerrado dentro de los seis meses anteriores a la fecha en que se ha previsto adoptar el acuerdo de fusión. En caso contrario, debe

151. Este precepto se dirige a asociaciones y fundaciones.

elaborarse un balance específico de fusión, cerrado dentro de los tres meses anteriores al día de aprobación del proyecto de fusión. En ambos casos, si se han producido modificaciones importantes del valor real del patrimonio después de la fecha de cierre del balance de fusión, el órgano de gobierno ha de informar de ello al órgano que debe adoptar o aprobar el acuerdo de fusión.

4. El acuerdo de fusión debe ser adoptado por el órgano soberano de cada una de las entidades que pretendan fusionarse y debe ajustarse al proyecto de fusión. Los documentos a que se refiere el apartado 3 deben estar a disposición de los integrantes de los órganos que deben acordar la fusión y, si existen, de los representantes de los trabajadores, para que puedan examinarlos en el domicilio de la respectiva persona jurídica al menos con un mes de antelación respecto a la reunión en que deba acordarse la fusión.

5. El acuerdo de fusión debe publicarse en el Diari Oficial de la Generalitat de Catalunya y en dos periódicos de máxima difusión en la provincia o comarca donde las personas jurídicas que se fusionan tengan su domicilio, y debe expresar el derecho de los acreedores de estas personas jurídicas a obtener el texto íntegro del acuerdo y a oponerse al mismo.

6. La fusión no puede ejecutarse antes de un mes a contar de la publicación a que se refiere el apartado 5. Durante este plazo, los titulares de créditos contra las entidades que se pretenden fusionar, si los créditos han nacido antes de la publicación y no están suficientemente garantizados, pueden oponerse a los mismos por escrito. En caso de oposición, la fusión no puede surtir efecto si no se satisfacen totalmente los créditos o no se aportan garantías suficientes.

7. Lo establecido por los apartados 2 a 6 no es de aplicación a las operaciones de fusión o absorción de las asociaciones y fundaciones que, en la fecha de cierre del ejercicio económico, puedan llevar un régimen simplificado de contabilidad. En el caso de las asociaciones, el acuerdo de fusión o absorción debe ser adoptado por la asamblea general de cada una de las entidades implicadas. En el caso de las fundaciones, el acuerdo de fusión o absorción debe ser motivado y debe ser adoptado por los patronatos de todas las fundaciones interesadas, debe formalizarse en escritura pública, salvo en caso de resolución judicial, y debe ser autorizado por el protectorado».

3.4. LÍMITES

Que la LODA permita completar el contenido mínimo de los estatutos e incluso añadir otros contenidos, no quiere decir que los promotores y socios tengan libertad absoluta para ello. El artículo 7.2 establece que esas otras disposiciones serán posibles «*siempre que no se opongan a las leyes ni contradigan los principios configuradores de la asociación*».

Hay, por tanto, dos límites, externo e interno, que constriñen el criterio de autorregulación asociativa. El primero viene constituido por el respeto a las leyes, y el segundo por observar los principios configuradores de la propia asociación.

El cumplimiento del ordenamiento jurídico no ofrece dudas, pero lo segundo no es de fácil comprensión. Poco o nada se ha dicho sobre qué debe entenderse por principios configuradores no del derecho de asociación[152] sino de la concreta asociación que se crea, y pudiera entenderse que tales principios están directamente relacionados con los principales elementos diferenciadores de la asociación (nombre, fines y actividad) de forma que ese eventual contenido agregado en ningún caso discrepe de los mismos, y que, por ejemplo, si estamos ante una asociación cultural tendente a la promoción de la música clásica no se añada a los estatutos nada relativo a la defensa de los bosques o a la reinversión de los recursos económicos en el fomento de la calidad de la edificación. Este artículo 7.2 LODA, en realidad, ofrece un fundamento para evitar que el uso desmesurado de la libertad autonormativa de las asociaciones pueda desfigurar el cuerpo principal de los estatutos constituido por el contenido preceptivo previsto en el artículo 7.1, o para evitar discordancias notables.

Por ello, recomendamos a promotores y socios que en caso de añadir un contenido *extra* a los estatutos comprueben que no se opone al ordenamiento jurídico, que no resulta incompatible con el contenido mínimo preceptivo y que no es intrínsecamente incoherente desde una visión global y sistemática del texto.

4. DOCUMENTACIÓN COMPLEMENTARIA DE LOS ESTATUTOS: AUTORIZACIONES

Al referirnos al contenido obligatorio de los estatutos ya vimos cómo dos determinaciones como son la «denominación» y el «domicilio» podían requerir autorización previa de los respectivos titulares, ya fueran personas físicas o jurídicas (artículos 18 y 23 RRNA). Es muy conveniente que las asociaciones conserven estos documentos autorizatorios, a disposición de los propios socios y de terceros, pero sobre todo para su aportación al registro de asociaciones competente para la inscripción. En estos supuestos de uso de nombre y local permitidos por otros, los estatutos aparecerían incompletos si no se ligan formalmente a tales autorizaciones.

152. El artículo 2.5 LODA establece que serán nulas las disposiciones estatutarias que desconozcan cualquiera de los aspectos del derecho fundamental de asociación, pero no es esto lo que recoge el artículo 7.2 *in fine*.

Capítulo tercero

Marco registral. La inscripción y publicidad de los estatutos

SUMARIO: 1. EL REGISTRO DE ASOCIACIONES: CONCEPTO Y CLASES. *1.1. Concepto. 1.2. Clases.* 2. EL REGISTRO DE LAS ASOCIACIONES: DERECHO Y DEBER CONSTITUCIONAL. 3. LOS PROMOTORES Y ACTUACIONES PRECISAS PARA LA INSCRIPCIÓN. *3.1. Concepto de promotor. 3.2. Relación electrónica con el Registro. 3.3. Documentación admitida a registro.* 4. LAS FACULTADES DEL REGISTRO. *4.1. La función de calificación registral. 4.2. El procedimiento registral.* 5. TIPOS DE INSCRIPCIÓN. *5.1. Inscripción primera de los estatutos originales. 5.2. Inscripción de los estatutos modificados. 5.3. Inscripción de los estatutos adaptados.* 6. LA PUBLICIDAD DE LOS ESTATUTOS. 7. EFECTOS DE LA INSCRIPCIÓN Y DE LA NO INSCRIPCIÓN. *7.1. Asociaciones inscritas. 7.2. Asociaciones no inscritas.*

Al inicio de esta obra comenzábamos diciendo que las asociaciones extrarregistrales son entidades condenadas a languidecer y desaparecer con el tiempo. En efecto, como veremos al final, son muchos los beneficios que proporciona el registro público, consustanciales a la existencia y permanencia misma de unas entidades que, en general, necesitan de ciertas ventajas de orden jurídico y económico. Sin embargo, no siempre las asociaciones consiguen el éxito de la inscripción registral y con ella el depósito y publicidad de los estatutos, por lo que consideramos de gran interés para los promotores y socios los contenidos que se exponen seguidamente.

1. EL REGISTRO DE ASOCIACIONES: CONCEPTO Y CLASES

1.1. CONCEPTO

En origen el registro de asociaciones fue un negociado del respectivo Gobierno Civil, que practicaba los asientos en libros y junto a éstos conservaba el correspondiente protocolo. Este sencillo esquema registral de la Ley de Asociaciones de 1887 no experimentaría grandes variaciones, hasta el punto de mantenerse en la Ley de Asociaciones de 1964. Una ley que no definió el registro, como tampoco su normativa de desarrollo, que sólo incidía en la localización de los distintos registros creados[153].

Poco tiempo después de aprobarse la Ley de 1964, en el Boletín de Documentación del Ministerio de la Gobernación apareció un trabajo que definió al registro de asociaciones como «*instrumento general de publicidad en materia de asociaciones que estando organizado administrativamente sobre una doble base provincial y nacional, y teniendo por objeto las personas jurídicas de base asociacional que se constituyan cualquiera que sea el régimen general o especial de las mismas, persigue finalidades político-administrativas de control y fiscalización y —en su caso— jurídico-privadas de eficacia y protección para terceros*»[154]. Al mismo tiempo se señaló que entre las distintas concepciones de registro destacan la protocolar (conjunto de libros) y la orgánica (oficina pública) pero que, al margen de criterios organicistas, en la materia que nos ocupa el criterio protocolar es el fundamental, llegándose a definir el registro de asociaciones como «*el conjunto de libros oficiales en que se consignan unos datos legislativamente determinados referentes a la vida jurídica de las asociaciones, a fin de guardar memoria de los mismos*»[155].

Cualquiera que fuera el enfoque, es claro que el registro de asociaciones presentaba una naturaleza mixta al ser un órgano al mismo tiempo de control administrativo y de publicidad, en el que, no obstante, pesaba más el primer aspecto.

Después de la Constitución de 1978 la proclamación del principio de libertad de asociación hizo que los registros ya sólo quedaran como instrumentos de publicidad, sin perjuicio de sus múltiples efectos sobre el derecho de asociación y sobre las asociaciones mismas.

La LODA no fue mucho más allá de declarar su preceptiva existencia, siendo las normas reglamentarias las que, en el ámbito estatal, lo delimitaron conceptualmente. El Real Decreto 1497/2003, de 28 de noviembre, se refirió al Registro Nacional de Asociaciones diciendo que «*radicará en Madrid y tendrá carácter unitario para todo el territorio del Estado. Estará bajo de la dependencia orgánica del Ministerio del Interior, como unidad administrativa adscrita a la Secretaría General Técnica del Departamento*» (artículo 29). Y en la misma línea, el RRNA lo ha definido como «*registro público, administrativo y único para todo el territorio*

153. Artículo 1º de la Orden de 10 de julio de 1965, por la que se regula el funcionamiento de los Registros de Asociaciones: «De acuerdo con el artículo sexto, apartado 1, del Decreto 1440/1965, de 20 de mayo, el Registro Nacional de Asociaciones radicará en la Dirección General de Política Interior del Ministerio de la Gobernación, y los Registros provinciales, en la Jefatura Superior de Policía el correspondiente a la provincia de Madrid y en los Gobiernos Civiles los de las restantes provincias».

154. Cfr. BLANCO RUIZ, J.F., «El Registro de Asociaciones: concepto, principios dominantes y efectos», *Boletín de Documentación, Ministerio de la Gobernación*, núm. 46, 1967, pág. 23.

155. Vid. LLUÍS Y NAVAS, J., op. cit., págs. 301 y 302.

del Estado. El órgano encargado de su gestión tiene su sede en Madrid y depende de la Secretaría General Técnica del Ministerio del Interior» (artículo 3).

En el ámbito autonómico, las leyes dictadas por las Comunidades Autónomas con competencias propias, únicamente se refieren al registro de asociaciones como «registro público».

De todo lo anterior se desprende que, desde el punto de vista del derecho positivo, los registros de asociaciones están configurados como registros públicos de naturaleza administrativa.

No es este el momento para hablar de la controvertida distinción entre «registros jurídicos» (artículo 148.1.8ª CE) y «registros administrativos» (artículo 105.b) CE), que los separa diciendo, en esencia, que los registros jurídicos (registro civil, registro mercantil o registro de la propiedad) son oponibles mientras que los registros administrativos son informativos. La realidad es que, en muchos casos, las características se entremezclan en un mismo registro, como sería el caso del registro de asociaciones, hasta el punto, en este supuesto, de aproximarse más a lo que significa un registro jurídico.

Antes, durante y después de la LODA, la doctrina ya apuntó esta tendencia de considerar al registro de asociaciones como un verdadero «registro jurídico-público».

Antes de 2002 se dijo que: «*Las consideraciones que anteceden nos llevan por derecho a poner en relación el problema expuesto con los dos tipos o modalidades de Registros existentes. Existen Registros que, como el de la Propiedad o el Mercantil, se montan exclusivamente por y para la seguridad del tráfico inmobiliario y mercantil, por lo que no sólo despliegan amplios efectos constitutivos… y habilitan a los responsables de su llevanza para ejercer una amplia y delicada función calificadora previa, sino que la Ley les coloca en permanente situación de disponibilidad frente al público, a cuyo servicio exclusivo están, de modo que sólo lo que a él le interesa se inscribe y a cualquiera se le permite consultarlos personalmente o por medio de certificaciones expedidas a su instancia. Frente a tales registros, calificados muy expresivamente de jurídicos y de públicos, existen otros denominados administrativos y que se caracterizan por el uso limitado o nulo que de su contenido informativo se puede hacer por parte de los terceros interesados o del público en general… En este caso habría que incluir el actual Registro de Asociaciones cuya apertura al público no es, ni mucho menos, indiscriminada. Pues bien, parece claro que la determinación "a los solos efectos de publicidad" impuesta a la inscripción registral por el artículo 22.3 de la Constitución, está queriendo recoger y expresar la idea expuesta, a saber, que el Registro de Asociaciones deberá configurarse, cara al futuro, más como un Registro Jurídico-Público que como un Registro Administrativo o de control interno sobre las asociaciones, por lo que los datos informativos que a sus asientos se incorporen deberán ser precisamente aquellos que exija la "publicidad" debida a los terceros y al público que, por unas u otras razones, puedan entablar relación jurídica con la asociación»* [156].

Durante la tramitación del proyecto LODA, se propusieron mejoras a distintos aspectos del texto, entre ellas, la constitución de las asociaciones a través de escritura pública, al igual que para las fundaciones, dando por sentado el carácter jurídico del registro previsto en el proyecto: «*hay una tendencia generalizada en la regulación moderna de las personas jurídicas que exige, como contraprestación a la limitación de responsabilidad de los asociados, que la constitución se haga en escritura pública y se inscriba en un registro jurídico... Los que tratan con asociaciones saben cuán difícil es a veces conocer su constitución en virtud de actas privadas, con frecuencia desaparecidas»* [157].

También después de 2002 se pudo leer que: «*Como se dice en el comentario al artículo 10, la inscripción hace pública la constitución y los estatutos de las asociaciones. Una publicidad que es, a su vez, garantía para los terceros y para los miembros de las mismas, lo que se refleja, en particular, en el específico régimen de responsabilidad patrimonial de las asociaciones inscritas, que no alcanza, claro es, a las asociaciones no inscritas. Bastaría este dato para concluir que los Registros de Asociaciones son algo más que meros registros informativos, sin consecuencias en las relaciones jurídicas de las asociaciones con terceros o entre los propios asociados. La inscripción registral, por tanto, dota de certidumbre jurídica a las relaciones jurídicas de las asociaciones, al menos en la perspectiva fundamental de la responsabilidad patrimonial, por lo que los Registros de Asociaciones son algo más que un catálogo o registro administrativo, en la caracterización tradicional que de los mismos se ha hecho. Aunque con sus particularidades, de mantenerse esa clasificación entre "Registros jurídicos" y "Registros administrativos", a los Registros de Asociaciones parece cuadrar más la primera de esas clasificaciones que la segunda. Una conclusión que se refuerza si atendemos ahora a otras previsiones de la propia LODA. En efecto, debe recordarse que la inscripción registral de determinadas modificaciones estatutarias termina siendo determinante de su eficacia jurídica»* [158].

Asimismo, que «*la distinción no está exenta de numerosas dudas cuando descendemos al análisis del caso concreto. Así, se suele decir que los "registros jurídicos" son los que afectan a las relaciones jurídico-privadas, mientras que los "registros administrativos" se distinguen por no afectar a las mismas. Pero hay supuestos en que el Registro en cuestión reviste caracteres de ambas clases. Es el caso, sin ir más lejos, del propio Registro general (estatal o autonómicos) de asociaciones. Bajo*

156. Cfr. DE LA MORENA Y DE LA MORENA, L., «El derecho de asociación en la Constitución: ¿qué debe entenderse por inscripción registral "a los solos efectos de publicidad"?», *Boletín de Documentación del Ministerio del Interior*, núm. 84, 1981, págs. 14 y 15.
157. Cfr. PRADA GONZÁLEZ, J.M. de, «Sobre el Proyecto de Ley de Asociaciones y sus posibles mejoras», *Escritura Pública*, núm. 11, 2001, pág. 24.
158. Cfr. FERNÁNDEZ FARRERES, G., *Derecho de Asociación*, op. cit. pág. 337.

el régimen de la antigua Ley de asociaciones de 1964, dicho Registro no encontraba especiales dificultades de acomodo en la segunda categoría, en la "administrativa"; pero los determinantes efectos jurídicos que hoy la LORDA hace derivar de la inscripción en el mismo (alcance de la responsabilidad patrimonial, efectos para terceros de las modificaciones estatutarias, etc.), torna borrosa aquella nítida adscripción» [159].

Y en el mismo sentido, que tal separación entre ambas clases de registros «*no se produce de forma clara en el registro de asociaciones, que participa de características propias de los registros administrativos (gestión orgánica y funcional por la Administración) y de los jurídicos (dados los efectos jurídicos para terceros que produce la publicidad que otorga)*» [160].

A nuestro entender, en efecto, la LODA hace un diseño mínimo, pero suficiente, para inclinar el registro de asociaciones hacia los jurídicos.

Hay que tener en cuenta, además, que entre los registros administrativos se pueden distinguir dos tipos, y que difícilmente el registro de asociaciones encaja en ninguno de ellos.

Por un lado, están las tradicionales Oficinas de Registro, encargadas de la recepción de los escritos presentados por los ciudadanos. Tras la LPAC, tales oficinas han dado lugar al registro electrónico general, único por cada Administración, y a las oficinas de asistencia en materia de registros. Ambos deberán practicar asientos de entrada y salida de documentos, cumpliendo una función de intermediación entre los ciudadanos y los órganos competentes para resolver o atender sus solicitudes, declaraciones o comunicaciones [161]. Los efectos que se derivan de la presentación de escritos en estas oficinas son de gran importancia ya que tal presentación determina la obligación de la Administración de tramitar el procedimiento que corresponda, marca el inicio del plazo de éste y el orden prioritario de tramitación, como también el deber de notificar resolución expresa o, en su caso, la posibilidad de provocar un acto presunto.

Por otra parte, encontramos una pléyade de unidades o instrumentos administrativos establecidos con el nombre de «registro» para facilitar el ejercicio de las competencias de la Administración y/o el ejercicio de los derechos de las

159. Cfr. RODRÍGUEZ PORTUGUÉS, M.A., «Las competencias de la Comunidad Autónoma de Andalucía sobre Asociaciones», *Revista Andaluza de Administración Pública*, núm. 51, 2003, págs. 279 y 280.
160. Vid. LÓPEZ MARTÍNEZ DE SEPTIÉN, O., op. cit., págs. 1233 y 1234.
161. Artículo 16.4 LPAC: «Los documentos que los interesados dirijan a los órganos de las Administraciones Públicas podrán presentarse: a) en el registro electrónico de la Administración y Organismo al que se dirijan, así como en los restantes registros electrónicos de cualquiera de los sujetos a los que se refiere el artículo 2.1; b) en las oficinas de Correos, en la forma que reglamentariamente se establezca; c) en las representaciones diplomáticas u oficinas consulares de España en el extranjero; d) en las oficinas de asistencia en materia de registros; e) en cualquier otro que establezcan las disposiciones vigentes».

personas, físicas o jurídicas, o como mero soporte de ordenación o de información administrativa. Se situaría aquí un extensísimo número de casos de registros administrativos creados en las materias más diversas, tanto a nivel estatal, autonómico y local, que no responden a ningún tipo de criterio pues no existen normas ni principios que los disciplinen. De hecho se podría decir que el Estado social y democrático ha potenciado de manera muy intensa esta tendencia, hasta el punto de asistir en los últimos años a una verdadera propensión política por la expansión de este tipo de registros administrativos.

Pues bien, fuera de los artículos 105.b) y 149.1.8ª CE no se encontrará en el texto fundamental ninguna otra alusión a los registros públicos, con la única excepción del artículo 22 para establecer la creación del registro de asociaciones. Un registro que no pertenece a ninguna de las categorías anteriores sino que, más bien, se coloca a medio camino para configurarse como un registro *sui generis*, que participa de las notas características de ambas. En nuestra opinión, hay que descartar que el registro de asociaciones sea asimilable a cualquiera de los tipos de registros administrativos indicados, pues ni es registro de entrada y salida de documentos, ni se trata de un registro creado *ad hoc* en función de las necesidades impuestas por la normativa en cada momento aplicable, y que eventualmente puede suprimirse bien de forma definitiva o bien para sustituirlo por otro instrumento que sirva a los mismos fines. El registro de asociaciones no es un simple registro de información o estadística, sino un registro de publicidad y seguridad jurídica, de base constitucional y por ello inamovible, que aunque administrativo porque depende directamente de la Administración y se gestiona por funcionarios públicos de cuerpos generales, trasciende por su esencia y efectos de esta tipología para acercarse a la naturaleza de los registros civiles.

Si, entre otras funciones, el registro de asociaciones examina la capacidad de obrar de los promotores conforme a las normas del derecho civil, verifica la legalidad de los títulos privados y públicos presentados a inscripción, ostenta el poder certificante primario del Estado respecto de las asociaciones, genera efectos para las propias asociaciones (reserva de nombre o separación patrimonial) y es garantía para terceros, entre otros aspectos, entendemos que este registro no puede simplemente llamarse «administrativo».

El registro general de asociaciones cumple una función *ad extra* y existe para el exclusivo beneficio de las propias asociaciones y de los terceros que con ellas se relacionan, alcanzando a ser un instrumento para la protección de la seguridad jurídica y económica. De hecho, si reparamos en los principios de actuación y eficacia del RNA comprobaremos que estamos más cerca de un registro de seguridad jurídica que de un simple registro administrativo. Tales principios son los de «legalidad» (el Registro calificará la legalidad de las formas extrínsecas de los documentos en cuya virtud se solicite la inscripción y la validez de su contenido), «legitimación» (el Registro verificará la capacidad y legitimación de las personas que otorguen o suscriban los documentos en cuya virtud se solicite la inscripción), «tracto sucesivo» (para inscribir actos modificativos o extintivos de otros otorgados con anterioridad será necesaria la previa inscripción de éstos) e «integridad» (corresponde al Registro el tratamiento del contenido de los asientos y velar por que se apliquen las medidas adecuadas para impedir su manipulación), consistiendo la regla de «eficacia» en que el contenido del Registro se presume exacto y válido, produciendo los asientos sus efectos mientras no se anote la resolución judicial o administrativa que declare su inexactitud o nulidad[162].

El entendimiento de las asociaciones comunes y de su régimen jurídico es tan acabado y perfecto en Cataluña que, partiendo de la «garantía» del artículo 10.2 LODA, el registro general de asociaciones de esta Comunidad Autónoma se ha elevado a la categoría de oponible frente a terceros. El artículo 315-7 LACat («Publicidad material») es claro al disponer:

> *«1. No puede invocarse el desconocimiento del contenido de actos debidamente inscritos en los registros de personas jurídicas, a partir de la fecha de la inscripción, salvo que la ley establezca otra cosa.*
>
> *2. Los actos inscribibles solo pueden oponerse a terceras personas de buena fe desde la fecha de la inscripción. La buena fe de las terceras personas se presume.*
>
> *3. La declaración de nulidad o inexactitud de los asientos registrales no perjudica los derechos de terceras personas de buena fe adquiridos de acuerdo con la ley.*
>
> *4. La falta de inscripción no puede ser invocada por personas que estuviesen obligadas a solicitarla».*

Sería más que deseable que en una futura reforma de la LODA se acometiera decididamente una caracterización común y ambiciosa de los registros generales de asociaciones, sobre todo teniendo en cuenta que este servicio público da cauce a un derecho, el de la inscripción registral, ínsito en el mismo derecho fundamental de asociación, y que forma parte de su contenido esencial. En este sentido, el artículo 24 LODA es claro al decir que *«el derecho de asociación incluye el derecho a la inscripción en el Registro de Asociaciones competente, que sólo podrá denegarse cuando no se reúnan los requisitos establecidos en la presente Ley Orgánica»*, y como tal se dicta con rango de ley orgánica en desarrollo directo del artículo 22 CE (disposición final primera 1 LODA). Dicha caracterización debería lógicamente tender a la uniformidad en cuanto a la naturaleza, funciones y efectos de tales registros generales, en favor de la igualdad y de la seguridad jurídica de todos los españoles.

162. Artículos 4 y 5 RRNA.

1.2. CLASES

Los Registros de Asociaciones en España se cuentan por miles. Junto al Registro Nacional de Asociaciones están los Registros generales de Asociaciones de las Comunidades Autónomas, los Registros de Asociaciones de Ceuta y Melilla y los registros municipales de asociaciones. Habría que añadir los registros especiales de asociaciones, algunos de los cuales tienen implantación a nivel estatal y autonómico. Y, por último, los registros derivados de los anteriores.

Para ordenar este conjunto se pueden emplear distintos criterios, pero únicamente utilizaremos dos, los de generalidad (registros generales y especiales) y originalidad (registros primarios y secundarios), por considerar que son los más significativos para clasificar los registros de asociaciones.

La variedad de registros se establece en directa correlación con la existencia de asociaciones generales o de régimen común y de asociaciones especiales o de régimen específico. Aunque con origen en el artículo 22 CE, el propio texto constitucional ha singularizado esta segunda clase dando lugar a normativas diferenciadas de la ley general de asociaciones. Pero precisamente por tener su base en aquel precepto, en tales normativas es rasgo común el de disponer el régimen jurídico de las asociaciones y, al mismo tiempo, crear un registro para la sola constancia de las mismas. Al igual que para las asociaciones generales la LODA prevé su registro necesario, de la misma forma las leyes especiales contemplan un registro obligatorio para cada tipo particular de asociación.

Conforme a lo expuesto, son *Registros generales de asociaciones*, el Registro Nacional de Asociaciones, dependiente del Ministerio del Interior, los Registros generales de Asociaciones de las Comunidades Autónomas, dependientes de las Consejerías o Departamentos de Presidencia, Administración Pública, Justicia o Interior, y los Registros de asociaciones de Ceuta y Melilla, adscritos a las respectivas Delegaciones del Gobierno de España.

Y son *Registros especiales de asociaciones*, el Registro de Partidos Políticos (Ministerio del Interior), la Oficina Pública de depósito de estatutos para los sindicatos y asociaciones empresariales (Ministerio Trabajo y Economía Social), el Registro de Entidades Religiosas (Ministerio de la Presidencia)[163], el Registro Estatal de Asociaciones de Consumidores y Usuarios (Ministerio de Derechos Sociales, Consumo y Agenda 2030), el Registro de Asociaciones Profesionales de miembros de las Fuerzas Armadas (Ministerio de Defensa), el Registro de Asociaciones Profesionales de Guardias Civiles (Ministerio del Interior), el

163. El Registro de Entidades Religiosas, tradicionalmente vinculado al Ministerio de Justicia, pasó a depender del Ministerio de la Presidencia mediante el Real Decreto 373/2020, de 18 de febrero, por el que se desarrolla la estructura orgánica básica del Ministerio de la Presidencia, Relaciones con las Cortes y Memoria Democrática (artículo 7.1.s). En la actualidad le ha sucedido el Ministerio de la Presidencia, Justicia y Relaciones con las Cortes (artículo 2 del Real Decreto 1009/2023, de 5 de diciembre).

Registro de Asociaciones Profesionales de Jueces y Magistrados (Consejo General del Poder Judicial) y el Registro de Asociaciones Profesionales de Fiscales (Ministerio de la Presidencia, Justicia y Relaciones con las Cortes). Además de estos registros estatales, existen registros autonómicos para algunos de los tipos de asociaciones citados (organizaciones sindicales y empresariales, y organizaciones de consumidores y usuarios). Y por así figurar en el artículo 1.3 LODA, aunque en este caso se constituyen al margen del artículo 22 CE, también tiene este carácter de especial el Registro de Asociaciones Deportivas (Ministerio de Educación, Formación Profesional y Deportes), en el que se inscriben las federaciones deportivas y las sociedades anónimas deportivas, entre otros sujetos.

Desde la perspectiva de la originalidad, y con independencia de su carácter declarativo o constitutivo, todos los registros citados se pueden calificar de *registros primarios*, por ser manifestaciones concretas del registro previsto en el artículo 22 CE y por ser las oficinas registrales donde de forma primaria y obligatoria deben ingresar las asociaciones para alcanzar la publicidad exigida constitucionalmente. Otros efectos legales, como la adquisición de la personalidad jurídica, la separación patrimonial o la posibilidad de obtener ayudas públicas, sólo se producen, según los casos, a partir de la inscripción en estos registros primarios, ya sean generales o especiales.

A partir de aquí es frecuente encontrar otros *registros secundarios* de los anteriores, a los que acceden las asociaciones ya inscritas en los registros primarios y cuya acreditación se configura como requisito necesario. Se trata de registros de configuración legal, que no constitucional, con fines diversos y distintos a los recogidos en la LODA, equivalentes al segundo tipo de registros administrativos que hemos descrito anteriormente. El ejemplo más típico lo constituyen los registros municipales de asociaciones. Con base en el artículo 72 de la Ley de Bases de Régimen Local de 1985, el artículo 236 del Reglamento de Organización, Funcionamiento y Régimen Jurídico de las Entidades Locales (RD 2568/1986, de 28 de noviembre), establece: a) que podrán inscribirse en el Registro Municipal de Asociaciones Vecinales todas aquellas que persigan la defensa, fomento o mejora de los intereses generales o sectoriales de los vecinos, ya sean culturales, de madres y padres de alumnos, deportivas, recreativas, juveniles, sindicales, empresariales, profesionales o similares; b) que el Registro tiene por objeto conocer el número de entidades existentes en el municipio, sus fines y representatividad, para posibilitar una correcta política de fomento del asociacionismo vecinal; y c) que es independiente del Registro General de Asociaciones, en el que dichas asociaciones deben figurar previamente inscritas. Otro ejemplo de registro secundario lo constituye el Registro de Organizaciones no Gubernamentales de Desarrollo, del Ministerio de Asuntos Exteriores, cuya función principal es conferir la cualidad de ONG a las entidades inscritas y permitir la obtención de ayudas computables como ayuda oficial al desarrollo. No se trata de un registro exclusivo de asociaciones, por poder acceder al mismo cualquier entidad de derecho privado sin fin de lucro, entre las que se pueden contar las fundaciones, pero la mayoría de las inscritas presentan la condición de asociación. El artículo 7 de su Reglamento, aprobado por Real Decreto 193/2015, de 23 de marzo, recoge los requisitos que deben reunir las solicitudes y, entre ellos, el de adjuntar certificado de inscripción en el registro público correspondiente en función de la naturaleza jurídica de la entidad solicitante, en el que deberá constar la denominación, el domicilio, el número de inscripción, la fecha de alta y los representantes.

Aunque no presenta dificultad y, en todo caso, el registro no competente la remitirá al competente[164], los promotores y socios de una asociación común (incluidas las juveniles), que es el objeto de este trabajo, deberán dirigir la solicitud de inscripción, nunca a un registro especial, sino al registro general estatal o autonómico que corresponda en función del ámbito territorial de actividad, para alcanzar la inscripción primera, y luego, en su caso, en razón de los fines sociales, dirigir una segunda solicitud al registro secundario, municipal o de otro carácter, para obtener las ventajas particulares derivados de los mismos.

2. EL REGISTRO DE LAS ASOCIACIONES: DERECHO Y DEBER CONSTITUCIONAL

Las asociaciones están constitucional y legalmente obligadas a figurar en un registro público al objeto de que éste dé general conocimiento de su constitución y del documento básico que son los estatutos (artículo 22.3 CE y artículo 10.1 y 2 LODA).

De hecho, una nota característica del registro de asociaciones, e inalterable a lo largo de la historia, ha sido la de su plena obligatoriedad. Ya antes de 1887, la normativa reguladora del derecho de asociación imponía a las asociaciones el deber de poner en conocimiento de la autoridad sus acuerdos y estatutos, y con estos precedentes la Ley de Asociaciones de 1887 crearía el registro de asociaciones para que, una vez autorizadas por el respectivo Gobierno Civil, las entidades asociativas remitieran el acta de constitución a dicho registro público a los efectos de su inscripción. La Ley diseñó un sistema de constitución y registro en términos categóricos y, por tanto, sin introducir elemento alguno de carácter potestativo para las asociaciones. Tal evidencia no pudo por más que elevarse a rango constitucional en el artículo 39 de la Constitución de 1931: «*Los españoles podrán asociarse o sindicarse libremente para los distintos fines de la vida humana, conforme a las leyes del Estado. Los Sindicatos y Asociaciones están obligados a inscribirse en el Registro público correspondiente, con arreglo a la ley*». La legalidad posterior determinó la inexistencia misma de las asociaciones si no se autorizaban e inscribían en el Registro (Decreto de 25 de enero de 1941), mientras que para la Ley de Asociaciones de 1964, una vez autorizada la asociación

164. Artículo 14.1 LRJSP.

y visados los estatutos, la inscripción era un acto obligado para la Administración, que debía practicarla de oficio dentro del mes siguiente a las citadas resoluciones. La Constitución de 1978 no deja lugar a dudas en su artículo 22.3: «*Las asociaciones constituidas al amparo de este artículo deberán inscribirse en un registro a los solos efectos de publicidad*».

El primer desarrollo legal del derecho de asociación se produjo con la Ley Vasca de Asociaciones de 1988 (Ley 3/1988, de 12 de febrero). Los artículos 8 y 11 regulaban la inscripción obligatoria y las consecuencias civiles de su ausencia por causa imputable a los interesados[165], y tales contenidos no fueron declarados inconstitucionales por la STC 173/1998 (FJ 14). Después vino la Ley Catalana de Asociaciones de 1997 (Ley 7/1997, de 18 de junio) que en la misma línea, pero con más rotundidad, señaló el carácter obligatorio de la inscripción y el mismo régimen de responsabilidad para los promotores de las asociaciones no inscritas en sus artículos 9 y 11[166], los cuales tampoco fueron declarados inconstitucionales por la STC 135/2006 (FJ 10). Y, por último, se aprobó la LODA en 2002, que es igualmente clara a estos efectos. Es cierto que la Ley comienza con cierta timidez, al hablar en la exposición de motivos de la «*capacidad*» de las asociaciones de inscribirse en el registro correspondiente. Pero en la parte dispositiva avanza desde la «*necesidad*» de inscripción del artículo 5 hasta, finalmente, pronunciarse sin ambages en el artículo 10 sobre que las asociaciones «*deberán*» inscribirse en el correspondiente registro[167].

Otra cosa distinta es que la inscripción, además de un deber, también sea un derecho. Y lo debe ser porque, tal y como está legalmente configurado el Registro, sin ella la libertad de asociación no puede desplegar todos sus efectos y las propias asociaciones quedarían colocadas en una situación de hecho de casi total inactividad. Es lo que proclama el artículo 24 LODA, el cual, ya lo hemos visto, se dictó con el carácter ley orgánica, formando parte del contenido esencial del

---

165. Artículo 8.1: «Las Asociaciones constituidas de acuerdo con lo establecido en los artículos anteriores, se inscribirán, a los solos efectos de publicidad, en el Registro de Asociaciones»; artículo 11.1: «Sin perjuicio de eventuales responsabilidades penales, si a ellas hubiere lugar, la falta de inscripción de una Asociación en el Registro por causa imputable a la misma determinará su responsabilidad y la solidaria de todos sus miembros».

166. Artículo 9.2: «Las asociaciones que se han constituido de acuerdo con lo establecido en los anteriores artículos deben inscribirse, a los únicos efectos de publicidad, en el Registro de Asociaciones de la Generalidad»; artículo 11.1: «Quienes actúan en nombre de una asociación no inscrita responden personal y solidariamente de las obligaciones contraídas con terceras personas».

167. Exposición de Motivos: «El derecho de asociación proyecta su protección desde una doble perspectiva; por un lado, como derecho de las personas en el ámbito de la vida social, y, por otro lado, como capacidad de las propias asociaciones para su funcionamiento... La segunda recoge la capacidad de las asociaciones para inscribirse en el Registro correspondiente»; artículo 5: «... Con el otorgamiento del acta adquirirá la asociación su personalidad jurídica y la plena capacidad de obrar, sin perjuicio de la necesidad de su inscripción a los efectos del artículo 10»; artículo 10: «Las asociaciones reguladas en la presente Ley deberán inscribirse en el correspondiente Registro, a los solos efectos de publicidad».

derecho de asociación. Ya antes, el Tribunal Constitucional había definido la inscripción registral como una actuación asociativa cualificada y como condición existencial de las asociaciones (STC 219/2001, FJ 4).

No obstante, promotores y socios a veces llegan a la equivocada conclusión de que el registro de asociaciones es voluntario, y lo pueden razonablemente hacer a partir de cuatro argumentos. Primero, porque la personalidad jurídica y plena capacidad de obrar se obtiene con la formalización del pacto asociativo; segundo, porque no se ha establecido un plazo contado a partir del acta fundacional para presentar la solicitud de inscripción; tercero, porque esta solicitud está configurada también como un derecho; y cuarto, porque el registro se previene a los solos efectos de publicidad.

Por el contrario, además de por los términos imperativos que utilizan la Constitución y la Ley, ya comentados, el registro es necesario porque la misma LODA lo considera como una «garantía» para los propios socios y para terceros que se relacionen con la asociación (artículo 10.2), lo que trasciende de la conveniencia personal de quienes se asocian.

El concepto de tercero se ha de entender en un sentido amplio, comprendiendo primeramente a los poderes públicos[168], aunque es cierto que la LODA parece pensar en otros destinatarios. Entre estos, a nuestro juicio, caben dos figuras principales, tanto las personas que desean contactar con la asociación al objeto de su posible ingreso como nuevos socios como las personas interesadas en establecer negocios jurídicos con la misma, y es que, para todas ellas, sólo a través del Registro se puede tener certeza de que la asociación se ha constituido legalmente y, en su virtud, que la denominación no es controvertida, los representantes son identificables, el domicilio cierto, los fines lícitos o el patrimonio determinado, entre otros datos relevantes sobre su estructura y actividad derivados del contenido de los estatutos. Y aún habría una tercera figura que son todas las entidades preexistentes de distinta naturaleza, que aunque no pretendan establecer relación alguna sí están interesadas, como hemos apuntado, en que el nombre de la nueva asociación que accede al Registro no coincida o se asemeje en términos confusos a la suya propia.

168. Es habitual que los Juzgados y Tribunales, en el curso de la instrucción de cualquier proceso, requieran al registro de asociaciones para que aporten determinado documento original o copia testimoniada, como también que la misma Administración Pública compruebe la situación legal de las asociaciones con la información registral o que imponga un certificado registral para la emisión de ciertos actos o prestación de servicios. Quiere esto decir que la aportación directa por las asociaciones de los documentos asociativos, como pudieran ser el acta fundacional o los estatutos, a los distintos procedimientos o procesos en que debieran surtir efectos carecen de tal fuerza sin el aval registral. Siendo así, el Registro se convierte en un verdadero instrumento de garantía para el ejercicio de las funciones que los poderes públicos tienen encomendadas.

En definitiva, el registro general de asociaciones (estatal y autonómicos) está establecido con carácter preceptivo por razones de interés general, para dar público conocimiento de las asociaciones existentes, de sus finalidades, de la identidad y capacidad de sus representantes, y de sus reglas esenciales de organización y funcionamiento, en beneficio de los propios socios y de la seguridad del tráfico jurídico y económico.

Precisamente por estas últimas razones, y para procurar la permanente correspondencia entre la realidad asociativa y la realidad registral, la LODA recoge en su artículo 28.4 el deber de las asociaciones inscritas de actualizar los datos y documentos obrantes en el Registro, cuando se produzca una alteración sustancial en los mismos, y ello dentro del mes siguiente a la fecha en que se produzcan los cambios, lo que afecta directamente a las modificaciones de los estatutos.

Ahora bien, que el registro de asociaciones sea obligatorio debe entenderse correctamente en el sentido de que el deber de solicitar las inscripciones incumbe en exclusiva a las propias asociaciones. En ningún caso se puede considerar que se trata de un deber de la Administración, y ello por la sencilla razón de que tiene prohibido intervenir en forma alguna en el acto constitutivo o modificativo de las asociaciones, de lo que se sigue que, al desconocer su nacimiento o modificación, difícilmente podría actuar de oficio. Las únicas obligaciones de la Administración competente son, por un lado, las de crear el registro de asociaciones, aprobar la normativa reguladora de su organización y funcionamiento, y dotarlo de los medios personales y materiales necesarios para garantizar la correcta prestación del servicio, y, por otro, la de tramitar las solicitudes de inscripción que se presenten con arreglo a las correspondientes normas de procedimiento.

Nada de esto supone que el Registro esté obligado a inscribir en todo caso, pudiendo concluir dicho procedimiento, en efecto, mediante resolución favorable a la inscripción o, por el contrario, con resolución motivada denegatoria de la misma si no se cumplen los requisitos legales para ello (artículo 24 LODA)[169].

Esto último, sin embargo, no debe disuadir a promotores y socios de formalizar la solicitud de inscripción de los estatutos originales o modificados, pues el Registro siempre les dará opción a rectificar los defectos que pueda reunir la documentación presentada para alcanzar con éxito la inscripción registral. Una

169. Por «requisitos legales» hay que entender tanto los requisitos establecidos legalmente, en la LODA o las leyes de asociaciones de las Comunidades Autónomas, como los establecidos reglamentariamente, pues el régimen de las asociaciones en cuanto a constitución e inscripción se determina por lo regulado en la Ley y en las disposiciones reglamentarias de desarrollo (artículo 11.1. LODA).

inscripción que, además de la publicidad, lleva aparejada numerosos beneficios para los socios y para la asociación misma como veremos más adelante.

3. LOS PROMOTORES Y ACTUACIONES PRECISAS PARA LA INSCRIPCIÓN

El primer paso, el paso natural de cualquier asociación una vez formalizada el acta fundacional y aprobados los estatutos, no es otro que el de promover su inscripción en el registro competente. Además de obligatoria, la importancia de la inscripción es tal que es aconsejable que el trámite se realice a la mayor celeridad[170], al menos, en beneficio directo de los socios promotores.

En efecto, la LODA expresa en términos muy sencillos que los promotores «*realizarán*» las actuaciones que sean precisas a efectos de la inscripción, añadiendo que, en caso contrario, responderán de las consecuencias de la falta de la misma, las cuales se concretan en que «*responderán, personal y solidariamente, de las obligaciones contraídas con terceros*» (artículo 10. 2 y 3), en tanto que excepción al principio de general de que las «asociaciones inscritas», que no sus socios a título personal, «*responden de sus obligaciones con todos sus bienes presentes y futuros*» (artículo 15.1).

Por ello, importa definir qué debe entenderse por promotor y cuáles son las actuaciones precisas que deben realizar para culminar la inscripción y quedar exonerados de responsabilidad.

3.1. CONCEPTO DE PROMOTOR

El iniciador o iniciadores de cualquier asociación es o son las personas que conciben el proyecto asociativo y se encargan de recabar las correspondientes adhesiones[171]. Se trata de una fase primaria en que los iniciadores igualmente pueden redactar los estatutos o bien, a partir precisamente de las nuevas incorporaciones, esperar a que todos ellos consensuen el texto estatutario. La otra situación que se puede dar es la de que los iniciadores sean tres o más personas, y sean todas ellas las que en conjunto realicen estas operaciones previas, sin perjuicio de convocar a la asamblea constitutiva a otras personas que desde el principio quieran participar en la asociación. E incluso es posible, en este último caso, que los iniciadores dejen planteado el proyecto y sean estas otras personas las que de hecho suscriban el pacto asociativo. Es más, en la misma asamblea pueden concurrir dos categorías de socios, los promotores, por ser los firmantes

170. Ni en la LODA ni en las leyes de asociaciones de las Comunidades Autónomas, aprobadas antes o después de 2002, se establece un plazo concreto, contado a partir del acta fundacional, para que los promotores soliciten inscribir la asociación.

171. Piénsese, por ejemplo, en que es posible que una sola persona decida y diseñe una futura asociación, pero lo que no podrá realizar por sí misma es celebrar válidamente el acto constitutivo, toda vez que para ello necesitará el concurso de, al menos, dos personas más.

del acta fundacional, y los socios ordinarios, es decir, los que, además de los anteriores, asisten a tal reunión y votan los acuerdos iniciales de creación de la asociación, así como de aprobación de los estatutos y composición de la junta directiva.

La LODA no distingue entre los posibles tipos de socios que concurren a la asamblea constitutiva pero sí se refiere a la importante figura del socio promotor o fundador, entendiendo por tal a quien se identifica y suscribe el acta fundacional. El régimen está recogido en el artículo 6.1, según el cual «*el acta fundacional ha de contener: a) el nombre y apellidos de los promotores de la asociación si son personas físicas, la denominación o razón social si son personas jurídicas, y, en ambos casos, la nacionalidad y el domicilio; b) la voluntad de los promotores de constituir la asociación...; d) lugar y fecha de otorgamiento del acta, y firma de los promotores, o de sus representantes en el caso de personas jurídicas*». Lo decisivo para la Ley no es el número de personas que asistan a la asamblea inicial ni la condición estatutaria que vayan a tener sino el número de personas que, igual o superior a tres, firmen el importante documento del acta fundacional, pues sólo éstos, debidamente identificados, tendrán la consideración legal de socios promotores.

La determinación exacta de las personas promotoras es fundamental para el establecimiento de las responsabilidades que procedan entre el momento del pacto asociativo y la inscripción[172], pero también para determinar quienes asumen el deber de instar tal inscripción, y para que el Registro sólo acepte aquella solicitud formulada, al menos, por uno de esos promotores.

Para el supuesto que venimos tratando, es decir, la inscripción primera de las asociaciones, el artículo 42 RRNA establece: «*La solicitud de inscripción de constitución de la asociación deberá presentarse, al menos, por uno de sus promotores*». Quiere esto decir que la solicitud presentada por un socio que no tenga la condición de promotor sería rechazada por el Registro sobre la base del principio de legitimación.

Una vez identificados los promotores, y como en cualquier procedimiento iniciado por los interesados, se ha completar la oportuna solicitud dirigida a la Administración con los datos generales previstos en el artículo 66.1 LPAC, y los específicos que determine la normativa propia de dicho procedimiento. A esta solicitud se acompañarán los documentos preceptivos igualmente exigibles, que, en este ámbito, como mínimo, son el acta fundacional y los estatutos, sin perjuicio de, en su caso, abonar las tasas que correspondan. Verificada la presentación, los promotores deben atender las notificaciones que el Registro practique en trámite de subsanación de defectos y, de ser necesario, en el trá-

172. Vid. SANTOS MORON, M.J., *La responsabilidad de las asociaciones y sus órganos directivos*, Iustel, Madrid, 2007, págs. 230 a 252.

mite de audiencia, e incorporar al expediente los documentos que les sean solicitados y las alegaciones que procedan.

Para el caso de que la asociación ya esté inscrita y decida alterar los términos estatutarios, serán los miembros de la junta directiva los encargados de presentar la solicitud de inscripción de modificación de estatutos, y asumir la misma atención a los requerimientos que puedan formularse desde el Registro.

Sobre la presentación y documentación a que nos estamos refiriendo, conviene realizar algunos comentarios de orden formal. En primer lugar, nos vamos a referir al deber de las asociaciones comunes de relacionarse electrónicamente con la Administración y, en segundo término, a la documentación admitida a registro.

3.2. RELACIÓN ELECTRÓNICA CON EL REGISTRO

Con los precedentes de la Ley 30/1992, de 26 de noviembre, que avanzó el uso de técnicas informáticas, electrónicas y telemáticas, y, sobre todo, de la Ley 11/2007, de 22 de junio, que dio un gran impulso a la administración electrónica, la vigente LPAC asienta el concepto de la administración digital como la forma normal de actuación en las Administraciones Públicas[173].

El planteamiento general de la LPAC, con su enfoque *ad extra*, parece contemplar como destinatarios de la misma a ciudadanos y empresas, los cuales tienen reconocido el derecho *«a ser asistidos en el uso de medios electrónicos en sus relaciones con las Administraciones Públicas»* (artículo 13. b). Sin embargo, este planteamiento encuentra importantes precisiones y excepciones en el texto positivo.

Para los ciudadanos, nombrados personas físicas en el artículo 14.1, se establece la posibilidad de elegir si, para el ejercicio de sus derechos y obligaciones, se comunican con las Administraciones Públicas a través de medios electrónicos o no, y el derecho a ser asistidos por funcionarios públicos en el uso de tales medios, especialmente en lo referente a la identificación y firma electrónica, presentación de solicitudes ante el registro electrónico general y obtención de copias auténticas (artículo 12.2).

173. Exposición de Motivos LPAC: «Si bien la Ley 30/1992, de 26 de noviembre, ya fue consciente del impacto de las nuevas tecnologías en las relaciones administrativas, fue la Ley 11/2007, de 22 de junio, de acceso electrónico de los ciudadanos a los Servicios Públicos, la que les dio carta de naturaleza legal, al establecer el derecho de los ciudadanos a relacionarse electrónicamente con las Administraciones Públicas, así como la obligación de éstas de dotarse de los medios y sistemas necesarios para que ese derecho pudiera ejercerse. Sin embargo, en el entorno actual, la tramitación electrónica no puede ser todavía una forma especial de gestión de los procedimientos sino que debe constituir la actuación habitual de las Administraciones».

Para las empresas, que se transforman en el más amplio concepto de personas jurídicas en el artículo 14.2, no se establece ninguna alternativa sino la directa obligación de relacionarse con las Administraciones Públicas a través de medios electrónicos y, además, sin derecho a ser asistidos por funcionarios públicos en el uso de los mismos (artículo 12.2).

Este segundo régimen es el que afecta a las asociaciones y de manera significativa.

Primero porque, a diferencia del resto de entidades del sector lucrativo y no lucrativo, que alcanzan la personalidad jurídica a partir de su inscripción en el registro público correspondiente, las asociaciones son *ex lege* personas jurídicas desde el mismo momento de formalizar el acta fundacional y, por tanto, antes y al margen del registro (artículo 5.2 LODA), con el efecto de que, a partir de ese instante, cualquier trámite con la Administración, incluida la lógica y primaria solicitud de inscripción registral, se debe realizar, no en papel ante la oficina de asistencia en materia de registros, sino por medio del registro electrónico general de la Administración que resulte competente. Es decir, que las asociaciones, ya de por sí las entidades más débiles de la sociedad civil organizada, y a diferencia de, por ejemplo, sociedades mercantiles o fundaciones, no disponen tan siquiera del tiempo «en formación» necesario para desarrollar la estructura idónea e incorporar los recursos mínimos en orden a iniciar su actividad burocrática, siendo compelidas a establecer una relación electrónica directa e inmediata con la Administración desde la fecha misma de su nacimiento.

Segundo porque, a diferencia de las personas físicas, las asociaciones no tienen derecho a ser asistidas por funcionarios públicos en el uso de medios electrónicos, incluida la presentación de solicitudes a través del registro electrónico, cuando, en realidad, en la mayoría de las asociaciones que se crean intervienen en origen tres personas físicas, de cualquier condición personal o social, sin tiempo, como decimos, para mínimamente organizarse y dotarse de medios con vistas a interactuar de forma inmediata con la Administración de manera electrónica. Como mucho, el funcionario les podría indicar que hasta que no verifiquen la presentación electrónica no se entenderá iniciado el procedimiento, que es lo que establece el artículo 68.4 LPAC en claro beneficio para la Administración[174]. No obstante, para no dejar abierta la posibilidad de presentación de manera indefinida y vincular la solicitud en papel al procedimiento, el artículo 14.1 del Reglamento aprobado por Real Decreto 2023/2021,

174. Artículo 68.4: «Si alguno de los sujetos a que hace referencia el artículo 14.2 y 14.3 presenta su solicitud presencialmente, las Administraciones Públicas requerirán al interesado para que la subsane a través de su presentación electrónica. A estos efectos, se considerará como fecha de presentación de la solicitud aquella en la que haya sido realizada la subsanación».

de 30 de marzo (RLPAC) vino a matizar que la falta de presentación electrónica de la solicitud puede derivar en una resolución de desistimiento[175].

Se revela aquí, entonces, la importancia de los promotores de la asociación, no sólo porque, como sujetos obligados y responsables de la inscripción registral, les incumbe tomar la iniciativa en la presentación de la solicitud, sino porque también han de disponer de equipos y reunir los conocimientos y habilidades necesarias para preparar la documentación y subirla correctamente al registro electrónico de la Administración del que dependa el registro de asociaciones, el cual, cabe advertirlo, es una unidad administrativa diferenciada que ninguna relación guarda con dicho registro electrónico general, por lo que en ningún caso deberían confundirse.

Según lo anterior, la LPAC impide que los promotores de las asociaciones puedan formalizar la solicitud de inscripción registral en papel, con la dificultad añadida de que la documentación complementaria a aportar por medios electrónicos, básicamente acta fundacional y estatutos, deben ser originales, y todo ello con independencia de que aquellos promotores dispongan de formación o de que puedan estar afectados por la brecha digital y carezcan de ayuda de terceros, circunstancia esta última que se está mostrando muy desfavorable para el emprendimiento asociativo. Al imponerse la vía obligatoria del registro electrónico, sin alternativa alguna, lo que se produce es una priorización del medio a través del cual se ejerce un derecho por encima del ejercicio mismo de tal derecho, con el efecto, en nuestro ámbito, de expulsar del Registro a las asociaciones más precarias, desde luego a aquellas promovidas por personas que por determinadas circunstancias de edad, condición social, lugar de residencia, puesto de trabajo u otras se encuentran al margen de la sociedad de la información.

Como hemos expuesto en otra ocasión, las asociaciones son el tipo de persona jurídica que en sus inicios debería estar más aliviada y asistida, y no hubiera sido incompatible con el planteamiento general de la LPAC que las asociaciones, antes de la inscripción registral, se asimilaran a las personas físicas en sus relaciones con la Administración. Sería a partir de dicha inscripción cuando la LPAC podría presuponer en las asociaciones la «capacidad» y «disponibilidad» a que se refieren el artículo 14.3 como criterios justificativos de la relación electrónica.

Hubiera sido lo más razonable si se tiene en cuenta que la relación electrónica no agota sus exigencias con la presentación de la solicitud de inscrip-

175. Artículo 14.1 RLPAC: «Si existe la obligación del interesado de relacionarse a través de medios electrónicos y aquel no los hubiese utilizado, el órgano administrativo competente en el ámbito de actuación requerirá la correspondiente subsanación, advirtiendo al interesado, o en su caso su representante, que, de no ser atendido el requerimiento en el plazo de diez días, se le tendrá por desistido de su solicitud o se le podrá declarar decaído en su derecho al trámite correspondiente, previa resolución que deberá ser dictada en los términos previstos en el artículo 21 de la Ley 39/2015, de 1 de octubre».

ción a través de la correspondiente sede electrónica. Como veremos más adelante, al Registro incumbe analizar la documentación aportada, de tal forma que si la encuentra defectuosa o incompleta practicará el oportuno trámite de subsanación, y lo notificará al promotor solicitante, pero, por ser sujeto obligado (artículo 41.3), únicamente lo podrá hacer por medios electrónicos. Corresponde ahora al promotor de la asociación solicitante de la inscripción, y a partir de la fecha de presentación de la solicitud, mantener la diligencia debida en orden a acceder regularmente a la plataforma donde la Administración ponga a su disposición la notificación de rectificación de la eventual solicitud defectuosa, para evitar que transcurra el correspondiente plazo de alegaciones y el desistimiento de la petición. El artículo 43 LPAC dispone: «*1. Las notificaciones por medios electrónicos se practicarán mediante comparecencia en la sede electrónica de la Administración y Organismo actuante, a través de la dirección electrónica habilitada única o mediante ambos sistemas, según disponga cada Administración u Organismo. A los efectos previstos en este artículo, se entenderá por comparecencia en la sede electrónica, el acceso del interesado o su representante debidamente identificado al contenido de la notificación. 2. Las notificaciones por medios electrónicos se entenderán practicadas en el momento en que se produzca el acceso a su contenido. Cuando la notificación por medios electrónicos sea de carácter obligatorio…, se entenderá rechazada cuando hayan transcurrido diez días naturales desde la puesta a disposición de la notificación sin que se acceda a su contenido*». La consideración del no acceso en plazo como «rechazo» supone la directa aplicación del artículo 41.5, que establece: «*Cuando el interesado o su representante rechace la notificación de una actuación administrativa, se hará constar en el expediente, especificándose las circunstancias del intento de notificación y el medio, dando por efectuado el trámite y siguiéndose el procedimiento*». Esto significa que el procedimiento de inscripción continúa sin la intervención del interesado y finaliza con resolución de abandono o desistimiento de la solicitud, con la consecuente necesidad de volver a presentarla y, en su caso, pagar nuevamente la tasa establecida. Por ello es muy recomendable que el promotor facilite un número de móvil o dirección de correo electrónico donde la Administración pueda avisarle de la existencia de una notificación pendiente, aunque, también es cierto, la falta de tal aviso en ningún caso invalida la notificación (artículo 41.6 *in fine*).

Por tanto, antes de 2015 los promotores de las asociaciones comunes podían presentar la solicitud de inscripción en papel en cualquier oficina de registro y, una vez presentada, esperar a que la Administración le notificara en el domicilio social posibles defectos a través del Servicio de Correos (dos intentos en el plazo de tres días a horas diferentes). Después de 2015 la situación cambió radicalmente, al quedar obligados a la presentación electrónica de la solicitud y a buscar activamente esa posible notificación de subsanación de defectos, es decir, asumieron cargas que antes no tenían. No obstante, debido a los insuficientes desarrollos jurídicos y tecnológicos de la Administración, la completa entrada en vigor de la LPAC se demoró hasta el 2 de abril de 2021[176], y durante esos años previos se asistió a una situación de indeterminación en la que, para evitar frustrar la viabilidad de las asociaciones, los registros de asociaciones siguieron admitiendo la actuación tradicional ante la Administración.

No es seguro que en 2021 la Administración alcanzara los desarrollos informáticos necesarios ni las personas promotoras de asociaciones la madurez digital suficiente para garantizar entre ambos actores una plena relación electrónica, pero lo cierto es que desde entonces, con los medios disponibles en cada momento, se viene consolidando la recíproca actuación a través de las nuevas tecnologías. Promotores de asociaciones y registros de asociaciones se encuentran inmersos en un proceso de relación virtual de imparable avance, por lo que aquéllos tendrán que asumir su intervención activa en el ya inevitable procedimiento registral electrónico, que como mínimo comprende, por un lado, la presentación electrónica de las solicitudes de inscripción y de las alegaciones que procedan en los trámites de subsanación de defectos y de audiencia, y, por otro, estar atentos a las notificaciones administrativas electrónicas para acceder en plazo a su contenido.

En relación precisamente con las notificaciones electrónicas cabe indicar que las mismas se deben dirigir siempre a la asociación como persona jurídica, si bien la incoherencia normativa permite hablar de dos escenarios, según se trate de la inmatriculación e inscripción de los estatutos originales o de inscribir los estatutos modificados.

Para el primer supuesto (inscripción primera de la asociación) la práctica de la notificación electrónica precisaría de la entidad la obtención previa del NIF y del certificado digital. Sin embargo, se da la paradoja de que para la obtención de estos títulos se exige la efectiva inscripción registral, por lo que, por más que el artículo 5.2 LODA atribuya a la asociación la inmediata obtención de la personalidad jurídica, los registros de asociaciones no pueden dirigirse a la asociación en tal condición, no quedando otra alternativa que dirigir las notificaciones electrónicas directamente a la persona física solicitante.

En el segundo (inscripción de estatutos modificados) ya no hay problema, por cuanto con la acreditación de la inscripción registral la asociación ya puede obtener de Hacienda un NIF definitivo y de la Fábrica Nacional de Moneda y Timbre el correspondiente certificado digital de persona jurídica. En estos términos, el registro de asociaciones siempre dirigirá las notificaciones electrónicas que procedan a la asociación en cuanto tal, y nunca a los socios miembros de la junta directiva individualmente considerados.

En el primer caso será el promotor que se haya identificado como solicitante de la inscripción quien deba estar atento a la notificación electrónica, mientras

176. Disposición final novena del Real Decreto-ley 28/2020, de 22 de septiembre.

que en el segundo lo será, normalmente, el secretario de la asociación, aunque no haya firmado personalmente la solicitud de inscripción.

Toda esta realidad no puede esconder la acertada crítica al modelo elegido. Recordemos que el derecho de asociación está reconocido a españoles y extranjeros en pie de igual, con independencia, lógicamente, de sus circunstancias vitales, y que los mismos se ven obligados a enfrentarse al reto digital desde el momento en que deciden unirse en forma de asociación para cumplir un fin común. La amplitud del concepto de «persona jurídica» llevó a la doctrina a identificar a actores sociales especialmente vulnerables en la relación electrónica, como las asociaciones, que, como decimos, consisten en su mayoría en la mera agrupación de tres personas físicas a las que la Ley personifica *ipso facto* en su claro perjuicio[177].

Unos reproches doctrinales que aun hoy se mantienen vigentes vista la Resolución del Parlamento Europeo, de 13 de diciembre de 2022, sobre la brecha digital: diferencias sociales como consecuencia de la digitalización (2022/2810(RSP)). En esta Resolución el Parlamento Europeo formula una serie de consideraciones y propone determinadas recomendaciones al Consejo y a la Comisión, así como a los Estados miembros, acerca del proceso de digitalización de los servicios públicos y privados. Teniendo en cuenta que el registro de asociaciones es un servicio público básico, impuesto además por la propia CE, no sobra reproducir algunas de las preocupaciones que se ponen de manifiesto y que indirectamente aludirían al proceso de inscripción de las asociaciones. Por un lado, se declara en general que *«el potencial de las nuevas tecnologías es ambivalente, ya que, dependiendo de cómo se utilicen y regulen, pueden contribuir a crear una sociedad más inclusiva y reducir las desigualdades, o pueden amplificar las desigualdades existentes y crear nuevas formas de discriminación»*, y recuerda que *«la vida democrática y los servicios públicos en línea deben ser plenamente inclusivos y plenamente accesibles para todas las personas y que la discriminación tecnológica es una forma de pobreza y exclusión social que priva a algunos ciudadanos de recursos esenciales para el desarrollo y la generación de riqueza»*. Por otro, se refiere a la posibilidad de elegir al decir

177. Desde la misma entrada en vigor de la LPAC, las obligaciones resultantes del artículo 14.2 fueron objeto de abundantes reproches y críticas, las cuales se ejemplificaron precisamente con las asociaciones. A pesar de los años transcurridos tales cuestionamientos persisten, siendo demostrativos de la inconsistencia legal. Entendemos innecesario y sería excesivo citar la larga bibliografía al respecto, pero, como decimos, todavía hoy, después de abril de 2021, seguimos encontrando comentarios desfavorables; en este sentido vid. BAÑO LEÓN, J.M. y LAVILLA RUBIRA, J.J., *Comentarios al procedimiento administrativo*, VV.AA., Tirant lo Blanch, 2021, págs.116 a 123; CAMPOS ACUÑA, C., *Comentarios al Reglamento de actuación y funcionamiento del sector público por medios electrónicos*, VV.AA., El Consultor de los Ayuntamientos, Wolters Kluwer, 2021, págs. 138 a 143; TARDÍO PATO, J.A., *La digitalización en los procedimientos administrativos y en los procedimientos contencioso-administrativos*, Thomson Reuters-Aranzadi, 2022, págs. 122 a 125; RANDO BURGOS, E., «La validez de las notificaciones en papel a las personas jurídicas», *Revista Vasca de Administración Pública*, núm. 126, 2023, págs. 299 y 300.

que «*muchos servicios cotidianos deben ofrecer una solución que no sea digital para satisfacer las necesidades de aquellos ciudadanos que no tienen las capacidades o los conocimientos necesarios para utilizar los servicios en línea, que desean utilizar servicios fuera de línea o que no tienen acceso a dispositivos y aplicaciones digitales*» (esto afectaría a la presentación de las solicitudes de inscripción registral), y también a la asunción de cargas tecnológicas al destacar que «*en lo que respecta al acceso a los servicios públicos en formato digital, es importante abandonar el enfoque según el cual una parte del trabajo administrativo se traslada al usuario y este reparto de la carga va acompañado de una transferencia de responsabilidad y de la obligación de que el usuario aprenda a utilizar la tecnología digital, sea autónomo y cumpla las expectativas de la administración de un usuario modelo*» (esto afectaría a la carga de acceder a las notificaciones del registro).

En tanto el actual registro declarativo de asociaciones no evolucione a un modelo constitutivo, que sería la opción más avanzada desde la perspectiva de la seguridad jurídica, y en ningún caso impedida por la CE, la iniciativa y emprendimiento asociativos, tan necesarios en una democracia, seguirán soportando el peso de la administración electrónica. Por eso, todavía no es tarde para que el legislador reconsidere la relación entre la Administración y las personas físicas que participan en el acto de creación de una asociación, que, entre otras, como dice el Parlamento Europeo, pueden ser «*los ciudadanos vulnerables, aquellos con un nivel educativo más bajo, las personas de edad avanzada, las personas con discapacidad, las personas con dificultades de aprendizaje y las personas con bajos ingresos*», y en consecuencia permitirles actuar de forma presencial hasta el momento posterior a la efectiva inscripción registral, o de forma presencial o electrónica, a su elección, hasta dicho momento.

3.3. DOCUMENTACIÓN ADMITIDA A REGISTRO

De los artículos 5.2 y 28.2 LODA se desprende que las asociaciones se pueden crear, modificar y disolver sobre la base de documento público o privado, y que sólo el formato original de cualquiera de ellos es susceptible de ser depositado en el registro de asociaciones.

Muchas asociaciones se constituyen en escritura pública o elevan a público los acuerdos adoptados. La mayoría, en cambio, optan por el documento privado en forma de acta firmada por todos los otorgantes y, en todo caso, por el presidente y el secretario elegidos en la asamblea constitutiva. La misma alternativa, pero con mayor peso la segunda, se presenta para cuando la asociación constituida e inscrita aprueba en asamblea la modificación de estatutos.

También se pueden trasladar los acuerdos sociales a las correspondientes certificaciones firmadas por el secretario con el visto bueno del presidente (artículo 28.2 LODA y artículo 35.2 RRNA). Esta opción es muy aconsejable en orden a conservar la propia asociación las actas originales y relacionarse con el Registro a través de certificados.

Otros documentos complementarios, públicos o privados, se refieren a declaraciones de voluntad normalmente de contenido autorizatorio.

Según el Código Civil son documentos públicos «*los autorizados por un Notario o empleado público competente, con las solemnidades requeridas por la ley*» (artículo 1.216), y los mismos «*hacen prueba, aun contra tercero, del hecho que motiva su otorgamiento y de la fecha de éste*» (artículo 1.218). Conforme a la Ley del Notariado «*los documentos públicos autorizados por Notario en soporte electrónico, al igual que los autorizados sobre papel, gozan de fe pública y su contenido se presume veraz e íntegro de acuerdo con lo dispuesto en esta u otras leyes*» (artículo 17.bis. 2.b), y el mismo Reglamento Notarial recoge que «*los efectos que el ordenamiento jurídico atribuye a la fe pública notarial sólo podrán ser negados o desvirtuados por los Jueces y Tribunales y por las administraciones y funcionarios públicos en el ejercicio de sus competencias*» (artículo 143). No se conocen actos asociativos que sean autorizados o intervenidos por funcionario distinto del notario mediante documento público, y siendo así su acceso al Registro se hace con todas las garantías. Las mismas de las que goza el Registro Mercantil ya que sus inscripciones, en general, se practican en virtud de documento público (artículo 5.1 RRM).

Por su parte, la formalización de la constitución, modificación o disolución de las asociaciones en documento privado[178] se ha relativizado, en orden a esas mismas garantías, desde la consideración de que tales documentos quedan pro-

178. El Código Civil no ofrece una definición de documento privado, limitándose a señalar que tendrá el mismo valor que la escritura pública entre los que lo hubiesen suscrito y sus causahabientes (artículo 1.225). La LEC lo define de modo negativo, indicando que a efectos de prueba son documentos privados los no incluidos en los supuestos del artículo 317. Este precepto dispone: «A efectos de prueba en el proceso, se consideran documentos públicos: 1.º Las resoluciones y diligencias de actuaciones judiciales de toda especie y los testimonios que de las mismas expidan los Letrados de la Administración de Justicia; 2.º Los autorizados por notario con arreglo a derecho; 3.º Los intervenidos por Corredores de Comercio Colegiados y las certificaciones de las operaciones en que hubiesen intervenido, expedidas por ellos con referencia al Libro Registro que deben llevar conforme a derecho; 4.º Las certificaciones que expidan los Registradores de la Propiedad y Mercantiles de los asientos registrales; 5.º Los expedidos por funcionarios públicos legalmente facultados para dar fe en lo que se refiere al ejercicio de sus funciones; 6.º Los que, con referencia a archivos y registros de órganos del Estado, de las Administraciones públicas o de otras entidades de Derecho público, sean expedidos por funcionarios facultados para dar fe de disposiciones y actuaciones de aquellos órganos, Administraciones o entidades». Por tanto, podría entenderse por «documento privado» el que se forma sin intervención de notario o funcionario público competente bajo las solemnidades legalmente prescritas.

tocolizados a partir de su depósito en el Registro[179]. Sin embargo, este hecho no puede ocultar que este depósito no es automático sino que exige una previa comprobación de su autenticidad por el encargado del Registro. Al margen de la apariencia externa, esa comprobación se impone con especial relevancia respecto de las firmas de las actas, contrastando las manuscritas con las que resultan del DNI y las electrónicas accediendo a la plataforma de intermediación de datos que proceda. En caso de discordancia manifiesta, y para evitar fraudes, el Registro puede y debe rechazar el documento. Sobre el contenido de las actas se viene tomando como referencia, en lo que proceda, el artículo 97 RRM, que detalla una serie de aspectos de necesaria constancia como fecha y lugar de la reunión, fecha, modo y texto íntegro de la convocatoria, número de asistentes con derecho a voto, resumen de los asuntos debatidos, intervenciones producidas, contenido de los acuerdos adoptados y la aprobación misma del acta.

Pero acabamos de indicar que las asociaciones hacen uso frecuente de las certificaciones, cuya competencia para expedirlos debe tener reflejo mismo en los estatutos (artículo 7.1.h) LODA), habitualmente atribuida al secretario, y que constituyen documentos privados. Por ello, puede traerse aquí la doctrina de la Dirección General de Seguridad Jurídica y Fe Pública sobre los certificados susceptibles de acceder al Registro Mercantil, perfectamente aplicable al registro de asociaciones. Si, respecto del ámbito estatal, sustituimos el artículo 7 RRM por el artículo 5.1 RRNA, es trasladable que la norma que establece la facultad de certificar ha de ser aplicada con rigor e interpretarse de modo estricto, *«máxime si se tiene presente que, dada la especial trascendencia, "erga omnes", de los asientos registrales, que gozan de la presunción de exactitud y validez (artículos 20 del Código de Comercio y 7 del Reglamento del Registro Mercantil), y se hallan bajo la salvaguardia jurisdiccional, se hace necesario exigir la máxima certeza jurídica de los documentos que tienen acceso al Registro (especialmente si, como acontece con las certificaciones, se trata de meros documentos privados), no sólo por lo que se refiere a la veracidad y exactitud del contenido de tales documentos, sino también respecto de la legitimidad para expedirlos»*[180]. Al igual que lo dis-

179. Vid. FERNÁNDEZ FARRERES, G., *Derecho de Asociación*, op. cit. pág. 189; LÓPEZ-NIETO Y MALLO, F., op. cit. pág. 132. En razón del elevado riesgo de fraude que presenta el documento privado, su fecha únicamente se tendrá por cierta cuando se den los supuestos del artículo 1227 CC: «La fecha de un documento privado no se contará respecto de terceros sino desde el día en que hubiese sido incorporado o inscrito en un registro público, desde la muerte de cualquiera de los que lo firmaron, o desde el día en que se entregase a un funcionario público por razón de su oficio».

180. Resolución de 24 de abril de 2019, de la Dirección General de los Registros y del Notariado (FJ 3), en *BOE* núm. 114, de 13 de mayo de 2019. En este caso, el Registro Mercantil de Murcia suspende la inscripción solicitada por una sociedad mercantil por carecer de facultad certificante el apoderado que otorga la escritura.

puesto en el artículo 112 RRM, los acuerdos sociales podrán certificarse por transcripción literal o por extracto[181].

Al margen de que los acuerdos sociales deben formalizarse en acta, y de que este documento original puede presentarse directamente al Registro o su contenido mediante certificado, y este último necesariamente original, tanto para la inmatriculación de las asociaciones como para la modificación de los estatutos de las ya inscritas, la confección misma de los estatutos iniciales o modificados se ajustará igualmente a unas reglas formales. En ambos casos, en el acta o certificado del acta constará la expresa aprobación de los estatutos, y estos quedarán unidos bajo determinados requisitos. Para el supuesto de inscripción primera de la asociación los estatutos iniciales deberán estar firmados por todos los socios promotores (artículo 43.3 RRNA), y para el segundo caso, los estatutos modificados deberán estar firmados por el presidente y por el secretario de la asociación, incluyendo al final del documento una diligencia expresiva de que han quedado redactados conforme a los cambios aprobados por la asamblea general e indicación de la fecha en que se adoptó la modificación (artículo 50 RRNA).

Una última pero no menos importante cuestión nos vuelve a enlazar con las exigencias de la Administración electrónica, que también inciden en el formato del documento que soporta las voluntades y acuerdos asociativos.

En la actualidad siguen siendo mayoría las asociaciones que se constituyen e incluso evolucionan tras la inscripción registral formalizando sus acuerdos y decisiones en documento privado y en formato papel. Haciendo uso normalmente de los modelos de actas, estatutos y certificados que los registros de asociaciones ponen a disposición de la ciudadanía, los promotores y socios rellenan los campos singulares mediante programas de texto, pero también, y no es nada excepcional, utilizando aún máquinas de escribir o directamente a mano con bolígrafo. Lo que en todo caso es coincidente es que en el correspondiente papel estampan las firmas manuscritas. Pues bien, este documento papel, ya sea acta, estatutos, certificado o autorización, es el documento privado original que, en el correspondiente procedimiento de inscripción, deben en cada caso aportar al Registro. El problema para promotores y socios surge de la misma Ley, que les prohíbe la presentación física y, por consiguiente, antes de la presentación electrónica de la solicitud registral que corresponda, tienen que proceder al escaneo del respectivo documento-papel a adjuntar, generando meras imágenes

181. Con independencia del documento privado de que se trate, acta o certificado, o de que se aporte con contenido extenso o resumido, se llama la atención sobre el hecho de que el procedimiento de inscripción de asociaciones, como el de inscripción de sociedades, «está basado en gran medida en las declaraciones de voluntad y de verdad emitidas por las personas a quienes el ordenamiento les atribuye, bajo su responsabilidad, esta obligación». La afirmación que aquí se reproduce, trasladable a los registros de asociaciones, se hizo en relación con el Registro Mercantil, vid. Resolución de 13 de febrero de 2019, de la Dirección General de los Registros y del Notariado (FJ 4), en *BOE* núm. 61, de 12 de marzo de 2019.

o copias simples en su terminal, a veces ininteligibles como consecuencia derivada del proceso de fotocopiado, y ya sin valor alguno como documento original. Los promotores de las asociaciones y los representantes de las inscritas se enfrentan, por tanto, al reto de constituirse o modificarse en documento privado electrónico con sus requisitos de identificación, referencia temporal y firma, que en un futuro no muy lejano será el único apto para fundamentar las inscripciones y quedar en depósito en el Registro.

Si la asociación se constituye o modifica en documento público, y lo cierto es que sobre la base de escritura pública se crean o evolucionan en torno al 10% del total de asociaciones, el panorama es similar. De entrada, no es posible su presentación física en papel, y aún menos mediante escaneo a través del registro electrónico general. No obstante, se abre aquí una posibilidad, que no es otra que la remisión directa desde la notaría al registro de asociaciones de una copia autorizada de la matriz. Así está previsto en el artículo 17 bis, apartado 3, de la Ley del Notariado[182], aunque para ello resultaría necesaria la previa firma de un convenio o instrumentarse la colaboración en la forma que se entienda procedente[183].

Téngase en cuenta que en el caso de documento privado en papel, para las asociaciones, por ser personas jurídicas, no concurre la posibilidad que sí existe para las personas físicas de presentarlo en las oficinas de asistencia en materia de registros para que el funcionario habilitado genere una copia auténtica en formato electrónico, con idéntico valor al documento original en papel (artículo 28.4 LPAC), mientras que para el supuesto de escritura pública se previene, en general, que la expedición de copias auténticas de documentos públicos notariales, registrales y judiciales se regirá por su legislación específica (artículo 27.6 LPAC), no pudiendo tampoco actuar dicho funcionario público.

En definitiva, la colocación por Ley de las asociaciones en la cúspide de la interrelación digital con las Administraciones Públicas y la implantación de novedosos desarrollos informáticos en los registros de asociaciones, van a exigir de promotores, socios y gestores de asociaciones un paso adelante en su adaptación a la imparable marcha de la Administración electrónica.

182. Artículo 17 bis de la Ley del Notariado, apartado 1: «Los instrumentos públicos a que se refiere el artículo 17 de esta Ley, no perderán dicho carácter por el solo hecho de estar redactados en soporte electrónico con la firma electrónica avanzada del notario y, en su caso, de los otorgantes o intervinientes, obtenida la de aquél de conformidad con la Ley reguladora del uso de firma electrónica por parte de notarios y demás normas complementarias»; apartado 3: «Las copias autorizadas de las matrices podrán expedirse y remitirse electrónicamente, con firma electrónica avanzada, por el notario autorizante de la matriz o por quien le sustituya legalmente. Dichas copias sólo podrán expedirse para su remisión a otro notario o a un registrador o a cualquier órgano de las Administraciones públicas o jurisdiccional, siempre en el ámbito de su respectiva competencia y por razón de su oficio».

183. En el ámbito de la AGE esta actuación sería más factible y eficaz si, como hemos defendido en otros trabajos, el Registro Nacional de Asociaciones se hiciera depender del Ministerio de Justicia.

4. LAS FACULTADES DEL REGISTRO

4.1. LA FUNCIÓN DE CALIFICACIÓN REGISTRAL

El Registro de asociaciones es hoy, al igual que otros importantes registros de personas jurídicas, un complejo servicio público que desarrolla cuatro funciones principales: de procedimiento (o de calificación), de registro (o de anotación), de publicidad (o de certificación) y de contabilidad (sólo sobre las asociaciones de utilidad pública).

A los efectos de este trabajo únicamente interesa conocer la función de procedimiento y, parcialmente, la de registro. A la «inscripción» de los estatutos originales o modificados, que es un asiento registral típico (artículo 14.1 RRNA), siempre precede la instrucción de un expediente, o lo que es lo mismo, las inscripciones en el Registro, con carácter general, se practican en virtud de resolución administrativa, previa tramitación y conclusión del respectivo procedimiento administrativo instado por los promotores y socios.

Sobre la base de los fundamentales artículos 24 y 30 LODA es importante determinar cómo actúa el Registro en el seno de dicho procedimiento administrativo, es decir, qué verifica y cómo antes de inscribir la asociación misma y depositar los estatutos originales, y antes de inscribir la modificación posterior de los estatutos.

Por lo que se refiere a la primera cuestión, «qué» verifica, hay que tener en cuenta el contenido del párrafo segundo del artículo 30.1 LODA: «*La Administración procederá a la inscripción, limitando su actividad a la verificación del cumplimiento que han de reunir el acta fundacional y los estatutos*». El equivocado enfoque de este artículo obliga a interpretar la expresión «acta fundacional y los estatutos» en un sentido particularmente amplio. En concreto, en el caso de alta o inscripción primera de la asociación y con ella de los estatutos originales, el Registro verificará el objeto, la solicitud, la tasa, el acta fundacional o certificado, los estatutos y la documentación complementaria, y para el supuesto de inscribir la modificación de los estatutos el Registro igualmente verificará la solicitud, la tasa, el acta modificativa o certificado, los estatutos y la documentación complementaria. El término «limitando» significa en este orden que el Registro únicamente examinará los documentos que deban formar parte del expediente, sin extenderse a otras fuentes extraprocedimentales.

Por lo que respecta a «cómo» verifica, y frente a una desenfocada línea jurisprudencial y doctrinal que tras la CE abogaba por la mera comprobación externa y superficial de los requisitos formales de los documentos presentados, se erige otra que le atribuye al registro de asociaciones un completo control de legalidad de los requisitos exigibles. Las posiciones que aún sostienen aquella escuálida función registral demuestran los inconvenientes que siempre resultan de posiciones teóricas que ninguna correspondencia guardan con la realidad, en este caso, ni con la realidad administrativa ni con la realidad asociativa, pues tanto el encargado del Registro realiza una verdadera tarea de calificación como las mismas asociaciones exigen de la Administración que observe cuantas garantías sean precisas para impedir que ingrese en el Registro quien carece de los títulos y condiciones necesarios para ello. Y es que el encargado del registro de asociaciones, en efecto, comprueba y califica, y a raíz de esta calificación inscribe, requiere la subsanación de defectos o deniega la inscripción. También puede suspender el procedimiento de inscripción por la existencia de indicios de ilicitud penal, indicios que sólo a él corresponde apreciar. Con las singularidades que procedan, la función de procedimiento del registro de asociaciones responde a la misma lógica que el procedimiento registral tipo o procedimiento registral ordinario hipotecario, es decir, el que teniendo por objeto la práctica de un asiento, *«no es otra cosa que el cauce legal para el ejercicio de la función registral, cuya médula consiste en el control de los presupuestos necesarios para que un derecho pueda acceder a la publicidad que el Registro ofrece, o lo que es lo mismo, en la calificación de los títulos presentados en el Registro»* [184]. Se trata, en definitiva, de una función capital del registro de asociaciones, base y presupuesto del resto de funciones de anotación y certificación.

La comprobación, verificación o calificación comprende el análisis de todos los requisitos legales de los documentos exigibles, tanto formales como de fondo pues el artículo 30.1 LODA no distingue. Cuando hablamos de requisitos formales nos referimos a aspectos como que la constitución de las asociaciones no admite la forma verbal, que por ello el acta fundacional se formalizará en documento público o privado o que la misma debe estar firmada por todos los promotores. También que si un promotor es menor de edad se aporte la correspondiente autorización de quienes ejerzan la patria potestad o tutela, o que se acredite la representación si el promotor que presenta la solicitud de inscripción actúa por medio de representante. Lo mismo se puede decir de los estatutos, que forman parte del acta y deben estar firmados por todos los promotores. La ausencia de tales exigencias serían defectos de requisitos formales. Cuando, por el contrario, nos referimos a los requisitos de fondo hablamos del contenido legalmente predeterminado para cada tipo de documento desde el punto de vista sustantivo. Un ejemplo de esto, con respecto a los estatutos, supone comprobar la conformidad de la organización o los derechos de los socios con las normas legales que disciplinan estos aspectos, para que no se dejen de reflejar en la norma estatutaria los órganos sociales preceptivos o los derechos que asisten a los asociados.

Esta función, en los términos indicados, es cierto que no permite el control material o ideológico de los fines de las asociaciones, pero no puede evitar

184. Cfr. MARTÍNEZ SANTOS, A., *Jurisdicción y Registros Públicos. El proceso para la impugnación de la calificación negativa*, Marcial Pons, Madrid, 1992, pág. 16.

adentrarse en el terreno, no de la discrecionalidad sino de los conceptos jurídicos indeterminados. Así lo ha querido la ley al prohibir denominaciones «similares», fines «imprecisos», «criterios» estatutarios no democráticos o actividades «indiciarias» de ilicitud. Casos todos ellos en los que el encargado del Registro tiene la responsabilidad de decidir sobre la solución justa, sin perjuicio de su revisión judicial[185].

Desde un punto de vista positivo, estos perfiles de la verificación registral se vienen a resumir en el primero de los principios de actuación que recoge el RRNA, el principio de legalidad, por el cual «*el Registro calificará la legalidad de las formas extrínsecas de los documentos en cuya virtud se solicita la inscripción y la validez de su contenido*» (artículo 4.a). Quiere esto decir que el Registro se centrará en los documentos de obligatoria aportación, rechazando aquellos de presentación voluntaria, limitando su actuación a los requisitos de forma y de fondo, y sobre éstos no sólo a comprobar que concurren de manera efectiva sino a analizar que tales extremos se acomodan al ordenamiento jurídico. Lo que viene a realizar el Registro es una calificación reglada y motivada, que puede conducir a la inscripción o a la denegación de la inscripción[186].

En los primeros años de nuestra democracia la doctrina apuntaba en este sentido: «*La Administración encargada del Registro podrá y deberá denegar, por tanto, la inscripción registral solicitada —cuando observe deficiencias o incumplimiento de los requisitos formales necesarios para la constitución de la asociación con arreglo a derecho, o cuando, como ya se ha dicho, aprecie la existencia de indicios de ilicitud, en cuyo caso quedará paralizado el expediente hasta que el juez correspondiente resuelva— y, consiguientemente, denegará el reconocimiento de personalidad a la misma. Ciertamente, ello no supone el ejercicio de poderes discrecionales por la Administración, tratándose, antes bien, de una constatación o verificación reglada que sólo en algunos supuestos límites puede implicar cierto margen de apreciación administrativa, controlable, no obstante, con todas las garantías jurídicas, por la jurisdicción contencioso-administrativa. Así sucede, por ejemplo, con la cuestión relativa a la denominación de la asociación, que ha dado lugar, tras la Constitución, a algunos pronunciamientos jurisprudenciales, si bien referidos a específicas modalidades asociativas, como es el caso de sindicatos y partidos políticos. En todo caso, esa misma jurisprudencia confirma, una vez más, que la Administración encargada del Registro general de asociaciones, o de los específicos registros según las modalidades asociativas de que se trate, no sólo puede, sino*

185. Respecto del Registro Mercantil, pero aplicable a todos los registros jurídicos, se ha dicho que la denegación de la inscripción no puede basarse en motivos distintos de los legalmente previstos, como podrían ser los juicios de oportunidad, el interés general o razones de naturaleza discrecional, vid. FERNÁNDEZ RODRÍGUEZ, C., *El registro mercantil*, Marcial Pons, 1998, pág. 124.

186. Esta conclusión, perfectamente asentada, encuentra hoy su fundamento en el artículo 24 LODA.

que debe denegar la inscripción cuando observe deficiencias o incumplimiento de los requisitos necesarios para practicar dicha inscripción»[187].

Y también antes de la entrada en vigor del RRNA en 2015, la legislación de las Comunidades Autónomas ya había sido inequívocamente expresiva en este aspecto. Es función del Registro general de asociaciones de Cataluña «*calificar el contenido de los actos inscribibles*»[188], y del Registro general de asociaciones del País Vasco «*calificar, inscribir y certificar los actos que daban acceder al Registro*»[189]. El Registro general de asociaciones de Canarias «*podrá denegar motivadamente las inscripciones o anotaciones por razones de legalidad*»[190], es decir, recibida la solicitud de inscripción «*la examinará y verificará si se cumplen los requisitos exigidos en la Ley*»[191], y en igual sentido el Registro de asociaciones de la Comunidad Valenciana «*podrá denegar motivadamente las inscripciones o anotaciones por razones de legalidad*»[192]. Otras normativas autonómicas acogen el mismo principio registral de legalidad, comprensivo de la calificación[193].

Como corolario a todo lo expuesto se puede afirmar que sólo si a su responsable se le apodera de una verdadera función de calificación, y ésta se ejerce con el máximo rigor y profesionalidad, se puede hablar de que el registro de asociaciones es una garantía frente a todos (artículo 10.2 LODA).

---

187. Cfr. FERNÁNDEZ FARRERES, G., *Asociaciones y Constitución*, op. cit., pág. 126 a 129.
188. Artículo 315-3 LACat.
189. Artículo 3.1 del Reglamento del Registro General de Asociaciones del País Vasco, aprobado por Decreto 145/2008, de 29 de julio, dictado en desarrollo del artículo 40 LAPV.
190. Artículo 36.1 LAC.
191. Artículo 48.1 del Reglamento de Asociaciones de Canarias.
192. Artículo 60.2 LACV.
193. El artículo 5.1.a) del Decreto 276/1997, de 25 de septiembre, por el que se crea el Registro Central de Asociaciones y se regula la organización y funcionamiento de los registros de asociaciones de la Comunidad Autónoma de Galicia, establece: «1. Será competencia de los delegados provinciales de la Consejería de Justicia, Interior y Relaciones Laborales: a) Dictar la oportuna resolución acordando la inscripción en el registro provincial de asociaciones, *una vez cumplidos los trámites legalmente establecidos*» (las cursivas son nuestras). El artículo 3 del Decreto 8/1999, de 2 de febrero, de coordinación de Registros de Asociaciones de la Administración de la Junta de Comunidades de Castilla-La Mancha, dispone: «La Delegación Provincial de la Junta de Comunidades a la que se dirija la instancia de inscripción y la documentación que la acompañe, inscribirá la asociación en el Registro Central de Asociaciones *cuando proceda conforme a la Ley*» (las cursivas son nuestras). Respecto del Registro general de Asociaciones de Andalucía resulta curiosa la contención de la LAA, y del Decreto 152/2002, 21 de mayo, por el que se aprueba el Reglamento de organización y funcionamiento del Registro de Asociaciones de Andalucía, que de forma aséptica le atribuye la función de «practicar las inscripciones o anotaciones que proceden respecto de los actos y documentos que se citan en el artículo 7 de este Reglamento», frente a las amplias y diáfanas competencias de «calificación, inscripción y certificación» que la ley da a un registro menor como es el Registro general de Entidades de Voluntariado (artículo 18.2 de la Ley 4/2018, de 8 de mayo, Andaluza del Voluntariado). A nuestro juicio puede tratarse de una mera circunstancia derivada de la técnica normativa pero sin que ello suponga sustraer al Registro general de Asociaciones de Andalucía de la vigencia del principio de legalidad.

4.2. EL PROCEDIMIENTO REGISTRAL

Tal y como se ha dicho, la práctica efectiva de la inscripción de los estatutos originales o modificados exigen la previa instrucción de un procedimiento administrativo, por lo que vamos a referir brevemente sus aspectos esenciales.

Hoy la LODA recoge reglas del procedimiento administrativo perfectamente reconocibles como la subsanación de defectos de la solicitud, el plazo de resolución del expediente o el sentido del silencio (artículo 30), y establece para los «procedimientos de inscripción» la aplicación de la Ley 30/1992, de 26 de noviembre, respecto de todas las cuestiones no reguladas en la misma y su normativa de desarrollo (disposición adicional segunda), que hay que entender sustituida por la actual LPAC.

Pero es en el RRNA donde encontramos reglas procedimentales más precisas, válidas para los expedientes tanto de inscripción de los estatutos originales como de los estatutos modificados.

Estemos ante un procedimiento u otro, ya hemos adelantado que el registro general de asociaciones deberá examinar primeramente la documentación en su conjunto, para determinar que la entidad que se le presenta a inscripción es, en efecto, una asociación común. Es decir, determinará y delimitará el «objeto» de inscripción. En estos términos, el Registro no podrá admitir a trámite una solicitud relativa a una entidad que no sea asociación o que siéndolo sea una asociación especial o una asociación común o general cuyo ámbito territorial no sea de su competencia. En estos casos resulta de aplicación el artículo 14.1 de la Ley 40/2015, de 1 de octubre, del régimen jurídico del sector público (LRJSP), según el cual *«el órgano administrativo que se estime incompetente para la resolución de un asunto remitirá directamente las actuaciones al órgano que se considere competente, debiendo notificar esta circunstancia a los interesados»*, así como el artículo 31 RRNA, que contempla igualmente esta remisión directa a los respectivos registros competentes. En la práctica es excepcional, y acaso debido a un error involuntario, recibir solicitudes de inscripción por parte de fundaciones, partidos políticos o cooperativas, pero no es nada infrecuente recibir en los registros generales de asociaciones solicitudes de sindicatos, federaciones deportivas o entidades religiosas, incluso con la firme pretensión de sus promotores de que sean aceptadas. Y muy frecuente recibir en el registro estatal solicitudes de asociaciones de ámbito autonómico, provincial o local expresamente señalados en los estatutos y viceversa. En todos estos casos es responsabilidad del respectivo registro advertir la naturaleza jurídica o ámbito territorial de las entidades que se presentan a inscripción, y rechazarlas *a limine* para evitar supuestos de nulidad de pleno derecho (artículo 47.1.b) LPAC). Todo esto nos permite afirmar que el registro general de asociaciones, en ningún caso, es un registro residual. En este sentido, el artículo 2.1 RRNA es bien claro al señalar que el Registro Nacional de Asociaciones tiene por objeto exclusivo *«la ins-*

cripción de las asociaciones, federaciones, confederaciones y uniones de asociaciones de ámbito estatal, y de todas aquellas que no desarrollen principalmente sus funciones en el ámbito territorial de una única comunidad autónoma, siempre que, en ambos casos, no tengan fin de lucro y no estén sometidas a un régimen asociativo específico».

Una vez determinada la naturaleza de la asociación, de asociación común, ya se podrá pasar a analizar el contenido de la solicitud y, en su caso, el pago de la tasa que se haya establecido.

El contenido de la «solicitud» se debe acomodar a lo dispuesto con carácter general en el artículo 66 LPAC[194], y a las especificidades del artículo 36 RRNA. Entre éstas, además de la identidad del promotor, es importante que figure la denominación exacta y domicilio de la asociación, y, en su caso, el código que corresponda con la actividad más característica de la asociación.

En los modelos que el RNA pone a disposición de la ciudadanía están claramente estructurados los campos a cumplimentar.

Aunque las leyes generales nunca lo recogieron expresamente, ni tan siquiera la actual LPAC, la doctrina converge en reconocer que la gratuidad es un principio ordenador del procedimiento administrativo, lo que no obsta al establecimiento de una «tasa» a soportar por los interesados en la prestación del correspondiente servicio. A través de la creación de tasas, y de acuerdo con el principio de equivalencia, se busca distribuir el coste que genera todo procedimiento, en general en los expedientes de concesión de autorizaciones o licencias, y por la realización de actuaciones técnicas de inspección, estudio, asesoramiento o prospección, pero también por «*inscripciones o anotaciones en Registros oficiales y públicos*» (artículo 13.b) de la Ley 9/1989, de 13 de abril, de Tasas y Precios Públicos). Es más, al esfuerzo económico del interesado la propia Ley añade una regla impeditiva de estricta observancia por la Administración, cual es que la tasa se devengará cuando se presente la solicitud que inicie la actuación o el expediente, «*que no se realizará o tramitará sin que se haya efectuado el pago correspondiente*» (artículo 15.1.b) Ley 9/1989, de 13 de abril).

Los registros generales de asociaciones pueden ser gratuitos o no, siendo este segundo el caso del registro estatal. La Ley 13/1996, de 30 de diciembre,

194. Artículo 66 LPAC: «1. Las solicitudes que se formulen deberán contener: a) Nombre y apellidos del interesado y, en su caso, de la persona que lo represente; b) Identificación del medio electrónico, o en su defecto, lugar físico en que desea que se practique la notificación. Adicionalmente, los interesados podrán aportar su dirección de correo electrónico y/o dispositivo electrónico con el fin de que las Administraciones Públicas les avisen del envío o puesta a disposición de la notificación; c) Hechos, razones y petición en que se concrete, con toda claridad, la solicitud; d) Lugar y fecha; e) Firma del solicitante o acreditación de la autenticidad de su voluntad expresada por cualquier medio; f) Órgano, centro o unidad administrativa a la que se dirige y su correspondiente código de identificación».

de medidas fiscales, administrativas y del orden social, creó la tasa por inscripción y publicidad del RNA, y encomendó su liquidación al Ministerio del Interior. En su origen no estuvo tanto el reparto de costes cuanto otros motivos derivados de un cierto uso abusivo del Registro, que recibía solicitudes que podríamos calificar de insólitas. Se ha señalado en general que los principales motivos para la creación de tasas son el ánimo recaudatorio y la cobertura de los costes del servicio, pero también se han identificado otros no menos relevantes, como hacer más madura y reflexiva la decisión del particular de iniciar el procedimiento y de combatir la utilización indiscriminada de la maquinaria administrativa[195].

En su virtud, vigente la tasa, como lo está hoy día, si bien que transformada a euros y actualizada en su cuantía conforme a las sucesivas leyes de presupuestos generales del Estado, el promotor solicitante deberá utilizar el modelo de autoliquidación 790, código 017, y hacer efectivo el ingreso al Tesoro Público a través de una entidad bancaria colaboradora o de la sede electrónica del Ministerio del Interior. A veces ocurre que se paga la tasa por error, y en tal caso, si el RNA no es el registro competente para tramitar la solicitud presentada, por tratarse de una asociación especial o una asociación autonómica, deberá proceder a la devolución de la cantidad indebidamente ingresada[196].

Una vez que el registro general de asociaciones comprueba que la solicitud deriva de una asociación común, que la solicitud misma es correcta y se ha abonado la tasa, comienza el estudio del resto de la documentación, en particular, de los estatutos, ya sean originales o modificados según el trámite que proceda.

Si del contraste del contenido de los estatutos con el ordenamiento jurídico no resulta defecto alguno, el Registro procederá a la inscripción en el plazo de tres meses contado desde la fecha de presentación de la solicitud. En caso contrario, opera el sistema del silencio positivo, de manera que una vez sobrepasado dicho plazo sin haberse dictado resolución de inscripción, el interesado podrá entender estimada la solicitud, todo lo cual no excusa a que, en efecto, el Registro deba dictar resolución posterior, expresa y confirmatoria del sentido del silencio (artículo 40. 1 y 2 RRNA).

Puede suceder, en cambio, que en los estatutos se encuentren indicios racionales de ilicitud penal o bien, sin llegar a este extremo, que se observen incumplimientos en la denominación o defectos en el resto del articulado. En ambos casos, el procedimiento de inscripción quedará suspendido. En el primero, desde la fecha de la resolución motivada de remisión de las actuaciones al Ministerio Fiscal, y, en el segundo, desde la fecha de notificación del requerimiento de subsanación de defectos (artículo 40. 3 RRNA).

195. Vid. CIERCO SIERA, C., «De la gratuidad del procedimiento administrativo», *Revista Aragonesa de Administración Pública*, núm. 35, 2009, págs. 159 y 164.

196. Artículo 12 de la Ley de Tasas y Precios Públicos.

El primer supuesto es excepcional, pero el segundo, el de la subsanación de defectos de los estatutos, es muy habitual. Para la rectificación de los mismos los interesados disponen de diez días, pudiendo ocurrir que realizan satisfactoriamente la rectificación o bien que ni tan siquiera atiendan el trámite. En este último caso, el Registro dictará resolución de desistimiento de la solicitud de inscripción con archivo de las actuaciones, lo que no impide volver a presentar la solicitud.

Si la asociación atiende el trámite pero la rectificación sigue siendo insuficiente o incompleta, se practicará el oportuno trámite de audiencia, con la concesión de un nuevo plazo de diez días para formular alegaciones. A raíz del mismo, pueden persistir los defectos o bien subsanarse en debida forma, lo que determinará el sentido final de la resolución.

Cualesquiera que sean las vicisitudes del expediente, el instructor del Registro podrá recabar aquellos informes que estime necesarios por razón de la denominación, fines sociales, actividades u otros contenidos estatutarios. El órgano informante deberá pronunciarse en el plazo de diez días sobre si, desde el ámbito de sus competencias, concurre al motivo que impida acceder a la inscripción y, en particular, sobre si las actividades de la asociación colisionan con el ejercicio de funciones públicas de carácter administrativo (artículo 38.3 RRNA). Esta regla se ha de interpretar en sentido extenso ya que algunas asociaciones se atribuyen funciones normativas o jurisdiccionales generales, no estrictamente de índole administrativa, pero que de manera alguna pueden asumir suplantando a los órganos de los poderes legislativo y judicial del Estado. Por lo demás, y a diferencia de los anteriores, este trámite de petición de informes no suspende el procedimiento.

Como ya sabemos, el órgano competente dictará resolución favorable o desfavorable a la inscripción pedida, que notificará a la asociación. En el primer caso, se indicará que la inscripción se practica a los solos efectos de publicidad y que no exonera a la asociación de cumplir la normativa vigente reguladora de las actividades necesarias para el desarrollo de los fines sociales (artículo 39.2 RRNA)[197], y, además, se remitirán los estatutos diligenciados, con expresa constancia de la fecha de depósito en el Registro. Para el segundo, los interesados podrán presentar recurso de alzada (artículo 41 RRNA) o bien volver a presentar la solicitud.

197. La expresión «a los solos efectos de publicidad» de este precepto no anula la evidencia de que la inscripción tiene otros muchos efectos, incluso previstos en la LODA, por lo que la misma, para su correcto entendimiento, se ha de poner en relación directa con la observancia de la Ley, en la perseguida finalidad de que las asociaciones, por el solo hecho de estar inscritas en el Registro, dependiente del Ministerio del Interior o de las Comunidades Autónomas, no se sientan eximidas del cumplimiento de la normativa sectorial que les resulte aplicable.

5. TIPOS DE INSCRIPCIÓN

En relación con los estatutos existen tres procedimientos principales, que son la inscripción primera o alta de la asociación, lo que conlleva la inscripción y depósito de los estatutos originales, la inscripción de los estatutos modificados y la inscripción de los estatutos adaptados a los contenidos de la LODA.

Antes de examinar estos tipos, cabe advertir que es frecuente que las asociaciones autonómicas o especiales, inicialmente inscritas en sus respectivos registros, aborden un proceso de transformación por ampliación del ámbito territorial de actuación o por sometimiento a la normativa general de asociaciones, con cambio, en todo caso, de los estatutos, y presenten su solicitud de inscripción en el registro estatal y general que es el RNA. Para ellas, la disposición adicional quinta RRNA establece que quedarán sujetas y les será aplicable lo dispuesto en dicho Reglamento.

También se destaca que la inscripción primera o inmatriculación no significa otra cosa que inscribir la constitución o fundación de las entidades asociativas y supone el acceso o ingreso de las mismas en el registro de asociaciones. Será esta fecha de inscripción la que marque el inicio de un proceso de permanente relación entre la entidad y el Registro, en virtud del cual se deberán anotar cuantos actos de la vida social sean legalmente considerados relevantes para los propios socios y para terceros. Sin perjuicio del acto definitivo de la disolución, las entidades asociativas están obligadas a instar la inscripción de otros muchos actos, entre los que se encuentran los cambios estatutarios.

5.1. INSCRIPCIÓN PRIMERA DE LOS ESTATUTOS ORIGINALES

La inscripción de los estatutos originales, es decir, los redactados y aprobados por la asamblea general constitutiva, va implícita en la inscripción misma de la asociación, sobre la base del acta fundacional.

Para tales estatutos ya sabemos, y lo damos por reproducido, que deberán contener todos los extremos establecidos por el artículo 7.1 LODA, sin perjuicio de que también puedan incluir cualesquiera otros contenidos que los promotores y socios estimen convenientes, siempre que no se opongan al ordenamiento jurídico ni contradigan los principios configuradores de la asociación. Los estatutos deberán estar firmados por todos los promotores, y se acompañarán de los documentos complementarios que procedan, como son, en su caso, las autorizaciones de uso de la denominación o del domicilio social.

Para el caso de las asociaciones juveniles la peculiaridad estatutaria consiste en acotar la edad de los socios, entre los catorce y veintinueve años, siendo el resto de contenidos los mismos que para cualquier otra asociación.

Aunque no existe plazo para presentar la solicitud de inscripción de la asociación, contado desde la fecha de la asamblea constitutiva, nuestro consejo, ya lo hemos dicho, es verificar este trámite lo antes posible para evitar los perjuicios y obtener las ventajas que, respectivamente, la situación extrarregistral y el ingreso en el Registro conllevan.

Si lo que se pretende inscribir es, no una asociación extranjera en cuanto tal, sino una delegación en España de una asociación extranjera, los representantes en nuestro país deberán presentar la «*documentación justificativa de que se encuentra válidamente constituida con arreglo a su ley personal, mediante la aportación del documento que acredite la vigencia de la inscripción, aprobación, legalización o reconocimiento, expedida por la autoridad competente del país de origen*» y «*los estatutos o documento análogo que regule la organización y funcionamiento de la asociación*» (artículo 64.1.a) y b) RRNA), siendo aquí la singularidad que tanto el documento constitutivo como los estatutos deberán presentarse debidamente legalizados conforme a la normativa sobre legalización de documentos públicos extranjeros (Apostilla de La Haya)[198].

5.2. INSCRIPCIÓN DE LOS ESTATUTOS MODIFICADOS

A partir de la inscripción, la asociación comienza su actividad sujeta a las reglas de organización y funcionamiento contenidas en los estatutos. Sin embargo, no existe ningún contenido, preceptivo o potestativo, que dentro de los márgenes de la legalidad no pueda ser alterado por la voluntad mayoritaria de los socios, hasta el punto de poderlos cambiar radicalmente, desde el nombre hasta la estructura, pasando por los fines, actividades o régimen de los socios.

Respecto de las sociedades, pero igualmente válido para las asociaciones, se ha dicho que el fundamento de la modificación estatutaria se encuentra en que «*los estatutos son el ordenamiento corporativo de la sociedad, cuyo contenido se establece en atención a las circunstancias presentes en el momento constitutivo y a las previsibles para el futuro. Por ello, si posteriormente se alteran aquéllas o las exigencias financieras, económicas o las estrictamente jurídicas, surge la ineludible necesidad de modificar los estatutos originarios para adecuarlos a la nueva situación. La finalidad de toda modificación estatutaria es, pues, alcanzar en un*

198. El procedimiento de apostilla consiste en colocar sobre un documento público, o una prolongación de este, una Apostilla o anotación que certificará la autenticidad de la firma de los documentos expedidos en un país firmante del XII Convenio de La Haya, de 5 de octubre de 1961, por el que se suprime la exigencia de Legalización de los Documentos Públicos Extranjeros que deban surtir efectos en otro país firmante del mismo. Así, los documentos emitidos en un país firmante del Convenio que hayan sido certificados por una Apostilla deberán ser reconocidos en cualquier otro país del Convenio sin necesidad de otro tipo de autenticación. Los documentos que pueden apostillarse son los judiciales, administrativos y notariales, vid. https://www.mjusticia.gob.es/es/ciudadania/tramites/legalizacion-unica-apostilla (último acceso 30.6.2023).

momento determinado la más exacta correspondencia entre las exigencias de la realidad y el ordenamiento orgánico de la sociedad» [199].

Esta misma motivación es la que encontramos en el artículo 28.4 LODA, según el cual «*cualquier alteración sustancial de los datos o documentación que obre en el Registro deberá ser objeto de actualización, previa solicitud de la asociación correspondiente, en el plazo de un mes desde que la misma se produzca*». La razón de esta disposición, en efecto, no es otra que mantener la continua correspondencia entre la realidad asociativa y la realidad registral, pues no de otra forma puede ser confiable la publicidad que el Registro está llamado a proporcionar.

No obstante, hay dos cuestiones que hacen algo confuso este precepto.

El primero se refiere a qué debe entenderse por alteración sustancial. En efecto, si la LODA considera relevantes determinados actos, cualquier modificación que les afecte, por mínima que sea, ya debe ser causa de actualización e inscripción. Pero al añadir a la alteración el calificativo de «sustancial» se está dejando al criterio subjetivo de las asociaciones el promover o no la oportuna inscripción. Según la RAE sustancial significa «*lo esencial y más importante de algo*», por lo que ante nuevos hechos o acuerdos asociativos las entidades se ven obligadas a valorar si tales cambios son esenciales o anecdóticos, para a raíz de esta valoración promover o no la inscripción. El problema, claro está, reside en las distintas interpretaciones que pueden alcanzarse. A nuestro juicio no ha sido muy acertado remitir a la apreciación de las asociaciones lo que debe ser o no objeto de inscripción, por ser una carga innecesaria para ellas y suponer riesgo evidente para la seguridad jurídica, y es que producida la alteración de la vida asociativa pero no inscrita por decisión de la entidad, el Registro estaría dando publicidad a partir de ese momento a unos datos desactualizados y, en consecuencia, erróneos, defraudando la confianza de los propios socios y de terceros en la exactitud del contenido del Registro. Por eso, nuestro consejo a las asociaciones es que cualquier cambio estatutario, incluido el más mínimo cambio en el domicilio social, se promueva a inscripción.

El segundo aspecto alude a quién debe sentirse concernido por el plazo establecido ya que no se sabe si la asociación debe presentar la solicitud de inscripción de la modificación en el plazo de un mes desde que tiene lugar o si se refiere a que el Registro dispone del plazo de un mes para su inscripción contado desde la presentación de la solicitud. El RRNA ha entendido que el plazo de un mes incumbe sólo a los interesados mientras que para el Registro rige el plazo general de tres meses para tramitar cualquier tipo de procedimiento (artículo 40.1), según interpretación deducida del artículo 30.1 LODA. Ocurre, sin embargo, que el incumplimiento de este plazo es generalizado y el RRNA tuvo el acierto de, por supuesto, no ligarle ningún efecto desfavorable que la

199. Cfr. BROSETA PONT, M., *Manual de Derecho Mercantil*, Tecnos, 1990, pág. 278.

LODA ni tan siquiera contempló, sino el de poder exigir a los interesados «*la aportación de un certificado en el que se ratifique la vigencia de la variación producida en los datos*» (artículo 37.2). Esta posibilidad se prevé para cuando dicha solicitud se presenta fuera de plazo y el retraso es considerable, pudiendo alcanzar uno o más años. Al igual que decíamos anteriormente, nuestro consejo es el de apresurarse a presentar la solicitud de inscripción de los estatutos modificados, más aún teniendo en cuenta los importantes y decisivos efectos del artículo 16 LODA.

Además del acta de la asamblea general aprobatoria de la modificación o certificado, en este procedimiento es necesario aportar el renovado texto estatutario, es decir, el «*texto íntegro de los nuevos estatutos, que contenga los artículos modificados, firmado por el presidente y secretario de la asociación, y en el que se haga constar, mediante diligencia extendida al final del documento, que han quedado redactados con la inclusión de las modificaciones acordadas en la asamblea general, e indique la fecha en se adoptó la modificación*» (artículo 50.b) RRNA). Aunque los cambios sean mínimos, es lógico que se exija un documento único e íntegro pues los nuevos estatutos son los destinados a quedar en depósito y sobre los que en bloque se ejercerá la correspondiente publicidad.

Para este supuesto de inscripción de estatutos modificados, se llama la atención sobre la importancia de tener actualizados los datos registrales, en particular, de los titulares de la junta directiva, pues el Registro nunca admitirá un certificado expedido por quien no le consta como la persona autorizada para certificar los acuerdos sociales. Suele ser habitual que en la misma reunión de la asamblea general se puedan aprobar los nuevos estatutos y la renovación del órgano de representación, y que la asociación proceda de inmediato a solicitar la inscripción de aquéllos aportándose al efecto certificado expedido por el nuevo secretario, circunstancia que será rechazada por el Registro toda vez que le seguirá constando en dicho cargo el anterior secretario. Por ello, en lugar de solicitar de forma inmediata la inscripción de los nuevos estatutos, lo que las asociaciones deben regularizar primeramente es la composición de la junta directiva y, una vez registrada, solicitar inscribir el resto de acuerdos, incluido el relativo a la modificación de estatutos. Esta práctica encuentra su fundamento en los principios de legitimación y tracto sucesivo (artículo 4 RRNA).

5.3. INSCRIPCIÓN DE LOS ESTATUTOS ADAPTADOS

La inacción de las asociaciones no es un fenómeno ajeno al ordenamiento jurídico, al considerarse como un supuesto determinante de la expulsión del Registro de la asociación previamente inscrita pero que con el tiempo ha devenido inactiva por dejar de dar cumplimiento efectivo a los fines sociales que en su día justificaron su constitución, por falta de renovación de los cargos representativos o por cualquier otro motivo.

La entidad asociativa debe querer y poder la inscripción. Por un lado, debe querer o tener la libre voluntad de solicitar la inscripción y, por otro, poder reunir los requisitos necesarios para ello. Y de la misma manera que para acceder al Registro las asociaciones deben cumplir una serie de requisitos, produciéndose en caso contrario la denegación de la inscripción o su no entrada en tal registro, de igual forma las asociaciones inscritas antiguas que, estando obligadas a ello, no hayan declarado estar activas, para acceder al mismo, o lo que es lo mismo en este caso, para permanecer en el Registro, deben también cumplir con los requisitos legales que se establezcan, con la consecuencia lógica, en caso de incumplimiento, de su baja o salida de tal registro.

La inactividad de las asociaciones se considera un supuesto que está en contradicción con el principio que trata de asegurar la permanente correspondencia entre la realidad asociativa y realidad registral, y por tal motivo el ordenamiento le vincula determinados efectos, en particular, cuando se pasa de un régimen jurídico a otro nuevo y se considera la situación anterior a través de las oportunas normas de derecho transitorio.

El cambio que trajo la LODA fue nada menos que derogar toda la normativa dictada durante la Dictadura, a cuyo amparo se constituyeron y registraron todas las asociaciones con anterioridad a 2002, por lo que tan significativa transformación normativa para el actual Estado social y democrático de Derecho justificó en toda su extensión el deber de las asociaciones de declarar su vigencia y proveer así a la realidad del registro de asociaciones.

Fueron estas razones las que llevaron a incluir en la LODA una disposición transitoria primera que establece lo siguiente:

> «1. *Las asociaciones inscritas en el correspondiente Registro con anterioridad a la entrada en vigor de la presente Ley Orgánica estarán sujetas a la misma y conservarán su personalidad jurídica y la plenitud de su capacidad, pero deberán adaptar sus Estatutos en el plazo de dos años.*
>
> 2. *No obstante lo anterior, las asociaciones inscritas deberán declarar, en el plazo de dos años desde la entrada en vigor de la presente Ley Orgánica, que se encuentran en situación de actividad y funcionamiento, notificando al Registro en el que se hallen inscritas la dirección de su domicilio social, y la identidad de los componentes de sus órganos de gobierno y representación, así como la fecha de elección o designación de éstos*» [200].

Como vemos, la norma contempla la obligación, en todo caso, de comunicar al Registro, estatal o autonómico, su situación de actividad, lo cual, sin embargo, puede conllevar o no la adaptación de los estatutos antiguos a las disposiciones

200. La STC 133/2006 declaró la plena constitucionalidad de esta disposición transitoria, en particular, de su apartado 2: «Conforme hemos tenido la oportunidad de declarar en la STC 219/2001... sólo la continua correspondencia del Registro con la realidad permite cumplir el fin de publicidad a que se refiere el art. 22.3 CE. Pues bien, examinado el precepto desde

de la nueva LODA. Tal obligación debía cumplirse en el plazo de dos años, hasta el 26 de mayo de 2004. No obstante, en la actualidad son miles las asociaciones inscritas con anterioridad a la LODA que no han declarado estar en situación de actividad y funcionamiento, lo que no impide que, al menos en el RNA, y a pesar del amplio período de tiempo transcurrido, se sigan admitiendo este tipo de solicitudes.

En efecto, para las asociaciones inscritas con anterioridad a 2002 que soliciten registrar la adaptación de estatutos, el RRNA garantiza su inscripción mediante el procedimiento ordinario de modificación de estatutos y sin sujeción a plazos (disposición adicional sexta, 2).

En concreto, la adaptación de estatutos, que conlleva implícitamente la declaración de actividad y funcionamiento de la asociación, exige la presentación de la correspondiente solicitud, en el plazo de un mes contado desde la adopción del respectivo acuerdo de modificación de estatutos.

A la solicitud deberán acompañarse dos tipos de actas, el acta de la asamblea general (original o certificado), que recoja el acuerdo de modificación de estatutos, la relación de artículos modificados y la fecha de su aprobación, haciéndose constar que la modificación se ha aprobado conforme a los requisitos que para la adopción de acuerdos establecen los estatutos, y el acta de la asamblea general o del acuerdo adoptado, según se haya determinado en los estatutos, en el que conste la designación de los titulares de la junta directiva y su fecha, y se indique expresamente: a) los datos de identidad y domicilio, si son personas físicas; b) la razón social o denominación si son personas jurídicas, con los datos de identidad de las personas físicas que actuarán en su nombre; c) cargos que ostentan dentro del órgano de representación; d) la fecha de la elección o nombramiento de los titulares entrantes; e) la fecha de la revocación y el cese, en su caso, de los titulares salientes; y f) la firma de los titulares entrantes y, en su caso, de los salientes. En el supuesto de no poderse aportar la firma de los titulares salientes, se acompañará justificación suficiente de tal circunstancia.

También se acompañará el texto íntegro de los nuevos estatutos, que contenga los artículos modificados, firmado por el presidente y secretario de la asociación, y en el que se haga constar, mediante diligencia extendida al final del

---

la perspectiva que nos ofrece este criterio, podemos afirmar que la carga que en él se establece a las asociaciones inscritas no puede reputarse desproporcionada a los efectos del ejercicio por el legislador estatal de la competencia que le atribuye el art. 149.1.1ª CE. En efecto, resulta manifiesto que la comunicación al registro administrativo correspondiente de que las asociaciones preexistentes e inscritas se encuentran "en situación de actividad y funcionamiento" sirve como garantía de los derechos e intereses legítimos tanto de terceros, que pudieran entrar en relación con una asociación sobre cuya pervivencia alberguen dudas, como de los propios miembros de la asociación, conforme se reconoce en el art. 10.2 LODA. Obviamente, también coadyuva al efectivo ejercicio del derecho positivo de asociación, en la concreta vertiente de incorporación a un ente asociativo previamente existente, y que desarrolle las actividades estatutariamente definidas» (FJ 16).

documento, que han quedado redactados con la inclusión de las modificaciones acordadas en la asamblea general, e indique la fecha en que se adoptó la modificación[201].

La importancia de la actividad asociativa y actualización estatutaria han hecho que la legislación autonómica de asociaciones también contemple expresamente estas cuestiones, si bien con distinto alcance.

La disposición transitoria única LAA, la disposición final primera LACV y la disposición transitoria primera LAPV establecen, directa o indirectamente, la necesidad de la adaptación pero, al igual que la LODA, sin prever consecuencias de tipo alguno para las asociaciones incumplidoras. Más severas, en cambio, aparecen las leyes de Canarias y Cataluña. La disposición final primera LAC recoge que las asociaciones inscritas antes de su entrada en vigor deberán adaptar sus estatutos en el plazo de dieciocho meses si contradicen las prescripciones de la ley, añadiendo que las asociaciones que no procedan a la adaptación e inscripción en plazo quedarán, previa declaración administrativa de caducidad de la inscripción, con el tratamiento legal correspondiente al régimen de asociaciones no inscritas. Por su parte, la disposición transitoria primera LACat dispone que las asociaciones anteriormente registradas que no adapten e inscriban sus estatutos en plazo (antes del 31 de diciembre de 2012) pierden los beneficios derivados de la publicidad registral y la posibilidad de obtener subvenciones de la Generalidad.

6. LA PUBLICIDAD DE LOS ESTATUTOS

La característica primera y consustancial a los registros generales de asociaciones, estatal o autonómicos, es que son públicos, según resulta del artículo 22.3 CE y del artículo 29 LODA.

En desarrollo del apartado 1 del artículo 29 LODA, el artículo 4 RRNA recoge como principio de actuación del registro estatal el de «publicidad», y en desarrollo del apartado 2 del mismo precepto el artículo 13 RRNA, relativo a la llamada «publicidad formal», establece los métodos de ejercicio de esa publicidad.

Conforme a ello, respectivamente, se determina como principio general, que *«el Registro hace públicos la constitución, los estatutos, los órganos de representación de las asociaciones y demás actos inscribibles»*, y, en particular, que:

> *«1. El Registro hará efectiva la publicidad mediante certificado del contenido de los asientos, nota simple informativa, copia de los asientos o de los documentos depositados y a través de listados.*

201. Vid. ROJAS JUÁREZ, J.R., *Guía de Asociaciones*, 2ª Ed., Ministerio del Interior, 2017, pág. 44.

Igualmente se podrá hacer efectiva mediante la exhibición de los asientos y de los documentos, previa comparecencia de los interesados en la sede del Registro.

2. El Registro velará por el cumplimiento de la Ley Orgánica 15/1999, de 13 de diciembre, de protección de datos de carácter personal, respecto de las solicitudes que afecten a los datos personales reseñados en los asientos o en los documentos, incluidas las resoluciones judiciales que, en su caso, consten en los expedientes.

3. Los certificados, que pueden emitirse en formato electrónico, son el único medio de acreditar fehacientemente el contenido de los asientos y de los documentos depositados. En ningún caso el Registro expedirá certificaciones sobre datos correspondientes a entidades inscritas en otros registros de asociaciones.

4. La nota simple informativa o copia de los asientos constituirán un mero traslado de los datos registrales.

5. El Registro podrá facilitar información sobre las asociaciones mediante la emisión de listados. A estos efectos, el interesado deberá concretar los criterios de búsqueda, no admitiéndose las solicitudes genéricas o que pretendan un volcado de todos los datos del Registro.

En los listados se hará constar la denominación de las asociaciones, su número nacional de inscripción y domicilio social.

6. La exhibición de los asientos y de los documentos depositados exigirá la previa solicitud del interesado, presentada con antelación suficiente a la comparecencia, y se realizará siempre en presencia del personal competente.

7. El Registro velará por el cumplimiento de las normas vigentes respecto de las solicitudes de publicidad en masa».

Según esto, una de las formas de publicidad es la emisión de copias y la exhibición de los documentos depositados en el Registro, entre ellos, los estatutos, ante cualquier persona, sin necesidad de acreditar un interés legítimo. Quiere esto decir que el documento constitutivo y rector, el documento interno de decisivo interés para los socios, está llamado también a tener la máxima difusión y transparencia.

Podría afirmarse, de acuerdo con la experiencia, que el primer contacto de administraciones, entidades y personas con una concreta asociación se hace a través del conocimiento de sus estatutos, que fácilmente pueden obtener del registro correspondiente, y así acceder al conjunto de datos definidores y delimitadores de la misma.

Tal proyección pública y extendido conocimiento se puede verificar a los más variados efectos. Dejando a un lado su acceso por terceros para el ejercicio de acciones judiciales o administrativas contra la asociación, o, en el otro extremo, para un mero conocimiento con fines de investigación, lo cierto es que la calidad y coherencia de los estatutos, su adecuada estructura y cuidada redacción, son signos de seriedad y prestigio que pueden inducir a entidades y personas externas a colaborar económicamente o de otra forma con la asociación, o a incorporarse como nuevos socios. Su buena apariencia externa y la corrección de su contenido, siempre debidamente actualizado, junto con su potente visibilidad, hacen de los estatutos la principal carta de presentación de las asociaciones.

7. EFECTOS DE LA INSCRIPCIÓN Y DE LA NO INSCRIPCIÓN

7.1. ASOCIACIONES INSCRITAS

La inscripción de las asociaciones presenta múltiples efectos, no sólo el previsto constitucionalmente circunscrito a la publicidad. Por supuesto, que la primera consecuencia de la inscripción es el ejercicio de la publicidad registral, mediante la que se da general conocimiento de la existencia de las asociaciones junto con sus estatutos y representación. La LODA es rotunda al decir que «*los Registros de Asociaciones son públicos*» (artículo 29.1).

Pero la impronta legislativa ha hecho que la redacción del artículo 22.3 CE haya llegado a ser no del todo verdadera[202]. Tanto la LODA como otras muchas normas vinculan determinados efectos al registro de las asociaciones.

Empezando por la LODA, comprobamos que concurren tres consecuencias directamente vinculadas a la misión del Registro, mientras que otras dos le son ajenas por afectar más bien al régimen de responsabilidad y funcionamiento de las asociaciones pero que, como decimos, se hacen igualmente depender de la inscripción.

El primer efecto se refiere a la reserva de denominación, pues una asociación inscrita tiene garantizado que su nombre no podrá ser utilizado, en forma idéntica o similar, por otra que posteriormente pretenda su inscripción (artículo 8.3 LODA). La segunda consecuencia tiene que ver con la modificación de estatutos, pues para que ésta pueda tener efectos frente a los socios y, especialmente, frente a terceros y serle oponible, es necesario que los nuevos estatutos con-

202. Durante la tramitación parlamentaria de la LODA ya se denunció por el diputado Sr. Erkoreka Gervasio que «el proyecto no respeta el contenido esencial del derecho fundamental de asociación porque atribuye por ejemplo a la inscripción unos efectos que exceden a los de la mera publicidad», cfr. *Diario de Sesiones del Congreso de los Diputados*, op. cit., pág. 5251. Centrándose únicamente en el hecho de la separación patrimonial dependiente de la inscripción, se enfatiza la discordancia entre la LODA y el artículo 22.3 CE, reiterando que realmente los efectos de la inscripción, pese a la grandilocuencia de las expresiones empleadas, van algo más allá, y que esa «inscripción a los solos efectos de publicidad» no se plasma rigurosamente en la LODA, vid. QUESADA SÁNCHEZ, A.J., «La personalidad jurídica de la asociación en la Ley Orgánica 1/2002, de 22 de marzo», *Actualidad Civil*, núm. 1, 2003, págs. 284 y 285.

solidados sean objeto de inscripción (artículo 16.1 LODA)[203]. El tercer efecto guarda relación con la definitiva extinción de la personalidad jurídica, que sólo se entenderá producida con la cancelación de los asientos registrales, por más que la asociación, en asamblea celebrada con anterioridad, hubiera acordado su disolución (artículo 18.3.f) LODA). El cuarto y quinto efectos, no menos importantes que los anteriores, inciden en aspectos básicos del sostenimiento de la asociación. Uno se refiere a que la autonomía patrimonial de la entidad sólo se alcanza con la inscripción, hasta cuyo momento los socios responden con su propio patrimonio personal frente a terceros (artículos 10.4 y 15.1 LODA). El otro alude a que ninguna asociación podrá ser beneficiaria de medida alguna de fomento establecida por las Administraciones Públicas si no está previamente inscrita (artículo 31.4 LODA)[204], ni tan siquiera la obtención de la declaración de utilidad pública (artículo 32.1.e) LODA). Estos últimos cuarto y quinto efectos, como decimos, van a marcar la viabilidad real de la mayoría de las asociaciones, ya tengan una mera vocación colaborativa o bien surjan de situaciones impuestas[205].

Si la LODA desmiente al artículo 22.3 CE, que contempla el registro «a los solos efectos de publicidad», no menos hacen otras normativas que, en buena lógica, desvinculan de la adquisición de la personalidad jurídica otros efectos para hacerlos posibles a partir de la efectiva inscripción registral de las asociaciones.

Aunque la base normativa no es diáfana en este ámbito, el Ministerio de Hacienda emite un NIF provisional a las asociaciones que hayan presentado la

203. La importancia de este efecto se ha trasladado a la legislación autonómica de asociaciones: artículo 18 LAA; artículo 6.2 LAC y artículo 30 del Reglamento de Asociaciones de Canarias; artículo 324-2 LACat; artículo 49 LACV; y artículo 29 LAPV.

204. Según el artículo 31 LODA las Administraciones Públicas ofrecerán la colaboración necesaria a las personas que pretendan emprender cualquier proyecto asociativo y, en particular, promoverán las asociaciones que persigan fines de interés general, con las que además podrán establecer convenios de colaboración. En concreto, para la Administración del Estado recoge que fomentará el establecimiento de mecanismos de asistencia, servicios de información y campañas de divulgación y reconocimiento de las actividades de las asociaciones que persigan objetivos de interés general, las cuales podrán disfrutar de ayudas y subvenciones públicas.

205. Los proyectos asociativos, en muchas ocasiones, responden a una verdadera necesidad. A raíz de una catástrofe, atentado, fraude o estafa se genera siempre un colectivo de víctimas, afectados o perjudicados que para unir fuerzas y coordinar su acción no disponen de otra estructura jurídica que la asociación. Pero si no promueven o alcanzan la inscripción registral, a los promotores y socios no les queda otra alternativa que actuar para la defensa de sus intereses exponiendo, entre otras cosas, su propio patrimonio, y sin tan siquiera poder optar a ningún beneficio, reconocimiento o ayuda de los poderes públicos. No menos necesarias son las asociaciones de vecinos para la defensa de intereses vitales vinculados a la salubridad, movilidad y seguridad, pero difícilmente podrán actuar de una manera efectiva al margen del Registro.

solicitud de inscripción ante el registro competente, y un NIF definitivo[206] cuando acrediten la efectiva inscripción, sin que, por tanto, la sola presentación de los documentos fundacionales sean base suficiente para obtener este título. Lo mismo ocurre con el certificado digital de persona jurídica, que sólo se emite por la Fábrica Nacional de Moneda y Timbre previa demostración de que la asociación se encuentra inscrita, para lo cual se exige, precisamente, un certificado emitido por el registro competente.

Las asociaciones, ya lo sabemos, son titulares de la libertad de asociación y pueden ejercer este derecho para agruparse entre sí, aunque no podrán utilizar el término «federación» si las asociaciones promotoras no están inscritas, es decir, podrán formar una asociación más, como la que podrían crear otro tipo de personas jurídicas, pero no una federación de asociaciones con tal nombre porque aquél requisito viene exigido por los artículos 2.2 y 23.6 del RRNA.

La inscripción en los registros generales de asociaciones, ya sea el Registro Nacional de Asociaciones o los Registros General de Asociaciones de las Comunidades Autónomas, es además la vía previa necesaria para alcanzar la inscripción en los registros secundarios y así obtener las ventajas que de los mismos se deriven. Una asociación de cooperación al desarrollo, por ejemplo, únicamente podrá acceder al Registro de Organizaciones no Gubernamentales de Desarrollo del Ministerio de Asuntos Exteriores, y recibir la condición de ONG de cooperación al desarrollo, así como las ayudas ligadas a tal condición, si aporta junto con la solicitud el correspondiente certificado de inscripción registral.

Otras cualidades igualmente dependen de esa inscripción previa, como la consideración de «entidad de voluntariado» en la que se encuentran muchas asociaciones, pero siempre que se encuentren válidamente constituidas e inscritas[207]. La asociación común también puede ser acreditada como «organismo de intermediación» en adopción internacional siempre que, siendo entidad sin ánimo de lucro y tener como finalidad estatutaria la protección de los menores de edad, se encuentre legalmente constituida e inscrita[208].

La ventaja que supone la cesión gratuita de bienes patrimoniales del Estado sólo está prevista para las asociaciones de utilidad pública, que si han alcanzado

206. El NIF de las asociaciones se forma con la letra identificativa «G» seguida de un número aleatorio de siete dígitos y un carácter de control (Orden EHA/451/2008, de 20 de febrero, por la que se regula la composición del número de identificación fiscal de las personas jurídicas y entidades sin personalidad jurídica).

207. Artículo 13.1 Ley 45/2015, de 14 de octubre, del Voluntariado: «Tendrán la consideración de entidades de voluntariado las personas jurídicas que cumplan los siguientes requisitos: a) Estar legalmente constituidas e inscritas en el Registro competente…».

208. Artículo 18 del Reglamento de Adopción Internacional, aprobado por Real Decreto 165/2019, de 22 de marzo: «Los organismos interesados en realizar funciones de intermediación en adopción internacional, deberán reunir los siguientes requisitos generales para su acreditación: a) Ser una entidad sin ánimo de lucro, legalmente constituida y con inscripción vigente en el registro correspondiente».

este reconocimiento es porque previamente han cumplido con el deber de inscripción en cualquiera de los registros generales de asociaciones[209].

La misma LODA prevé la creación de consejos sectoriales de asociaciones (artículo 42), en tanto que órganos colegiados mixtos[210] para facilitar la participación de las asociaciones en los asuntos públicos, al mismo tiempo que remite a los reglamentos la determinación de las reglas de creación, composición, competencias, régimen de funcionamiento y adscripción administrativa. Es cierto, por tanto, que la participación institucional de las asociaciones no depende, en principio, del hecho de estar inscritas. Sin embargo, en esas normas reglamentarias sectoriales es habitual encontrar el requisito de la inscripción para poder optar a las vocalías correspondientes a las organizaciones sociales[211].

Aunque no sea objeto de nuestro estudio, cabe decir que en el terreno de las asociaciones especiales encontramos un régimen similar. La participación electoral de partidos y federaciones, y sus coaliciones, pasa por la inscripción de aquellos en el registro del Ministerio del Interior[212], la protección que proporciona el Código Penal a las entidades religiosas y la válida prestación del consentimiento matrimonial ante éstas depende de que estén inscritas en el Ministerio de Justicia[213] y la posibilidad de actuar en juicio por las asociaciones de consumidores y usuarios para la defensa de los intereses colectivos se vincula

---

209. Artículo 145.1 Ley 33/2003, de 3 de noviembre, del Patrimonio de las Administraciones Públicas: «Los bienes y derechos patrimoniales de la Administración General del Estado cuya afectación o explotación no se juzgue previsible podrán ser cedidos gratuitamente, para la realización de fines de utilidad pública o interés social de su competencia, a comunidades autónomas, entidades locales, fundaciones públicas o asociaciones declaradas de utilidad pública».

210. Son el tipo de órgano colegiado a que se refiere el artículo 15.2 LRJSP, que se forma por representantes de la Administración y de organizaciones representativas de intereses sociales.

211. A modo de ejemplo, para el «Consejo Estatal de las Personas Mayores» vid. art. 6.1.d) del Real Decreto 117/2005, de 4 de febrero; para el «Consejo de Participación de la Mujer» vid. artículo 4.3.a) del Real Decreto 1791/2009, de 20 de noviembre; para el «Consejo Estatal de Organizaciones no Gubernamentales de Acción Social» vid. artículo 3.1 de la Orden SPI/2362/2011, de 24 de agosto; para el «Foro para la Integración Social de los Inmigrantes» vid. artículo 2.1.a) de la Orden ESS/1954/2014, de 21 de octubre; para el «Consejo de Participación de las Personas LGTBI», vid. art. 3.1.j).1° de la Orden IGD/577/2020, de 24 de junio.

212. Para las elecciones por sufragio universal directo, el artículo 44.1 de la Ley Orgánica 5/1985, de 19 de junio, del Régimen Electoral General, dispone: «Pueden presentar candidatos o listas de candidatos: a) Los partidos y federaciones inscritos en el registro correspondiente». Se refiere al Registro de Partidos Políticos dependiente de la Dirección General de Política Interior del Ministerio del Interior.

213. El artículo 523 CP dispone: «El que con violencia, amenaza, tumulto o vías de hecho, interrumpiere o perturbare los actos, funciones, ceremonias o manifestaciones de las confesiones religiosas inscritas en el correspondiente registro público del Ministerio de Justicia, será castigado...». Por su parte, el artículo 59 CC señala: «El consentimiento matrimonial podrá prestarse en la forma prevista por una confesión religiosa inscrita, en los términos acordados con el Estado».

a su inscripción en el registro del Ministerio de Consumo[214]. Únicamente las asociaciones profesionales de miembros de las Fuerzas Armadas y de la Guardia Civil inscritas en sus registros especiales tienen derecho a estar representadas en el Consejo de Personal de las Fuerzas Armadas[215] y en el Consejo de la Guardia Civil[216], respectivamente.

A diferencia de lo que resulta de la temprana adquisición de la personalidad jurídica de las asociaciones, es decir, todo un conjunto de cargas y obligaciones, la inscripción registral proporciona un caudal de derechos y beneficios. Unas ventajas que alcanzan a los propios socios, a la asociación misma y a terceros en favor de la seguridad jurídica.

Este último principio de la seguridad jurídica, plasmado en el artículo 9.3 CE, es el que, insistimos, justifica los contenidos del artículo 16 LODA, que, tanto para los socios como para terceros, condiciona la eficacia de los cambios estatutarios a la inscripción registral. En concreto, el apartado 1 de tal precepto dispone:

> *«La modificación de los Estatutos que afecte al contenido previsto en el artículo 7 requerirá acuerdo adoptado por la Asamblea General convocada específicamente con tal objeto, deberá ser objeto de inscripción en el plazo de un mes y sólo producirá efectos, tanto para los asociados como para los terceros, desde que se haya procedido a su inscripción en el Registro de Asociaciones correspondiente, rigiendo para la misma el sentido del silencio previsto en el artículo 30.1 de la presente Ley. Las restantes modificaciones producirán efectos para los asociados desde el momento de*

214. El artículo 11.1 LEC establece: «Sin perjuicio de la legitimación individual de los perjudicados, las asociaciones de consumidores y usuarios legalmente constituidas estarán legitimadas para defender en juicio los derechos e intereses de sus asociados y los de la asociación, así como los intereses generales de los consumidores y usuarios». Puesto que el Registro Estatal de Asociaciones de Consumidores y Usuarios es el único caso de registro especial de asociaciones no constitutivo, pudiera entenderse que la expresión «legalmente constituidas» empleada por la LEC permite a las asociaciones de consumidores y usuarios disponer de legitimación a partir del momento del pacto asociativo, en que adquieren personalidad jurídica. Por el contrario, el artículo 11.1 LEC debe ponerse en relación con el Real Decreto Legislativo 1/2007, de 16 de noviembre, por el que se aprueba el texto refundido de la Ley General para la Defensa de los Consumidores y Usuarios y otras leyes complementarias, cuyo artículo 37 señala: «Las asociaciones de consumidores y usuarios de ámbito supraautonómico, legalmente constituidas e inscritas en el Registro Estatal de Asociaciones de Consumidores y Usuarios tendrán derecho, en los términos que legal reglamentariamente se determine, a: c) Representar, como asociaciones de consumidores y usuarios, a sus asociados y ejercer las correspondientes acciones en defensa de los mismos, de la asociación o de los intereses generales, colectivos o difusos, de los consumidores y usuarios». Es claro, por tanto, que este tipo de asociaciones no podrían actuar en juicio si no cumplen con el requisito de la inscripción en el registro especial.
215. Artículo 40.2 de la Ley Orgánica 9/2011, de 27 de julio, de derechos y deberes de miembros de las Fuerzas Armadas.
216. Artículos 38.3, 48.1 y 56.3 de la Ley Orgánica 11/2007, de 22 de octubre, reguladora de los derechos y deberes de los miembros de la Guardia Civil.

su adopción con arreglo a los procedimientos estatutarios, mientras que para los terceros será necesaria, además, la inscripción en el Registro correspondiente».

Quiere esto decir que por muy reconocido que esté el principio de autoorganización asociativa y con él el carácter soberano de la asamblea general, ninguna modificación de los estatutos libremente decidida por el conjunto de socios, ya afecte a su parte preceptiva como facultativa, va a tener ninguna consecuencia ni efectos hacia fuera de la asociación sino está previa y efectivamente inscrita en el registro de asociaciones competente.

7.2. ASOCIACIONES NO INSCRITAS

La existencia de asociaciones no inscritas es una realidad derivada de distintos motivos, que podríamos clasificar en voluntarios y no voluntarios.

Entre los primeros podemos situar la voluntad de los socios de prescindir del Registro, acaso por considerarse la asociación de tal simplicidad que no se estima necesaria la inscripción[217], o bien por un acto de rebeldía o por insuficiencia de medios[218].

A veces se ha establecido la equivalencia entre asociaciones no inscritas y asociaciones secretas, siendo esta una cuestión ya superada por cuanto una asociación puede estar registrada y al mismo tiempo reputarse secreta por no haber exhibido ante el Registro los fines reales y ocultar en la práctica su verdadera actividad y representación[219]. En cualquier caso, no se puede descartar que, en efecto, haya asociaciones con intenciones secretas que coherente y voluntariamente prescindan del registro.

Hay otros motivos que, aunque voluntarios, presentan otro carácter. Ocurre en ocasiones que, presentada la solicitud de inscripción, los promotores desisten

217. No situamos aquí las llamadas en su momento «asociaciones de hecho de carácter temporal» (Disposición adicional tercera de la Ley de Asociaciones de 1964), y que hoy no alcanzan la cualidad de «asociación» al tratarse de agrupaciones transitorias de personas para el cumplimiento de un objetivo efímero (Disposición adicional cuarta LODA), por lo que la obligación registral le es completamente ajena. Nos referimos, por el contrario, a verdaderas asociaciones que, conscientes del deber, deciden sin embargo no registrarse por no apreciar su utilidad.

218. Estos motivos bien pueden aplicarse a las asociaciones juveniles. El Real Decreto 397/1988, de 28 de noviembre, establece su régimen de inscripción, pero a veces por el impulso de la juventud, desafecta hacia el poder, o por no reunir la cantidad mínima exigida para satisfacer la tasa de inscripción, nada infrecuente entre los jóvenes, este tipo de asociaciones queda fuera del Registro.

219. «Asociación secreta puede ser tanto la no inscrita en el Registro como la efectivamente inscrita, siempre que, en este último caso, se de una discordancia manifiesta y en aspectos esenciales entre los datos que obren en el Registro y los que rijan efectivamente la vida de la asociación», cfr. SANTAMARÍA PASTOR, J.A., op. cit. pág. 499.

expresamente de la misma[220]. En la base de este temprano abandono (desistimiento expreso) puede estar la precipitada formación de la asociación, que quizás no definió con claridad los objetivos ni previó los medios para alcanzarlos, aunque no hay que olvidar lo ya expuesto sobre las nuevas dificultades surgidas de la obligatoria relación electrónica de las asociaciones con la Administración. Por las mismas o bien otras razones, entre ellas, el haber presentado unos estatutos manifiestamente incompletos o contrarios al ordenamiento jurídico, a veces los promotores solicitantes dejan pasar el plazo de subsanación sin realizar actuación alguna (desistimiento tácito)[221]. En ambos supuestos de desistimiento hablamos de asociaciones constituidas y que han presentado formalmente su solicitud ante el Registro, pero que por estas razones sus respectivos expedientes han quedado archivados sin más trámite, y las asociaciones mismas en situación extrarregistral.

Además de lo anterior, concurre un motivo no voluntario de no inscripción, que no es otro que la denegación expresa del registro de asociaciones, según permite el artículo 24 LODA, sin perjuicio de la interposición de los recursos que procedan contra la resolución administrativa correspondiente. Guarda esto relación con el carácter y funciones del Registro, realmente complejas, que lo alejan de una simple oficina de depósito automático de documentos. El estudio reglado, pero detallado, de la multitud de requisitos que concurren en el acta fundacional y en los estatutos, hace que un número no despreciable de solicitudes terminen denegadas, con la misma consecuencia que la ya vista, es decir, la de que asociaciones formadas, con personalidad jurídica y capacidad de obrar, quedan fuera del Registro.

En todo caso, sean cuales sean los motivos, lo cierto es que cuando hablamos de asociaciones no inscritas no estamos, de acuerdo con el régimen actual, ante entidades en formación, indiciarias o desestructuradas sino ante asociaciones constituidas plenamente y reales, con personalidad jurídica y capacidad de obrar, por así haberlo querido la LODA, que conforman un conglomerado extrarregistral paralelo al conjunto de las entidades registrales, y que permite hablar de dos mundos asociativos con derechos y posibilidades de actuación completamente diferentes.

Y decimos esto último en un doble sentido. Las asociaciones no inscritas, al margen de la obtención inmediata de la personalidad jurídica, no gozan de las múltiples ventajas de que disfrutan las asociaciones inscritas, pero, al mismo

220. Artículo 94.1 LPAC: «Todo interesado podrá desistir de su solicitud o, cuando ello no esté prohibido por el ordenamiento jurídico, renunciar a sus derechos».

221. Artículo 68.1 LPAC: «Si la solicitud de iniciación no reúne los requisitos que señala el artículo 66, y, en su caso, los que señala el artículo 67 u otros exigidos por la legislación específica aplicable, se requerirá al interesado para que, en el plazo de diez días, subsane la falta o acompañe los documentos preceptivos, con indicación de que, si así no lo hiciera, se le tendrá desistido de su petición».

tiempo, sí tienen que soportar toda una serie de obligaciones, precisamente por ser «personas jurídicas». Al igual que las registradas, las asociaciones no inscritas están sujetas en general al impuesto de sociedades y al resto de impuestos por razón de la actividad[222]; deben llevar una contabilidad que permita obtener la imagen fiel del patrimonio, del resultado y de la situación financiera de la entidad, y de las actividades realizadas[223]; deben efectuar un inventario de bienes, cumplimentar el libro de actas y mantener actualizada la relación de socios[224], lo que conlleva cumplir la normativa sobre protección y tratamiento de datos de carácter personal[225]; son sujetos obligados conforme a la legislación sobre prevención del blanqueo de capitales y financiación del terrorismo, asumiendo, entre otras, las obligaciones de conservación documental durante diez años o de identificación de donantes de importes iguales o superiores a cien euros[226]; si canalizan voluntariado, deberán establecer los correspondientes seguros obligatorios[227]; y, además, asumen el deber de declarar la titularidad real ante el registro competente[228].

Todos estos deberes se indican sin ánimo exhaustivo, por lo que reiteramos nuestro criterio de que los promotores sean diligentes a la hora de promover la inmediata inscripción en el registro competente, pues solo así tendrán garantías de un funcionamiento real y efectivo de la asociación que, por los más variados motivos, han decidido crear y poner en marcha en beneficio de los socios o de una parte de la sociedad, o de ambas cosas a la vez.

222. Artículos 7.1.a) y 9.2 y 3.a) de la Ley 27/2014, de 27 de noviembre, del Impuesto de Sociedades. También al IVA si prestan servicios, así como al IRPF si contratan personal, sin perjuicio en este caso de cumplir con toda la normativa laboral, de seguridad social y de prevención de riesgos.
223. Artículo 14.1 LODA. Las cuentas anuales, reiteramos, se ajustarán al régimen específico del Real Decreto 1491/2011, de 24 de octubre, por el que se aprueban las normas de adaptación del Plan General de Contabilidad a las entidades sin fines lucrativos, y de la Resolución de 26 de marzo de 2013, del Instituto de Contabilidad y Auditoría de Cuentas, por la que se aprueba el Plan de Contabilidad de las entidades sin fines lucrativos.
224. Artículo 14.1 LODA.
225. Ley Orgánica 3/2018, de 5 de diciembre, de Protección de Datos Personales y garantía de los derechos digitales.
226. Ley 10/2010, de 28 de abril, de prevención del blanqueo de capitales y financiación del terrorismo, y Real Decreto 304/2014, de 5 de mayo, por el que se aprueba el Reglamento.
227. Ley 45/2015, de 14 de abril, del Voluntariado.
228. En desarrollo de lo previsto en las disposiciones adicionales tercera y cuarta de la Ley 10/2010, de 28 de abril, en la redacción dada por el Real Decreto-ley 7/2021, de 27 de abril, de transposición de directivas de la Unión Europea, se dictó el Real Decreto 609/2023, de 11 de julio, por el que se crea el Registro Central de Titularidades Reales y se aprueba su Reglamento. Dicho registro se creó bajo la dependencia del Ministerio de Justicia, hoy Ministerio de la Presidencia, Justicia y Relaciones con las Cortes. Esta novedosa normativa encuentra su base en la interesante doctrina del «levantamiento del velo», cuyo singular estudio aplicado a las asociaciones desborda nuestro propósito.

Anexos

Anexo I

Modelo orientativo de Acta fundacional[229]

Acta fundacional

Reunidos:

En ..., el día ...de ... de ..., a las ... horas, las personas a continuación se relacionan[230]:

1.- Nombre ..., Apellidos ..., Nacionalidad ..., N.I.F. ..., con domicilio en avenida/calle/plaza ..., n.º ..., Código Postal ..., Municipio/Localidad ..., Provincia;

2.- Nombre ..., Apellidos ..., Nacionalidad ..., N.I.F. ..., con domicilio en avenida/calle/plaza ..., n.º ..., Código Postal ..., Municipio/Localidad ..., Provincia;

3.- Nombre ..., Apellidos ..., Nacionalidad ..., N.I.F. ..., con domicilio en avenida/calle/plaza ..., n.º ..., Código Postal ..., Municipio/Localidad ..., Provincia[231];

4.- ....

---

229. Con este texto se ofrece un modelo orientativo que, en sí mismo o con ligeros cambios, puede servir para formalizar la constitución de las asociaciones generales y ser apto para su inscripción registral, pero también para que pueda servir de base a Actas más complejas, o para su adaptación a las asociaciones de segundo grado (federaciones o confederaciones).

230. Mínimo tres personas físicas o jurídicas. En este último caso se hará constar la representación.

231. Por su distinto carácter y relevancia, el domicilio que han de hacer constar los promotores en el Acta fundacional se corresponde con su domicilio particular, por lo que en ningún caso debe indicarse ni confundirse con el domicilio social de la asociación previsto en los Estatutos.

Acuerdan:

1°. Constituir una asociación al amparo de la Ley Orgánica 1/2002, de 22 de marzo, reguladora del Derecho de Asociación, que se denominará[232]: ASOCIACIÓN..

2°. Aprobar los Estatutos que se incorporan a este Acta Fundacional como anexo, por los que se va a regir la entidad, que fueron leídos en este mismo acto y aprobados por unanimidad de los reunidos.

3°. Designar a la Junta Directiva de la entidad, cuya composición de cargos es la siguiente[233]:

- Presidente/a: ....
....

- Secretario/a..
....

- ....
....

- ....
....

4°. Consentir a la Administración encargada de la inscripción registral para que sean comprobados los datos de identidad de los firmantes (RD 522/2006, de 28 de abril).

Y sin más asuntos que tratar, se levanta la sesión siendo las ... horas del día de la fecha.

1.-D./DÑA.	2.-D./DÑA.	3.-D./DÑA.
N.I.F.	N.I.F.	N.I.F
FDO.:	FDO.:	N.I.F

232. La denominación deberá coincidir exactamente con la que conste en los Estatutos.
233. Los cargos de Presidente/a y Secretario/a son obligatorios y deberán designarse de entre los promotores/as. Podrán añadirse otros cargos, como vicepresidente/a, tesorero/a o vocales.

Anexo II

Modelo orientativo de Estatutos[234]

ESTATUTOS DE LA ASOCIACIÓN...

PREÁMBULO[235]

TÍTULO I. DISPOSICIONES GENERALES

Artículo 1. *Denominación, personalidad y naturaleza no lucrativa*

Con el nombre de ASOCIACIÓN..., se constituye una asociación al amparo del artículo 22 de la Constitución y de la Ley Orgánica 1/2002, de 22 de marzo, reguladora del Derecho de Asociación, con personalidad jurídica y plena capacidad de obrar, careciendo de ánimo de lucro.

Artículo 2. *Régimen jurídico*

1. La Asociación se regirá por los presentes Estatutos, por los acuerdos válidamente adoptados por los órganos sociales y por las normas de régimen interior que, en su caso, se aprueben. En todo cuanto no esté previsto se aplicarán, con carácter supletorio, las disposiciones de la citada Ley Orgánica 1/2002, de 22 de marzo, y sus normas de desarrollo.

2. La Asociación realizará todas aquellas actividades que resulten necesarias para el cumplimiento de sus fines, con arreglo, en todo caso, a la legislación específica que regule tales actividades.

234. Con este texto se ofrece un modelo orientativo, en los mismos términos indicados en el Anexo I.

235. En este apartado, optativo, se pueden hacer explícitos los motivos que han llevado a crear la asociación y sus objetivos generales.

Artículo 3. *Domicilio y ámbito territorial de actuación*

La Asociación establece su domicilio social en avda/calle/plaza…, n.º…, de… (municipio), … (provincia), y el ámbito en el que va a realizar principalmente sus actividades es todo el territorio de España[236].

Artículo 4. *Duración*

La Asociación se constituye por tiempo indefinido[237].

Artículo 5. *Fines*

La Asociación tiene por objeto actuar en el ámbito funcional de…, con las siguientes finalidades: …[238].

Artículo 6. *Actividades*

Para el cumplimiento de los fines descritos en el artículo anterior, la Asociación desarrollará las siguientes actividades: …[239].

TÍTULO II. RÉGIMEN DE LOS SOCIOS

Artículo 7. *Requisitos*

1. Podrán pertenecer a la Asociación aquellas personas con capacidad de obrar que tengan interés en el desarrollo de sus fines y sean aceptados por acuerdo expreso de la Junta Directiva[240]. A estos efectos formularán la correspondiente solicitud por escrito.

2. La condición de socio es intransmisible[241].

---

236. Esta indicación cubre dos supuestos: a) la actuación en el territorio de toda España; b) la actuación en el territorio de, al menos, dos Comunidades Autónomas.
237. Se podrá indicar una duración concreta cuando no se constituya por tiempo indefinido.
238. Aquí es importante señalar un concreto ámbito de actuación funcional (derechos humanos, cooperación al desarrollo, asistencia social, cultura, deporte, educación, ciencia, sanidad, infancia, discapacidad, personas mayores, medio ambiente, economía social, tecnología, etc.). Y, a continuación, describir de forma precisa qué fin o fines concretos se persiguen, procurando la coherencia entre ellos.
239. Por actividades hay que entender todas aquellas actuaciones instrumentales que dan soporte a la consecución de los fines, incluyendo las actividades económicas. No es necesario incluir aquí las actuaciones generales de la gestión de la entidad, que se sobreentienden, como pudieran ser las de celebrar contratos, suscribir convenios, interponer recursos administrativos, ejercer acciones judiciales, enajenar bienes, etc., o bien, en su caso, añadirlas a las actividades principales, que son las que realmente singularizan a la asociación.
240. Dado que las asociaciones procuran el mayor número de socios, entendemos que, por razones de agilidad, la admisión de nuevos miembros debe residenciarse en la Junta Directiva.
241. No obstante, el artículo 20 LODA permite que los Estatutos dispongan otra cosa por causa de muerte o a título gratuito.

Artículo 8. *Número*

El número de socios será ilimitado. No obstante, la Junta Directiva podrá suspender temporalmente la admisión de nuevos socios cuando por razones de operatividad se dificulte el normal funcionamiento de la Asociación.

Artículo 9. *Clases*

La Asociación tendrá las siguientes clases de socios:

a) Socios promotores o fundadores: los que participen en el acto de constitución de la Asociación;

b) Socios numerarios: los que ingresen después de la constitución de la Asociación;

c) Socios de honor: los que por su prestigio o por haber contribuido de forma relevante al progreso de la Asociación, sean nombrados en tal condición por la Asamblea General.

Artículo 10. *Derechos de los socios promotores y numerarios*

1. Los socios promotores y numerarios tendrán derecho a:

a) Asistir a la Asamblea General con voz y voto; toda persona asociada dispone, como mínimo, de un voto;

b) Ser electores y elegibles para los cargos directivos;

c) Ser informados sobre la composición de los órganos sociales;

d) Ser informados del estado de cuentas de la Asociación y de su actividad social;

e) Acceder a la relación de socios, inventario de bienes y libro de actas;

f) Participar en las actividades de la Asociación, y disfrutar de las ventajas y beneficios derivados de las mismas;

g) A impugnar los acuerdos de los órganos sociales que consideren contrarios a la Ley o a los Estatutos;

h) Al trámite de audiencia en el procedimiento disciplinario, en el que consten los hechos imputados, y a obtener un acuerdo sancionador expreso y debidamente motivado;

i) Separarse voluntariamente de la Asociación en cualquier tiempo[242].

2. Los socios promotores y numerarios deberán abstenerse de votar los asuntos de la Asamblea General en que se hallen en conflicto de intereses con la Asociación.

3. Sin perjuicio del derecho de impugnación judicial, los conflictos derivados de los acuerdos sociales podrán ser resueltos entre los socios a través de los mecanismos de mediación previstos en la legislación vigente.

Artículo 11. *Deberes de los socios promotores y numerarios*

Los socios promotores y numerarios tendrán los siguientes deberes:

a) Compartir las finalidades de la Asociación y colaborar para la consecución de las mismas;

b) Pagar las cuotas, derramas y otras aportaciones económicas que se aprueben por la Asamblea General;

c) Cumplir, en su caso, las obligaciones inherentes al cargo que ocupen;

d) Acatar y cumplir los acuerdos válidamente adoptados por los órganos sociales;

e) Cumplir con el resto de obligaciones que resulten de los Estatutos.

Artículo 12. *Derechos y deberes de los socios de honor*

1. Los derechos de los socios de honor serán los mismos que los previstos para los socios promotores y numerarios, excepto que no podrán votar en Asamblea General ni ocupar cargos en los órganos sociales.

2. Los deberes son igualmente los mismos, salvo que quedan excusados de pagar cuotas o hacer aportaciones económicas extraordinarias.

Artículo 13. *Baja de los socios*

Los socios causarán baja por renuncia voluntaria, comunicada por escrito a la Junta Directiva, o en virtud de sanción disciplinaria.

242. En caso de separación voluntaria, el artículo 23.2 LODA permite que los Estatutos determinen dos posibilidades: 1ª, que el socio recupere su participación patrimonial inicial u otras aportaciones económicas realizadas, excluidas las cuotas, para lo cual establecerá las correspondientes condiciones, y siempre que ello no perjudique a terceros; 2ª, que el socio no recupere ningún tipo de aportación, que es la consecuencia mayormente aceptada.

Artículo 14. *Régimen disciplinario*

1. Son infracciones los incumplimientos a los deberes establecidos en estos Estatutos, en particular, el incumplimiento de las obligaciones económicas, si dejaran de satisfacerse seis cuotas periódicas[243].

2. No se impondrá ninguna sanción sin previo procedimiento, instruido por órgano distinto del competente para sancionar y que garantice al socio un trámite de audiencia de veinte días. La sanción será motivada y proporcional a la gravedad de los hechos imputados.

3. Las sanciones podrán consistir en multa pecuniaria, suspensión de la afiliación por un tiempo determinado o separación de la Asociación.

4. La Junta Directiva será el órgano social competente para sancionar, excepto que la sanción consista en la separación o expulsión de la persona asociada, que deberá ser acordada por la Asamblea General.

5. Todas las sanciones podrán ser recurridas ante la Asamblea General en el plazo de un mes.

6. Las infracciones prescriben a los dos años de su comisión y las sanciones al año de su imposición.

TÍTULO III. ORGANIZACIÓN Y FUNCIONAMIENTO

Artículo 15. *Organización*

1. La organización de la Asociación se estructura sobre la Asamblea General, como supremo órgano de gobierno, y la Junta Directiva, como órgano de gestión y representación.

2. En el funcionamiento de los órganos sociales se observará el principio democrático, procurando la máxima participación de todos los socios.

CAPÍTULO I. ASAMBLEA GENERAL

Artículo 16. *Composición*

La Asamblea General está integrada por todos los socios.

243. Por la importancia que tiene para el sostenimiento de la mayoría de las asociaciones, la falta de abono de las cuotas ordinarias aparece como el principal motivo de separación, por lo que los Estatutos pueden determinar el número de cuotas impagadas determinante de tal efecto. En nuestra opinión, se ha de estar a un número apreciable de impagos producto de una actitud reiterativa, que bien pudiera corresponderse con un semestre.

Artículo 17. *Facultades*

Son facultades de la Asamblea General:

a) Elegir a los miembros de la Junta Directiva, establecer, en su caso, una remuneración para los mismos en función de sus respectivos cargos, y aprobar la gestión realizada;

b) Fijar las cuotas ordinarias y extraordinarias;

c) Examinar y aprobar las cuentas anuales;

d) Aprobar el presupuesto anual;

e) Aprobar el reglamento de régimen interno;

f) Disponer y enajenar los bienes;

g) Acordar la solicitud de declaración de utilidad pública;

h) Modificar los Estatutos[244];

i) Aprobar la agrupación con otras asociaciones, y abandonar la unión o federación;

j) Acordar la transformación de la asociación por cambio de ámbito territorial o de régimen jurídico;

k) Acordar la fusión con otras asociaciones, por integración o absorción;

l) Acordar la expulsión de los socios;

m) Acordar la disolución de la Asociación.

Artículo 18. *Reuniones*

1. Las reuniones de la Asamblea General serán ordinarias y extraordinarias. Se podrán celebrar de forma presencial o a través de medios electrónicos.

2. En las reuniones que se celebren de forma telemática los socios podrán encontrarse en distintos lugares, debiendo asegurarse su identidad, el contenido de sus intervenciones y el momento en que se producen, de la misma forma que debe garantizarse la interactividad e intercomunicación entre ellos en tiempo real y la disponibilidad de los medios durante la respectiva sesión.

244. Esta facultad alcanza a todos los extremos de los Estatutos, incluido el domicilio. Por ello, debe evitarse atribuir a la Junta Directiva la competencia para acordar los cambios del domicilio social.

Serán medios electrónicos válidos los que determine la Asamblea General y, en todo caso, las videoconferencias y audioconferencias.

A todos los efectos, se entenderá que el lugar de celebración de este tipo de reuniones es el que se corresponda con el domicilio social de la Asociación.

Artículo 19. *Convocatorias*

1. La Asamblea General ordinaria se celebrará una vez al año, dentro de los tres meses siguientes al cierre del ejercicio asociativo y económico. La convocatoria se realizará por escrito expresando el lugar, día y hora de la reunión, acompañado del correspondiente orden del día. Entre la convocatoria y la reunión habrán de mediar, al menos, quince días.

2. La Asamblea General extraordinaria se celebrará cuando las circunstancias lo aconsejen a propuesta del Presidente, de la Junta Directiva o de una décima parte de los socios. La convocatoria se realizará por escrito expresando el lugar, día y hora de la reunión, acompañado del correspondiente orden del día. Entre la convocatoria y la reunión habrá de mediar, al menos, un día.

Artículo 20. *Acuerdos*

1. Las Asambleas Generales, tanto ordinarias como extraordinarias, quedarán válidamente constituidas en primera convocatoria cuando concurran a ella un tercio de los socios con derecho a voto, y en segunda cualquiera que sea el número de socios con derecho a voto.

2. Los acuerdos se tomarán por mayoría simple de los socios presentes o representados cuando los votos afirmativos superen a los negativos, no siendo computables a estos efectos los votos nulos, en blanco, ni las abstenciones.

3. Será necesaria la mayoría absoluta de los votos emitidos por los socios presentes o representados, que resultará cuando los votos afirmativos superen la mitad de los emitidos, para adoptar los acuerdos que se refieran a:

a) La remuneración de los miembros de la Junta Directiva;

b) La disposición y enajenación de los bienes;

c) La modificación de los Estatutos;

d) La fusión con otras asociaciones;

e) La disolución de la Asociación.

CAPÍTULO II. JUNTA DIRECTIVA

Artículo 21. *Composición*

1. La Asociación será gestionada y representada por una Junta Directiva formada necesariamente por un Presidente, que ostentará la representación legal, y un Secretario, con facultades de certificación. También podrán formar parte de la misma, el Vicepresidente, el Tesorero y los Vocales que se determinen[245]. Todos ellos deberán tener la condición de socio promotor o numerario.

2. Los miembros de la Junta Directiva serán elegidos y revocados por la Asamblea General y su mandato tendrá una duración de cuatro años.

3. Los cargos que componen la Junta Directiva serán gratuitos, salvo retribución acordada en Asamblea General, y ello sin perjuicio del reembolso de los gastos en que incurran en el ejercicio de sus funciones.

Artículo 22. *Facultades generales*

1. Las facultades de la Junta Directiva se extenderán a todos los actos que resulten necesarios para el cumplimiento y desarrollo de los fines y actividades sociales, sin perjuicio de recabar autorización expresa de la Asamblea General cuando proceda conforme a estos Estatutos.

En concreto, son facultades de la Junta Directiva:

a) Dirigir las actividades sociales y llevar la gestión económica y administrativa, acordando realizar los oportunos actos, convenios y contratos;

b) Resolver sobre la admisión de nuevos socios e imposición de sanciones;

c) Elaborar los presupuestos ordinarios y extraordinarios

d) Formular y someter a la aprobación de la Asamblea General los balances y cuentas anuales;

e) Ejecutar los acuerdos de la Asamblea General;

f) Elaborar y proponer a la Asamblea General, en su caso, la aprobación del reglamento interno;

g) Nombrar delegados o constituir grupos de trabajo para actuaciones específicas;

245. Nada obsta, en asociaciones con escaso número de socios, a la acumulación de cargos en una misma persona, por ejemplo, los de presidente y secretario, o de secretario y tesorero.

h) Cualesquier otra que no esté expresamente atribuida a la Asamblea General por estos Estatutos.

2. Los miembros de la Junta Directiva deberán ejercer sus funciones con diligencia y lealtad a la Asociación, actuando siempre en beneficio de la misma. Guardarán secreto de las informaciones confidenciales, incluso después de haber cesado en el cargo.

Artículo 23. *Facultades en supuestos de fusión*

1. En caso de fusión con otras asociaciones, por integración, corresponde a la Junta Directiva elaborar un proyecto de fusión que, al menos, contenga la denominación y domicilio de las asociaciones participantes, de la nueva asociación que deba constituirse, el texto íntegro de sus estatutos y la fecha de efectos.

2. En caso de fusión con otras asociaciones, por absorción, siendo la Asociación la entidad absorbida, corresponde a la Junta Directiva elaborar un proyecto de fusión que, al menos, contenga la denominación y domicilio de la asociación absorbente, sus estatutos y fecha de efectos.

En caso de fusión con otras asociaciones, por absorción, siendo la Asociación la entidad absorbente, corresponde a la Junta Directiva elaborar un proyecto de fusión que, al menos, contenga la denominación y domicilio de la asociación absorbida, sus estatutos y fecha de efectos. En su caso, la Junta Directiva presentará las modificaciones estatutarias que exijan el proceso de absorción.

3. En todos los supuestos de fusión, el proyecto deberá acompañarse de un informe que justifique los aspectos jurídicos y económicos de la operación, así como las implicaciones para los acreedores, los socios y los trabajadores de la Asociación.

Artículo 24. *Presidente*

El Presidente tendrá las siguientes atribuciones:

a) Representar legalmente a la Asociación ante toda clase de organismos públicos y entidades privadas;

b) Convocar, presidir, dirigir y levantar las reuniones de la Asamblea General y de la Junta Directiva;

c) Ordenar pagos y autorizar con su firma los documentos, actas y correspondencia;

d) Adoptar cualquier medida urgente que resulte necesaria para el buen desenvolvimiento de la Asociación, sin perjuicio de su comunicación inmediata a la Junta Directiva.

Artículo 25. *Vicepresidente*

El Vicepresidente sustituirá al Presidente en caso de ausencia o enfermedad, y en los supuestos de vacancia del cargo asumirá las mismas atribuciones que el Presidente.

Artículo 26. *Secretario*

Corresponde al Secretario:

a) Dirigir los trabajos administrativos de la Asociación;

b) Redactar las actas de las Asambleas Generales y Juntas Directivas, de las que dará fe con el visto bueno del Presidente;

c) Expedir certificaciones;

d) Llevar el libro de socios y demás documentos preceptivos, velando por su custodia y conservación;

e) Promover la inscripción registral de los acuerdos sociales conforme a la ley, en particular, de los que aprueben cambios en la Junta Directiva y modificaciones en los Estatutos.

Artículo 27. *Tesorero*

El Tesorero recaudará y custodiará los fondos pertenecientes a la Asociación y dará cumplimiento a las órdenes de pago expedidas por el Presidente.

Artículo 28. *Vocales*

Los vocales ejercerán las funciones generales que de forma colegiada corresponden a la Junta Directiva, y aquellas otras específicas que se les encomienden al constituir grupos de trabajo.

Artículo 29. *Régimen de bajas y suplencias*

1. Los miembros causarán baja por los siguientes motivos:

a) Por renuncia voluntaria comunicada por escrito a la Junta Directiva;

b) Por incumplimiento de sus obligaciones, apreciado por la Asamblea General;

c) Por expiración del mandato.

2. En los supuestos a) y b) del apartado anterior, las vacantes se cubrirán provisionalmente por el resto de miembros hasta la nueva elección por la Asam-

blea General. En el supuesto de la letra c), se continuará en el cargo hasta la aceptación de los nuevos miembros que los sustituyan.

Artículo 30. *Reuniones y acuerdos*

1. La Junta Directiva se reunirá cuantas veces lo determine su Presidente o a iniciativa de un tercio de sus miembros, y quedará válidamente constituida cuando asista la mitad más uno de sus miembros, incluidos Presidente y Secretario. Se podrán celebrar reuniones de forma presencial o a través de medios electrónicos, y en este caso en las mismas condiciones previstas para la Asamblea General.

2. Los acuerdos se adoptarán por mayoría de votos. En caso de empate decidirá el voto de calidad del Presidente.

3. Los miembros de la Junta Directiva deberán abstenerse de intervenir y de votar en los asuntos en que se hallen en conflicto de intereses con la Asociación.

TÍTULO IV. RÉGIMEN DE ADMINISTRACIÓN

Artículo 31. *Documentación*

Será misión de la Junta Directiva:

a) Documentar las actuaciones que realice en el ejercicio de sus funciones de gestión y representación;

b) Mantener una relación actualizada de socios y un inventario de bienes;

c) Llevar un libro de actas donde consten las deliberaciones y acuerdos de los órganos sociales.

Artículo 32. *Contabilidad*

Conforme a la normativa aplicable a las entidades no lucrativas, la Junta Directiva llevará una contabilidad que permita obtener la imagen fiel del patrimonio, del resultado y de la situación financiera de la Asociación.

Artículo 33. *Protección de datos*

Los órganos sociales, en el cumplimiento de sus funciones, velarán por el respeto a la legislación sobre protección de datos de carácter personal.

La condición de socio conlleva el consentimiento explícito para que los datos que facilite voluntariamente puedan ser incorporados a un fichero automatizado titularidad de la Asociación. El registro y tratamiento de los datos tendrán como objetivo el cumplimiento de los fines previstos en estos Estatutos.

Los socios podrán ejercer en todo momento los derechos de acceso, rectificación, oposición o cancelación de los datos personales.

TÍTULO V. RÉGIMEN ECONÓMICO

Artículo 34. *Patrimonio*

El patrimonio inicial de la Asociación es de 0 euros[246].

Artículo 35. *Recursos económicos*

Los recursos económicos previstos para el cumplimiento de los fines y desarrollo de las actividades de la Asociación son:

a) Las cuotas de los socios, periódicas y extraordinarias;

b) Las subvenciones provenientes de entidades públicas y privadas;

c) Los ingresos procedentes de la prestación de servicios o venta de productos propios;

d) Las donaciones, legados o herencias que pudiera recibir;

e) Las rentas del patrimonio de la propia Asociación;

f) Cualquier otro recurso lícito.

Artículo 36. *Ejercicio económico*

El ejercicio económico será anual y su cierre tendrá lugar el 31 de diciembre de cada año.

TÍTULO VI. DISOLUCIÓN

Artículo 37. *Disolución*

La Asociación se disolverá cuando así lo acuerde la Asamblea General, reunida en sesión extraordinaria, en los términos previstos en estos Estatutos.

El acuerdo podrá fundamentarse en cualquiera de las causas previstas en el artículo 39 del Código Civil o en los Estatutos, o bien, en cualquier momento, en una decisión libre y voluntaria de la mayoría de socios.

246. Las asociaciones, a diferencia de las fundaciones, no están obligadas a disponer de un patrimonio inicial, y en tal caso se indicará «0 euros». Pero si nacen con un determinado patrimonio, se hará constar la cantidad inicial.

Artículo 38. *Liquidación y destino del remanente*

1. En caso de disolución se nombrará una comisión liquidadora, preferentemente de entre los miembros de la junta directiva vigente al momento del acuerdo de disolución.

Corresponde a la comisión liquidadora:

a) Velar por la integridad del patrimonio de la Asociación;

b) Concluir las operaciones pendientes y efectuar las nuevas, necesarias para la liquidación;

c) Cobrar los créditos de la Asociación;

d) Liquidar el patrimonio y pagar a los acreedores;

e) Aplicar los bienes sobrantes conforme a estos Estatutos;

f) Solicitar la cancelación de los asientos en el Registro.

2. Una vez extinguidas las deudas, el sobrante, en su caso, se destinará a entidades o fines que no desvirtúen la naturaleza no lucrativa de la Asociación.

Artículo 39. *Extinción por fusión*

En caso de extinción de la asociación derivada de cualquier proceso de fusión, el patrimonio de la misma se transmitirá en bloque a la asociación resultante de la fusión o a la absorbente, que lo adquiere por sucesión universal.

En ..., a ..., de ..., de ...[247].

FDO.: D/D.ª

DNI:

FDO.: D/D.ª

DNI:

FDO.: D/D.ª

DNI:[248]

247. Es necesario indicar expresamente el lugar y fecha, que debería coincidir con la fecha del acta fundacional.

248. Deben constar las firmas de todos/as los/las socios/as promotores/as que aparezcan como otorgantes del acta fundacional, que deben ser un mínimo de tres o pueden ser más, sin límite máximo alguno.

Anexo III

Modelo orientativo de Certificado de modificación de Estatutos

CERTIFICADO DE ACUERDO DE MODIFICACIÓN DE ESTATUTOS

D./DÑA. ..., con N.I.F. ..., en calidad de Secretario/a de la entidad denominada ...,

inscrita en el Registro ...[249] con número ...,

CERTIFICA:

Que el día .../.../... se celebró Asamblea General de la referida entidad asociativa, convocada al efecto, en la que, con un quórum de asistencia de ... socios, por mayoría de ..., se acordó la modificación de sus Estatutos, de conformidad con lo dispuesto por la Ley Orgánica 1/2002, de 22 de marzo, reguladora del Derecho de Asociación, que afecta a los siguientes artículos:

Se presta el consentimiento a la Administración encargada de la inscripción registral para que sean comprobados los datos de identidad de los firmantes (RD 522/2006, de 28 de abril).

En ..., a ... de ... de ...

	VºBº
EL/LA SECRETARIO/A	EL/LA PRESIDENTE/A
D/.DÑA.	D./DÑA.
N.I.F.:	N.I.F.:
FDO.	FDO.

249. Indicar el registro de pertenencia, que puede ser el Registro Nacional de Asociaciones o cualquiera de los Registros generales de asociaciones de las Comunidades Autónomas.

Anexo IV

Modelo orientativo de Certificado de adaptación de Estatutos

CERTIFICADO DE ACUERDO DE ADAPTACIÓN DE ESTATUTOS A LA LEY ORGÁNICA 1/2002

D./DÑA. ..., con N.I.F. ..., en calidad de Secretario/a de la entidad denominada ..., inscrita en el Registro...[250] con el número ...,

CERTIFICA:

1º.— Que el día .../.../... se celebró Asamblea General de la referida entidad asociativa, convocada al efecto, en la que, con un quórum de asistencia de ... socios, por mayoría de ... se acordó adaptar los Estatutos a las previsiones de la Ley Orgánica 1/2002, de 22 de marzo, reguladora del Derecho de Asociación, y a las normas de desarrollo de la misma mediante modificación de los siguientes artículos: ....
....

2º.— Que la entidad se encuentra actualmente en situación de actividad y funcionamiento.

3º.— Que según acuerdo del órgano de gobierno de la Asociación de fecha .../.../..., adoptado con arreglo a sus Estatutos, el domicilio social de la entidad se encuentra en la calle/plaza ..., número ..., municipio ..., provincia ..., CP ...

4º.— Que según acuerdo de la Asamblea General de fecha .../.../..., adoptado con arreglo a sus Estatutos, los titulares del órgano de representación de la entidad son los siguientes:

Presidente/a: D/DÑA: ..., Nacionalidad: ..., N.I.F. ..., Domicilio: ...

250. Indicar el registro de pertenencia, que puede ser el Registro Nacional de Asociaciones o cualquiera de los Registros generales de asociaciones de las Comunidades Autónomas.

Secretario/a: D/DÑA: ..., Nacionalidad: ..., N.I.F. ..., Domicilio: ...

Otros miembros (cargo, nombre y apellidos, nacionalidad, N.I.F., domicilio):

- ....

- ....

5º.— Que se presta el consentimiento a la Administración encargada de la inscripción registral para que sean comprobados los datos de identidad de los firmantes (RD 522/2006, de 28 de abril)[251]

En ..., a ... de ... de ...

	VºBº
EL/LA SECRETARIO/A	EL/LA PRESIDENTE/A
D/.DÑA.	D./DÑA.
N.I.F.:	N.I.F.:
FDO.	FDO.

Firmas de los titulares del órgano de representación (junta directiva) entrantes y salientes, indicando el cargo, nombre y apellidos de las personas que suscriben:

251. Si no se presta el consentimiento, deber aportarse copia del DNI, NIE o Pasaporte.

Anexo V

Tasas para el Registro Nacional de Asociaciones[252]

Por inscripción de constitución de asociaciones	38,89 €
Por inscripción de constitución de federaciones, confederaciones y uniones de asociaciones	58,36 €

252. La Ley 13/1996, de 30 de diciembre, de medidas fiscales, administrativas y del orden social, creó la tasa por inscripción y publicidad del RNA. La redacción original de su artículo 35 («Tasas por inscripción y publicidad de asociaciones») establecía lo siguiente: «Uno. Se crea la tasa por inscripción y publicidad de asociaciones, que se regirá por la presente Ley y por las demás fuentes normativas que para las tasas se establecen en el artículo 9 de la Ley 9/1989, de 13 de abril, de Tasas y Precios Públicos. Dos. Constituye el hecho imponible de la tasa la solicitud de instrucción del expediente de inscripción o modificación de asociaciones y la solicitud de cualquier información que conste en el Registro Nacional de Asociaciones. Tres. Serán sujetos pasivos quienes soliciten la inscripción inicial o de modificación y la información a que se refiere el número anterior. Cuatro. La tasa se devengará el día en que se presente la solicitud que inicie la actuación administrativa. Cinco. La cuantía de la tasa se determinará: a) Por expediente de inscripción de federaciones, confederaciones y uniones: 7.500 pesetas; b) Por expediente de inscripción de asociaciones: 5.000 pesetas; c) Por expediente de modificación de estatutos de las entidades a que se refieren las letras anteriores, o de inscripción de centros, delegaciones, secciones o filiales: 2.500 pesetas; d) Por obtención de informaciones o certificaciones, o por examen de documentación, relativas a la asociación: 500 pesetas. Si la información o las certificaciones ocuparan más de un folio, 250 pesetas por cada folio, a partir del segundo. Seis. El pago de la tasa se realizará en efectivo, siéndole de aplicación lo dispuesto en el Reglamento General de Recaudación de 20 de diciembre de 1990, debiendo efectuarse o justificarse en el momento de la solicitud. Siete. La gestión y liquidación de las tasas por actuaciones en el Registro Nacional de Asociaciones se efectuará por el Ministerio del Interior». Posteriormente, se dictó la Resolución 4/2001, de 22 de octubre, de la Dirección General de Tributos, por la que se convierten a euros las cuantías exigibles por las tasas cuya gestión está atribuida a órganos dependientes del Ministerio del Interior (apartado Séptimo). Las tasas se actualizan cada año conforme a lo dispuesto en la Ley de Presupuestos Generales del Estado. Por tanto, para conocer las cuantías vigentes en cada ejercicio se deberá acceder a la página Web del Ministerio del Interior. La actualización, no obstante, no siempre significa un incremento, o bien puede ser mínimo, por lo que la información que aquí se ofrece, aunque pueda variar en el futuro, tiene el valor de ser orientativa de los umbrales en que se mueven este tipo de tasas.

Por inscripción en el RNA de asociaciones ya inscritas en registro autonómico o especial por transformación	38,89 €
Por inscripción de delegaciones en España de asociaciones extranjeras ...	38,89 €
Por inscripción de modificación de estatutos	19,50 €
Por inscripción de adaptación de estatutos a la LODA	19,50 €
Por inscripción de juntas directivas	0 €
Por inscripción de apertura/cambio de delegaciones o establecimientos	19,50 €
Por inscripción de incorporación a federación, confederación o unión	19,50 €
Por inscripción de disolución de asociaciones, federaciones, confederaciones y uniones	0
Por obtención de certificados, listados y examen de documentación	11,94 €

Anexo VI

Ley Orgánica 1/2002, de 22 de marzo, reguladora del Derecho de Asociación (comentada)[253]

JUAN CARLOS I

REY DE ESPAÑA

A todos los que la presente vieren y entendieren.

Sabed: Que las Cortes Generales han aprobado y Yo vengo en sancionar la siguiente Ley Orgánica.

253. La LODA ha gozado de gran estabilidad durante su vigencia, habiéndose modificado tan solo dos artículos, en concreto, dos veces el artículo 3.c), para remitir el régimen asociativo profesional de los miembros de las Fuerzas Armadas y de la Guardia Civil a su legislación específica (modificaciones realizadas por la Ley Orgánica 11/2007, de 22 de octubre —disposición adicional tercera— y por la Ley Orgánica 9/2011, de 27 de julio —disposición final cuarta—), y también en dos ocasiones el artículo 32.1.a), para ampliar los supuestos de interés general justificadores de la declaración de utilidad pública de las asociaciones (modificaciones realizadas por la Ley 62/2003, de 30 de diciembre —artículo 47— y por la Ley 29/2011, de 22 de septiembre —disposición adicional segunda—). Asimismo, fue objeto de una mínima declaración de inconstitucionalidad a través de la STC 133/2006, que sobre la disposición final primera («Carácter de la Ley»), apartado segundo, enunciativo de las disposiciones aplicables en todo el territorio del Estado al amparo del art. 149.1.1ª CE, falló lo siguiente: «Declarar que es inconstitucional la disposición final primera, apartado segundo, de la Ley Orgánica 1/2002, de 22 de marzo, reguladora del derecho de asociación, en cuanto hace referencia al art. 7.1.i) y al art. 11.2, este último en el concreto inciso "y con las disposiciones reglamentarias que la desarrollen"». La actual Ley 20/2022, de 19 de octubre, de Memoria Democrática, cuya entrada en vigor tuvo lugar el 21 de octubre de 2022, establece que en el plazo de un año se promoverá la modificación de la LODA para incluir como causa civil de disolución de las asociaciones «la realización pública de apología del franquismo que ensalce el golpe de Estado y la dictadura o enaltezcan a sus dirigentes, con menosprecio y humillación de la dignidad de las víctimas del golpe de Estado, de la guerra o del franquismo, o incitación directa o indirecta al odio o violencia contra las mismas por su condición de tales» (disposición final séptima). Este cambio normativo, aún pendiente, es posible que se cumpla añadiendo una nueva disposición adicional quinta a la LODA.

EXPOSICIÓN DE MOTIVOS

I

El derecho fundamental de asociación, reconocido en el artículo 22 de la Constitución, y de antigua tradición en nuestro constitucionalismo, constituye un fenómeno sociológico y político, como tendencia natural de las personas y como instrumento de participación, respecto al cual los poderes públicos no pueden permanecer al margen.

Nuestra Constitución no es ajena a estas ideas y, partiendo del principio de libertad asociativa, contiene normas relativas a asociaciones de relevancia constitucional, como los partidos políticos (artículo 6), los sindicatos (artículos 7 y 28), las confesiones religiosas (artículo 16), las asociaciones de consumidores y usuarios (artículo 51) y las organizaciones profesionales (artículo 52), y de una forma general define, en su artículo 22, los principios comunes a todas las asociaciones, eliminando el sistema de control preventivo, contenido en la Ley 191/1964, de 24 de diciembre, de Asociaciones, y posibilitando su ejercicio.

Consecuentemente, la necesidad ineludible de abordar el desarrollo del artículo 22 de la Constitución, mediante Ley Orgánica al tratarse del ejercicio de un derecho fundamental (artículo 81), implica que el régimen general del derecho de asociación sea compatible con las modalidades específicas reguladas en leyes especiales y en las normas que las desarrollan, para los partidos políticos, los sindicatos, las asociaciones empresariales, las confesiones religiosas, las asociaciones deportivas, y las asociaciones profesionales de Jueces, Magistrados y Fiscales. Con este objetivo se establece un régimen mínimo y común, que es, además, el régimen al que se ajustarán las asociaciones no contempladas en la legislación especial.

Se ha optado por incluir en único texto normativo la regulación íntegra y global de todos estos aspectos relacionados con el derecho de asociación o con su libre ejercicio, frente a la posibilidad de distinguir, en sendos textos legales, los aspectos que constituyen el núcleo esencial del contenido de este derecho —y, por tanto, regulables mediante Ley Orgánica— de aquellos otros que por no tener ese carácter no requieren tal instrumento normativo.

Esa división hubiese resultado difícilmente viable por las siguientes razones: en primer lugar, en el texto actual se entrelazan, a veces como diferentes apartados de un mismo artículo, preceptos de naturaleza orgánica y ordinaria, por lo cual su separación hubiese conducido a una pérdida de calidad técnica de la norma y a una mayor dificultad en su comprensión, aplicación e interpretación; y segundo, agrupando en un único texto —siempre diferenciando en función de la naturaleza orgánica o no— el código básico que regula el derecho de asociación, se favorece su conocimiento y manejo por parte de los ciudadanos, cuya percepción del derecho de asociación es básicamente unitaria en cuanto a su normativa reguladora, al menos en el ámbito estatal.

Es innegable, también, y así lo recuerda el Comité Económico y Social de la Unión Europea en su Dictamen de 28 de enero de 1998, la importancia que tienen las asociaciones para la conservación de la democracia.

Las asociaciones permiten a los individuos reconocerse en sus convicciones, perseguir activamente sus ideales, cumplir tareas útiles, encontrar su puesto en la sociedad, hacerse oír, ejercer alguna influencia y provocar cambios.

Al organizarse, los ciudadanos se dotan de medios más eficaces para hacer llegar su opinión sobre los diferentes problemas de la sociedad a quienes toman las decisiones políticas. Fortalecer las estructuras democráticas en la sociedad revierte en el fortalecimiento de todas las instituciones democráticas y contribuye a la preservación de la diversidad cultural.

En este sentido, el legislador debe ser especialmente consciente, al regular el derecho de asociación, del mandato contenido en el artículo 9.2 de la Constitución, que deriva directamente de la configuración de nuestro Estado como social y democrático de derecho. Es en este marco legislativo donde la tarea asignada a los poderes públicos de facilitar la participación de los ciudadanos en todos los ámbitos sociales está llamada a encontrar su principal expresión. Esta filosofía impregna toda la norma, ya que uno de los instrumentos decisivos para que la participación sea real y efectiva es la existencia de un asociacionismo vigoroso. Ello debe hacerse compatible con el respeto a la libertad asociativa y con la no injerencia en su funcionamiento interno, para que bajo el pretexto del fomento no se cobijen formas de intervencionismo contrarias a nuestra norma suprema.

II

La presente Ley Orgánica, siguiendo nuestra tradición jurídica, limita su ámbito a las asociaciones sin fin de lucro, lo que permite dejar fuera del ámbito de aplicación de la misma a las sociedades civiles, mercantiles, industriales y laborales, a las cooperativas y mutualidades, y a las comunidades de bienes o de propietarios, cuyas finalidades y naturaleza no responden a la esencia comúnmente aceptada de las asociaciones, sin perjuicio de reconocer que el artículo 22 de la Constitución puede proyectar, tangencialmente, su ámbito protector cuando en este tipo de entidades se contemplen derechos que no tengan carácter patrimonial.

Tampoco pueden incluirse las corporaciones llamadas a ejercer, por mandato legal, determinadas funciones públicas, cuando desarrollen las mismas.

Por otro lado, la ilicitud penal de las asociaciones, cuya definición corresponde a la legislación penal, constituye el límite infranqueable de protección del derecho de asociación.

III

El derecho de asociación proyecta su protección desde una doble perspectiva; por un lado, como derecho de las personas en el ámbito de la vida social, y, por otro lado, como capacidad de las propias asociaciones para su funcionamiento.

La Ley, a lo largo de su articulado y sistemáticamente ubicadas, expresamente desarrolla las dos facetas.

En cuanto a la primera, aparecen los aspectos positivos, como la libertad y la voluntariedad en la constitución de las asociaciones, paralelamente a la contemplación de la titularidad del derecho a constituir asociaciones, sin perjuicio de las condiciones que para su ejercicio establece la legislación vigente, y los derechos inherentes a la condición de asociado; y los negativos, que implican que nadie pueda ser obligado a ingresar en una asociación o a permanecer en su seno.

La segunda recoge la capacidad de las asociaciones para inscribirse en el Registro correspondiente; para establecer su propia organización en el marco de la Ley; para la realización de actividades dirigidas al cumplimiento de sus fines en el marco de la legislación sectorial específica; y, finalmente, para no sufrir interferencia alguna de las Administraciones, como tan rotundamente plasma el apartado 4 del artículo 22 de la Constitución, salvo la que pudiera venir determinada por la concurrencia de otros valores, derechos o libertades constitucionales que deban ser objeto de protección al mismo tiempo y nivel que el derecho de asociación.

IV

La creciente importancia que las asociaciones tienen en el tráfico jurídico aconseja, como garantía de quienes entren en dicho tráfico, que la Ley tome como punto de referencia en relación con su régimen de responsabilidad— el momento en que se produce la inscripción en el Registro correspondiente.

Esta misma garantía hace necesaria la regulación de extremos importantes en el tráfico jurídico, como son el contenido del acta fundacional y de los Estatutos, la modificación, disolución y liquidación de las asociaciones, sus obligaciones documentales y contables, y la publicidad de la identidad de los miembros de los órganos de dirección y administración.

La consecuencia de la inscripción en el Registro será la separación entre el patrimonio de la asociación y el patrimonio de los asociados, sin perjuicio de la existencia, y posibilidad de exigencia, de la responsabilidad de aquéllos que, con sus actos u omisiones, causen a la asociación o a terceros daños o perjuicios.

V

Del contenido del artículo 22.3 de la Constitución se deriva que la Administración carece, al gestionar los Registros, de facultades que pudieran entrañar un control material de legalización o reconocimiento.

Por ello, se regula el procedimiento de inscripción en los límites constitucionales mencionados, estableciéndose la inscripción por silencio positivo en coherencia con el hecho de tratarse del ejercicio de un derecho fundamental.

VI

La presente Ley reconoce la importancia del fenómeno asociativo, como instrumento de integración en la sociedad y de participación en los asuntos públicos, ante el que los poderes públicos han de mantener un cuidadoso equilibrio, de un lado en garantía de la libertad asociativa, y de otro en protección de los derechos y libertades fundamentales que pudieran encontrarse afectados en el ejercicio de aquélla.

Resulta patente que las asociaciones desempeñan un papel fundamental en los diversos ámbitos de la actividad social, contribuyendo a un ejercicio activo de la ciudadanía y a la consolidación de una democracia avanzada, representando los intereses de los ciudadanos ante los poderes públicos y desarrollando una función esencial e imprescindible, entre otras, en las políticas de desarrollo, medio ambiente, promoción de los derechos humanos, juventud, salud pública, cultura, creación de empleo y otras de similar naturaleza, para lo cual la Ley contempla el otorgamiento de ayudas y subvenciones por parte de las diferentes Administraciones públicas conforme al marco legal y reglamentario de carácter general que las prevé, y al específico que en esa materia se regule legalmente en el futuro.

Por ello, se incluye un capítulo dedicado al fomento que incorpora, con modificaciones adjetivas, el régimen de las asociaciones de utilidad pública, recientemente actualizado, como instrumento dinamizador de la realización de actividades de interés general, lo que redundará decisivamente en beneficio de la colectividad.

No puede olvidarse, en este aspecto, el importante papel de los voluntarios, por lo que la Administración deberá tener en cuenta la existencia y actividad de los voluntarios en sus respectivas asociaciones, en los términos establecidos en la Ley 6/1996, de 15 de enero, del voluntariado.

VII

En el capítulo VII se contemplan las garantías jurisdiccionales, sin las cuales el ejercicio del derecho de asociación podría convertirse en una mera declaración de principios.

La aplicación de los procedimientos especiales para la protección de los derechos fundamentales de la persona, correspondientes en cada orden jurisdiccional, no ofrece duda alguna, en todos aquellos aspectos que constituyen el contenido fundamental del derecho de asociación.

Asimismo, el apartado 4 del artículo 22 de la Constitución es objeto de desarrollo, estableciéndose las causas de suspensión y disolución judicial de las asociaciones; y, en cuanto a la tutela, en procedimiento ordinario, de los órdenes jurisdiccionales contencioso-administrativo y civil, la Ley no modifica, en esencia, la situación preexistente, remitiéndose en cuanto a la competencia jurisdiccional a la Ley Orgánica del Poder Judicial.

VIII

Otra de las novedades destacables de la Ley es la posibilidad de creación de los Consejos Sectoriales de Asociaciones como órganos de colaboración y asesoramiento, de los que forman parte representantes de las Administraciones y de las asociaciones, como marco de actuación común en los distintos sectores asociativos, dada su amplia diversidad, y que sirva de cauce de interlocución, para que el papel y la evolución de las asociaciones respondan a las necesidades actuales y futuras.

Es necesario que las asociaciones colaboren no sólo con las Administraciones, sino también con la industria y el comercio, las organizaciones empresariales y las organizaciones sindicales; colaboración edificada sobre una relación de confianza mutua y de intercambio de experiencias, sobre todo en temas tales como el medio ambiente, cultura, educación, sanidad, protección social, lucha contra el desempleo, y promoción de derechos humanos. Con la creación de los Consejos Sectoriales de Asociaciones, se pretende canalizar y alentar esta colaboración.

IX

La presente Ley, en virtud de lo dispuesto en la disposición final primera, es claramente respetuosa con la doctrina del Tribunal Constitucional, que se contiene en la sentencia de 23 de julio de 1998, en cuanto a la reserva de ley orgánica, y en lo que se refiere al sistema de distribución competencial que se desprende de la Constitución y de los Estatutos de Autonomía. Por ello, también se ha tenido en cuenta la legislación autonómica existente en materia de asociaciones.

El rango de ley orgánica, ex artículo 81.1 de la Constitución, alcanza, en los términos del apartado 1. de la disposición final primera, a los preceptos de la Ley considerados como elementos esenciales del contenido del derecho de asociación, que se manifiesta en cuatro dimensiones: en la libertad de creación de asociaciones y de adscripción a las ya creadas; en la libertad de no asociarse y de dejar de pertenecer a las mismas; en la libertad de organización y funcionamiento internos sin injerencias exteriores; y en un conjunto de facultades de los asociados considerados individualmente frente a las asociaciones a las que pertenecen.

El artículo 149.1.1.ª de la Constitución habilita al Estado para regular y garantizar el contenido primario, las facultades elementales y los límites esenciales en aquello que sea necesario para garantizar la igualdad de todos los españoles, y la presente ley concreta dicha habilitación, en el ejercicio del derecho de asociación, en los aspectos relativos a la definición del concepto legal de asociación, así como en el régimen jurídico externo de las asociaciones, aspectos todos ellos que requieren un tratamiento uniforme.

El segundo de los títulos competenciales que se manifiesta en la Ley es el previsto en el artículo 149.1.6.ª de la Constitución, en cuanto se refiere a la legislación procesal y que responde a la necesidad de salvaguardar la uniformidad de los instrumentos jurisdiccionales.

La definición y régimen de las asociaciones declaradas de utilidad pública estatal tiene como finalidad estimular la participación de las asociaciones en la realización de actividades de interés general, y por ello se dicta al amparo del artículo 149.1.14.ª de la Constitución.

Las restantes normas de la Ley son sólo de aplicación a las asociaciones de competencia estatal, competencia que alcanzará a todas aquellas asociaciones para las cuales las Comunidades Autónomas no ostenten competencias exclusivas, y, en su caso, a las asociaciones extranjeras.

En definitiva, con la presente Ley se pretende superar la vigente normativa preconstitucional tomando como criterios fundamentales la estructura democrática de las asociaciones y su ausencia de fines lucrativos, así como garantizar la participación de las personas en éstas, y la participación misma de las asociaciones en la vida social y política, desde un espíritu de libertad y pluralismo, reconociendo, a su vez, la importancia de las funciones que cumplen como agentes sociales de cambio y transformación social, de acuerdo con el principio de subsidiariedad.

CAPÍTULO I

Disposiciones generales

Artículo 1. Objeto y ámbito de aplicación.

1. La presente Ley Orgánica tiene por objeto desarrollar el derecho de asociación reconocido en el artículo 22 de la Constitución y establecer aquellas normas de régimen jurídico de las asociaciones que corresponde dictar al Estado.

2. El derecho de asociación se regirá con carácter general por lo dispuesto en la presente Ley Orgánica, dentro de cuyo ámbito de aplicación se incluyen todas las asociaciones que no tengan fin de lucro y que no estén sometidas a un régimen asociativo específico.

3. Se regirán por su legislación específica los partidos políticos; los sindicatos y las organizaciones empresariales; las iglesias, confesiones y comunidades religiosas; las federaciones deportivas; las asociaciones de consumidores y usuarios; así como cualesquiera otras reguladas por leyes especiales[254].

Las asociaciones constituidas para fines exclusivamente religiosos por las iglesias, confesiones y comunidades religiosas se regirán por lo dispuesto en los tratados internacionales y en las leyes específicas, sin perjuicio de la aplicación supletoria de las disposiciones de la presente Ley Orgánica.

4. Quedan excluidas del ámbito de aplicación de la presente Ley las comunidades de bienes y propietarios y las entidades que se rijan por las disposiciones relativas al contrato de sociedad, cooperativas y mutualidades, así como las uniones temporales de empresas y las agrupaciones de interés económico[255].

Artículo 2. Contenido y principios.

1. Todas las personas tienen derecho a asociarse libremente para la consecución de fines lícitos.

2. El derecho de asociación comprende la libertad de asociarse o crear asociaciones, sin necesidad de autorización previa[256].

---

254. Vid. Ley Orgánica 6/2002, de 27 de junio, de Partidos Políticos; Ley Orgánica 11/1985, de 2 de agosto, de Libertad Sindical; Ley 19/1977, de 1 de abril, sobre regulación del derecho de asociación sindical [para las asociaciones empresariales]; Ley Orgánica 7/1980, de 5 de julio, de Libertad Religiosa; Ley 39/2022, de 30 de diciembre, del Deporte; Real Decreto Legislativo 1/2007, de 16 de noviembre, por el que se aprueba el texto refundido de la Ley General para la Defensa de los Consumidores y Usuarios y otras leyes complementarias. Según la disposición final segunda LODA «excepto en aquellos preceptos que tienen rango de Ley Orgánica, la presente Ley tiene carácter supletorio respecto de cualesquiera otras que regulen tipos específicos de asociaciones». Sobre esto último, vid. Notas a los apartados c) y d) del artículo 3 de la propia LODA.

255. En coherencia con el apartado 2, la exclusión de estas entidades se justifica en el ánimo de lucro. Entrarían aquí las «asociaciones de interés particular» a que se refiere el artículo 35 CC, es decir, las sociedades civiles, mercantiles, industriales y laborales. También están excluidas «las corporaciones llamadas a ejercer, por mandato legal, determinadas funciones públicas, cuando desarrollen las mismas» (apartado II de la Exposición de Motivos LODA). E igualmente, las «iniciativas de carácter temporal» a que se refiere la disposición adicional cuarta.

256. El inciso «sin necesidad de autorización previa» expresa como ningún otro el deseo de «superar la vigente normativa preconstitucional» (apartado IX Exposición de Motivos LODA), que en origen y hasta la CE sometía la creación de asociaciones a un sistema de «visado previo» ejercido por el Ministerio de la Gobernación.

3. Nadie puede ser obligado a constituir una asociación, a integrarse en ella o a permanecer en su seno, ni a declarar su pertenencia a una asociación legalmente constituida.

4. La constitución de asociaciones y el establecimiento de su organización y funcionamiento se llevarán a cabo dentro del marco de la Constitución, de la presente Ley Orgánica y del resto del ordenamiento jurídico[257].

5. La organización interna y el funcionamiento de las asociaciones deben ser democráticos, con pleno respeto al pluralismo. Serán nulos de pleno derecho los pactos, disposiciones estatutarias y acuerdos que desconozcan cualquiera de los aspectos del derecho fundamental de asociación.

6. Las entidades públicas podrán ejercitar el derecho de asociación entre sí, o con particulares, como medida de fomento y apoyo, siempre que lo hagan en igualdad de condiciones con éstos, al objeto de evitar una posición de dominio en el funcionamiento de la asociación[258].

7. Las asociaciones que persigan fines o utilicen medios tipificados como delito son ilegales[259].

8. Se prohíben las asociaciones secretas y las de carácter paramilitar[260].

9. La condición de miembro de una determinada asociación no puede ser, en ningún caso, motivo de favor, de ventaja o de discriminación a ninguna persona por parte de los poderes públicos.

Artículo 3. Capacidad.

Podrán constituir asociaciones, y formar parte de las mismas, las personas físicas y las personas jurídicas, sean éstas públicas o privadas, con arreglo a los siguientes principios[261]:

---

257. Sobre la constitución, vid. artículos 5 a 9, y sobre la organización y funcionamiento, artículos 11 y 12.
258. Un ejemplo de asociacionismo entre entes públicos lo encontramos en la disposición adicional quinta de la Ley 7/1985, de 2 de abril, reguladora de las bases de régimen local. A su amparo se constituyó la Federación Española de Municipios y Provincias —FEMP—, asociación inscrita en el RNA.
259. Vid. artículos 31 bis a 31 quater, y artículo 515 CP. Así mismo, Circular 1/2016, de la Fiscalía General del Estado, sobre la responsabilidad penal de las personas jurídicas conforme a la reforma del Código Penal efectuada por la Ley Orgánica 1/2015.
260. Vid. artículo 515 CP. Las sociedades secretas están prohibidas, pero no están tipificadas como delito.
261. Alude este precepto a la capacidad de las personas para crear asociaciones (dimensión individual del derecho de asociación) pero no a la capacidad de la persona jurídica asociación (dimensión colectiva del derecho de asociación). La capacidad de ésta, como tal, la encontramos en el Capítulo III.

a) Las personas físicas necesitan tener la capacidad de obrar y no estar sujetas a ninguna condición legal para el ejercicio del derecho.

b) Los menores no emancipados de más de catorce años con el consentimiento, documentalmente acreditado, de las personas que deban suplir su capacidad, sin perjuicio del régimen previsto para las asociaciones infantiles, juveniles o de alumnos en el artículo 7.2 de la Ley Orgánica 1/1996, de 15 de enero, de Protección Jurídica del Menor.

c) Los miembros de las Fuerzas Armadas y de la Guardia Civil habrán de atenerse a lo que disponga su legislación específica para el ejercicio del derecho de asociación en lo que se refiere a asociaciones profesionales[262].

d) Los Jueces, Magistrados y Fiscales habrán de atenerse a lo que dispongan sus normas específicas para el ejercicio del derecho de asociación en lo que se refiere a asociaciones profesionales[263].

e) Las personas jurídicas de naturaleza asociativa requerirán el acuerdo expreso de su órgano competente, y las de naturaleza institucional, el acuerdo de su órgano rector.

f) Las asociaciones podrán constituir federaciones, confederaciones o uniones, previo el cumplimiento de los requisitos exigidos para la constitución de asociaciones, con acuerdo expreso de sus órganos competentes[264].

g) Las personas jurídico-públicas serán titulares del derecho de asociación en los términos del artículo 2.6 de la presente Ley, salvo que establezcan lo contrario sus normas constitutivas y reguladoras, a cuyo tenor habrá de atenerse, en todo caso, el ejercicio de aquél.

Artículo 4. Relaciones con la Administración.

1. Los poderes públicos, en el ámbito de sus respectivas competencias, fomentarán la constitución y el desarrollo de las asociaciones que realicen actividades de interés general[265].

---

262. Sobre estas asociaciones profesionales, vid. Ley Orgánica 9/2011, de 27 de julio, de derechos y deberes de los miembros de las Fuerzas Armadas (artículo 14 y Título III), y Ley Orgánica 11/2007, de 22 de octubre, reguladora de los derechos y deberes de los miembros de la Guardia Civil (artículo 9 y Título VI). En realidad, en ambas leyes orgánicas constituye novedad la regulación, en un doble sentido, del derecho de asociación de estos funcionarios, al poder crear tanto asociaciones generales conforme a la LODA como asociaciones profesionales ajustadas a esta normativa específica.

263. Sobre estas asociaciones profesionales, vid. artículo 127 CE, Ley Orgánica 6/1985, de 1 de julio, del Poder Judicial (Capítulo IV del Título II del Libro IV), y Ley 50/1981, de 30 de diciembre, por la que se regula el Estatuto Orgánico del Ministerio Fiscal (Capítulo V del Título III).

264. Vid. artículos 2, 44 y 45 RRNA.

265. Vid. Capítulo VI.

2. La Administración no podrá adoptar medidas preventivas o suspensivas que interfieran en la vida interna de las asociaciones[266].

3. El otorgamiento de ayudas o subvenciones públicas y, en su caso, el reconocimiento de otros beneficios legal o reglamentariamente previstos, estará condicionado al cumplimiento de los requisitos establecidos en cada caso[267].

4. La Administración competente ofrecerá el asesoramiento y la información técnica de que disponga, cuando sea solicitada, por quienes acometan proyectos asociativos de interés general.

5. Los poderes públicos no facilitarán ningún tipo de ayuda a las asociaciones que en su proceso de admisión o en su funcionamiento discriminen por razón de nacimiento, raza, sexo, religión, opinión o cualquier otra condición o circunstancia personal o social.

6. Los poderes públicos no facilitarán ayuda alguna, económica o de cualquier otro tipo, a aquellas asociaciones que con su actividad promuevan o justifiquen el odio o la violencia contra personas físicas o jurídicas, o enaltezcan o justifiquen por cualquier medio los delitos de terrorismo o de quienes hayan participado en su ejecución, o la realización de actos que entrañen descrédito, menosprecio o humillación de las víctimas de los delitos terroristas o de sus familiares.

Se considerará, a estos efectos, que una asociación realiza las actividades previstas en el párrafo anterior, cuando alguno de los integrantes de sus órganos de representación, o cualesquier otro miembro activo, haya sido condenado por sentencia firme por pertenencia, actuación al servicio o colaboración con banda armada en tanto no haya cumplido completamente la condena, si no hubiese rechazado públicamente los fines y los medios de la organización terrorista a la que perteneció o con la que colaboró o apoyó o exaltó.

Asimismo, se considerará actividad de la asociación cualquier actuación realizada por los miembros de sus órganos de gobierno y de representación, o cualesquiera otros miembros activos, cuando hayan actuado en nombre, por cuenta o en representación de la asociación, aunque no constituya el fin o la actividad de la asociación en los términos descritos en sus Estatutos.

Lo dispuesto en este apartado se entiende sin perjuicio de lo establecido en la legislación penal y en el artículo 30.4 de la presente Ley.

266. Vid. artículo 539 CP.

267. Al margen de «los requisitos establecidos en cada caso», concurren dos requisitos generales para poder optar y disfrutar de ayudas públicas, económicas o de otra clase: a) que la asociación persiga fines de interés general (artículo 31.3); y b) que la asociación esté inscrita en el registro de asociaciones competente (artículo 31.4).

CAPÍTULO II

Constitución de las asociaciones

Artículo 5. Acuerdo de constitución.

1. Las asociaciones se constituyen mediante acuerdo de tres o más personas físicas o jurídicas legalmente constituidas, que se comprometen a poner en común conocimientos, medios y actividades para conseguir unas finalidades lícitas, comunes, de interés general o particular, y se dotan de los Estatutos que rigen el funcionamiento de la asociación.

2. El acuerdo de constitución, que incluirá la aprobación de los Estatutos, habrá de formalizarse mediante acta fundacional, en documento público o privado. Con el otorgamiento del acta adquirirá la asociación su personalidad jurídica y la plena capacidad de obrar, sin perjuicio de la necesidad de su inscripción a los efectos del artículo 10[268].

3. Lo establecido en este artículo se aplicará también para la constitución de federaciones, confederaciones y uniones de asociaciones.

Artículo 6. Acta fundacional.

1. El acta fundacional ha de contener:

a) El nombre y apellidos de los promotores de la asociación si son personas físicas, la denominación o razón social si son personas jurídicas, y, en ambos casos, la nacionalidad y el domicilio.

b) La voluntad de los promotores de constituir una asociación, los pactos que, en su caso, hubiesen establecido y la denominación de ésta.

c) Los Estatutos aprobados que regirán el funcionamiento de la asociación, cuyo contenido se ajustará a las prescripciones del artículo siguiente.

d) Lugar y fecha de otorgamiento del acta, y firma de los promotores, o de sus representantes en el caso de personas jurídicas.

e) La designación de los integrantes de los órganos provisionales de gobierno[269].

268. Sobre la capacidad de obrar de las personas jurídicas, vid. artículo 38 CC. A pesar de este reconocimiento, el último inciso supone recordar que hasta la inscripción no rige la regla de la irresponsabilidad personal de los asociados respecto de las deudas sociales (artículo 15.2).

269. Este precepto se refiere más bien al órgano de «representación», tal y como se le designa en el artículo 11.4, provisional o no, comúnmente llamado junta directiva. En este orden, vid. artículo 43.2.d) RRNA.

2. Al acta fundacional habrá de acompañar, para el caso de personas jurídicas, una certificación del acuerdo válidamente adoptado por el órgano competente, en el que aparezca la voluntad de constituir la asociación y formar parte de ella y la designación de la persona física que la representará; y, en el caso de las personas físicas, la acreditación de su identidad. Cuando los otorgantes del acta actúen a través de representante, se acompañará a la misma la acreditación de su identidad.

Artículo 7. Estatutos.

1. Los Estatutos deberán contener los siguientes extremos:

a) La denominación.

b) El domicilio, así como el ámbito territorial en que haya de realizar principalmente sus actividades[270].

c) La duración, cuando la asociación no se constituya por tiempo indefinido.

d) Los fines y actividades de la asociación, descritos de forma precisa[271].

e) Los requisitos y modalidades de admisión y baja, sanción y separación de los asociados y, en su caso, las clases de éstos. Podrán incluir también las consecuencias del impago de las cuotas por parte de los asociados.

f) Los derechos y obligaciones de los asociados y, en su caso, de cada una de sus distintas modalidades[272].

g) Los criterios que garanticen el funcionamiento democrático de la asociación.

h) Los órganos de gobierno y representación, su composición, reglas y procedimientos para la elección y sustitución de sus miembros, sus atribuciones, duración de los cargos, causas de su cese, la forma de deliberar, adoptar y ejecutar sus acuerdos y las personas o cargos con facultad para certificarlos y requisitos para que los citados órganos queden válidamente constituidos, así como la cantidad de asociados necesaria para poder convocar sesiones de los órganos de gobierno o de proponer asuntos en el orden del día[273].

---

270. El ámbito territorial de actuación elegido por los promotores (más de una Comunidad Autónoma o sólo una Comunidad Autónoma) va a marcar el registro general competente para la inscripción, estatal o autonómico, y la legislación aplicable, sólo la estatal o la estatal básica y la autonómica.
271. Deben distinguirse claramente los «fines» (objetivos que se persiguen con la creación de la asociación) de las «actividades» (acciones y medios para alcanzar tales objetivos).
272. Vid. artículos 21, 22 y 23.
273. Vid. artículos 11 y 12.

i) El régimen de administración, contabilidad y documentación, así como la fecha de cierre del ejercicio asociativo[274].

j) El patrimonio inicial y los recursos económicos de los que se podrá hacer uso.

k) Causas de disolución y destino del patrimonio en tal supuesto, que no podrá desvirtuar el carácter no lucrativo de la entidad[275].

2. Los Estatutos también podrán contener cualesquiera otras disposiciones y condiciones lícitas que los promotores consideren convenientes, siempre que no se opongan a las leyes ni contradigan los principios configuradores de la asociación.

3. El contenido de los Estatutos no podrá ser contrario al ordenamiento jurídico.

Artículo 8. Denominación.

1. La denominación de las asociaciones no podrá incluir término o expresión que induzca a error o confusión sobre su propia identidad, o sobre la clase o naturaleza de la misma, en especial, mediante la adopción de palabras, conceptos o símbolos, acrónimos y similares propios de personas jurídicas diferentes, sean o no de naturaleza asociativa.

2. No serán admisibles las denominaciones que incluyan expresiones contrarias a las leyes o que puedan suponer vulneración de los derechos fundamentales de las personas.

3. Tampoco podrá coincidir, o asemejarse de manera que pueda crear confusión, con ninguna otra previamente inscrita en el Registro en el que proceda su inscripción, ni con cualquier otra persona jurídica pública o privada, ni con entidades preexistentes, sean o no de nacionalidad española, ni con personas físicas, salvo con el consentimiento expreso del interesado o sus sucesores, ni con una marca registrada notoria, salvo que se solicite por el titular de la misma o con su consentimiento[276].

Artículo 9. Domicilio.

1. Las asociaciones que se constituyan con arreglo a la presente Ley tendrán su domicilio en España, en el lugar que establezcan sus Estatutos, que podrá

274. Vid. artículo 14.
275. Vid. artículos 17, 18 y 38, y artículo 39 CC.
276. Vid. artículos 22 y 23 RRNA. También Ley 17/2001, de 7 de diciembre, de Marcas.

ser el de la sede de su órgano de representación, o bien aquél donde desarrolle principalmente sus actividades[277].

2. Deberán tener domicilio en España, las asociaciones que desarrollen actividades principalmente dentro de su territorio.

3. Sin perjuicio de lo que disponga el ordenamiento comunitario, las asociaciones extranjeras para poder ejercer actividades en España, de forma estable o duradera, deberán establecer una delegación en territorio español[278].

Artículo 10. Inscripción en el Registro.

1. Las asociaciones reguladas en la presente Ley deberán inscribirse en el correspondiente Registro, a los solos efectos de publicidad[279].

2. La inscripción registral hace pública la constitución y los Estatutos de las asociaciones y es garantía, tanto para los terceros que con ellas se relacionan, como para sus propios miembros[280].

3. Los promotores realizarán las actuaciones que sean precisas, a efectos de la inscripción, respondiendo en caso contrario de las consecuencias de la falta de la misma.

4. Sin perjuicio de la responsabilidad de la propia asociación, los promotores de asociaciones no inscritas responderán, personal y solidariamente, de las obligaciones contraídas con terceros. En tal caso, los asociados responderán solidariamente por las obligaciones contraídas por cualquiera de ellos frente a terceros, siempre que hubieran manifestado actuar en nombre de la asociación[281].

---

277. Vid. artículo 41 CC, y artículo 18 RRNA.
278. Vid. artículo 11 CC.
279. Vid. Capítulo V, y artículos 42 a 48 RRNA. La expresión constitucional y legal «a los solos efectos de publicidad» se ha interpretado, no sin polémica, en el sentido de considerar la inscripción registral de las asociaciones como «declarativa».
280. El registro general de asociaciones, exigido por el artículo 22.3 CE, es un registro público establecido en garantía de la seguridad del tráfico jurídico y económico: «la creciente importancia que las asociaciones tienen en el tráfico jurídico aconseja, como garantía de quienes entren en dicho tráfico, que la Ley tome como punto de referencia —en relación con su régimen de responsabilidad— el momento en que se produce la inscripción en el Registro correspondiente. Esta misma garantía hace necesaria la regulación de extremos importantes en el tráfico jurídico, como son el contenido del acta fundacional y de los Estatutos, la modificación, disolución y liquidación de las asociaciones, sus obligaciones documentales y contables, y la publicidad de la identidad de los miembros de los órganos de dirección y administración» (apartado IV de la Exposición de Motivos LODA).
281. Vid. artículo 15.

CAPÍTULO III

Funcionamiento de las asociaciones

Artículo 11. Régimen de las asociaciones.

1. El régimen de las asociaciones, en lo que se refiere a su constitución e inscripción, se determinará por lo establecido en la presente Ley Orgánica y en las disposiciones reglamentarias que se dicten en su desarrollo.

2. En cuanto a su régimen interno, las asociaciones habrán de ajustar su funcionamiento a lo establecido en sus propios Estatutos, siempre que no estén en contradicción con las normas de la presente Ley Orgánica y con las disposiciones reglamentarias que se dicten para la aplicación de la misma.

3. La Asamblea General es el órgano supremo de gobierno de la asociación, integrado por los asociados, que adopta sus acuerdos por el principio mayoritario o de democracia interna y deberá reunirse, al menos, una vez al año.

4. Existirá un órgano de representación que gestione y represente los intereses de la asociación, de acuerdo con las disposiciones y directivas de la Asamblea General. Sólo podrán formar parte del órgano de representación los asociados.

Para ser miembro de los órganos de representación de una asociación, sin perjuicio de lo que establezcan sus respectivos Estatutos, serán requisitos indispensables: ser mayor de edad, estar en pleno uso de los derechos civiles y no estar incurso en los motivos de incompatibilidad establecidos en la legislación vigente.

5. En el caso de que los miembros de los órganos de representación puedan recibir retribuciones en función del cargo, deberán constar en los Estatutos y en las cuentas anuales aprobadas en asamblea[282].

Artículo 12. Régimen interno.

Si los Estatutos no lo disponen de otro modo, el régimen interno de las asociaciones será el siguiente:

a) Las facultades del órgano de representación se extenderán, con carácter general, a todos los actos propios de las finalidades de la asociación, siempre que no requieran, conforme a los Estatutos, autorización expresa de la Asamblea General.

282. A los efectos de la posible declaración de utilidad pública de la asociación, vid. artículo 32.1.c).

b) Sin perjuicio de lo dispuesto en el artículo 11.3, la Asamblea General se convocará por el órgano de representación, con carácter extraordinario, cuando lo solicite un número de asociados no inferior al 10 por 100.

c) La Asamblea General se constituirá válidamente, previa convocatoria efectuada— quince días antes de la reunión, cuando concurran a ella, presentes o representados, un tercio de los asociados, y su presidente y su secretario serán designados al inicio de la reunión.

d) Los acuerdos de la Asamblea General se adoptarán por mayoría simple de las personas presentes o representadas, cuando los votos afirmativos superen a los negativos. No obstante, requerirán mayoría cualificada de las personas presentes o representadas, que resultará cuando los votos afirmativos superen la mitad, los acuerdos relativos a disolución de la asociación, modificación de los Estatutos, disposición o enajenación de bienes y remuneración de los miembros del órgano de representación[283].

Artículo 13. Régimen de actividades.

1. Las asociaciones deberán realizar las actividades necesarias para el cumplimiento de sus fines, si bien habrán de atenerse a la legislación específica que regule tales actividades.

2. Los beneficios obtenidos por las asociaciones, derivados del ejercicio de actividades económicas, incluidas las prestaciones de servicios, deberán destinarse, exclusivamente, al cumplimiento de sus fines, sin que quepa en ningún caso su reparto entre los asociados ni entre sus cónyuges o personas que convivan con aquéllos con análoga relación de afectividad, ni entre sus parientes, ni su cesión gratuita a personas físicas o jurídicas con interés lucrativo[284].

Artículo 14. Obligaciones documentales y contables.

1. Las asociaciones han de disponer de una relación actualizada de sus asociados, llevar una contabilidad que permita obtener la imagen fiel del patrimonio, del resultado y de la situación financiera de la entidad, así como las actividades realizadas, efectuar un inventario de sus bienes y recoger en un libro las actas de las reuniones de sus órganos de gobierno y representación. Deberán llevar su contabilidad conforme a las normas específicas que les resulten de aplicación.

---

283. El inciso inicial de este artículo («si los Estatutos no lo disponen de otro modo») debe entenderse solamente referido a la primera parte de este apartado, en el sentido de poderse alterar estatutariamente el sistema de la mayoría simple. Por el contrario, la preferencia estatutaria deberá decaer respecto de los acuerdos relativos a la modificación de estatutos, disposición o enajenación de bienes, remuneración de la junta directiva y disolución de la asociación, para cuya adopción, por su importancia para el funcionamiento y existencia misma de la entidad, se requerirá siempre una mayoría cualificada, que no simple.

284. Este apartado concreta el significado de la finalidad no lucrativa del artículo 1.2, reconducido a la prohibición del lucro subjetivo.

2. Los asociados podrán acceder a toda la documentación— que se relaciona en el apartado anterior, a través de los órganos de representación, en los términos previstos en la Ley Orgánica 15/1999, de 13 de diciembre, de protección de datos de carácter personal[285].

3. Las cuentas de la asociación se aprobarán anualmente por la Asamblea General.

Artículo 15. Responsabilidad de las asociaciones inscritas.

1. Las asociaciones inscritas responden de sus obligaciones con todos sus bienes presentes y futuros[286].

2. Los asociados no responden personalmente de las deudas de la asociación.

3. Los miembros o titulares de los órganos de gobierno y representación, y las demás personas que obren en nombre y representación de la asociación, responderán ante ésta, ante los asociados y ante terceros por los daños causados y las deudas contraídas por actos dolosos, culposos o negligentes[287].

4. Las personas a que se refiere el apartado anterior responderán civil y administrativamente por los actos y omisiones realizados en el ejercicio de sus funciones, y por los acuerdos que hubiesen votado, frente a terceros, a la asociación y a los asociados.

5. Cuando la responsabilidad no pueda ser imputada a ningún miembro o titular de los órganos de gobierno y representación, responderán todos solidariamente por los actos y omisiones a que se refieren los apartados 3 y 4 de este artículo, a menos que puedan acreditar que no han participado en su aprobación y ejecución o que expresamente se opusieron a ellas[288].

6. La responsabilidad penal se regirá por lo establecido en las leyes penales[289].

---

285. La Ley Orgánica 15/1999, de 13 de diciembre, se encuentra en la actualidad derogada. Vid. Reglamento (UE) 2016/679 del Parlamento Europeo y el Consejo, de 27 de abril de 2016, relativo a la protección de las personas físicas en lo que respecta al tratamiento de sus datos personales y a la libre circulación de estos datos, y Ley Orgánica 3/2018, de 5 de diciembre, de Protección de Datos Personales y garantía de los derechos digitales.

286. Vid. artículo 1911 CC.

287. Los apartados 3, 4 y 5 acogen un tipo de responsabilidad personal (no colegiada) y extracontractual.

288. La regla de la «solidaridad» es indisponible, por lo que cualquier cláusula estatutaria que introdujera el régimen de «mancomunidad» sería nula.

289. Sobre la responsabilidad penal de las personas físicas miembros de los órganos sociales y de la asociación misma como persona jurídica, vid. artículos 31, 31.bis, 31.ter, 31.quater CP.

Artículo 16. Modificación de los Estatutos.

1. La modificación de los Estatutos que afecte al contenido previsto en el artículo 7 requerirá acuerdo adoptado por la Asamblea General convocada específicamente con tal objeto, deberá ser objeto de inscripción en el plazo de un mes y sólo producirá efectos, tanto para los asociados como para los terceros, desde que se haya procedido a su inscripción en el Registro de Asociaciones correspondiente, rigiendo para la misma el sentido del silencio previsto en el artículo 30.1 de la presente Ley.

Las restantes modificaciones producirán efectos para los asociados desde el momento de su adopción con arreglo a los procedimientos estatutarios, mientras que para los terceros será necesaria, además, la inscripción en el Registro correspondiente[290].

2. La inscripción de las modificaciones estatutarias se sujetará a los mismos requisitos que la inscripción de los Estatutos.

Artículo 17. Disolución.

1. Las asociaciones se disolverán por las causas previstas en los Estatutos y, en su defecto, por la voluntad de los asociados expresada en Asamblea General convocada al efecto, así como por las causas determinadas en el artículo 39 del Código Civil y por sentencia judicial firme.

2. En todos los supuestos de disolución deberá darse al patrimonio el destino previsto en los Estatutos.

Artículo 18. Liquidación de la asociación.

1. La disolución de la asociación abre el período de liquidación, hasta el fin del cual la entidad conservará su personalidad jurídica.

2. Los miembros del órgano de representación en el momento de la disolución se convierten en liquidadores, salvo que los Estatutos establezcan otra cosa o bien los designe la Asamblea General o el juez que, en su caso, acuerde la disolución.

3. Corresponde a los liquidadores:

a) Velar por la integridad del patrimonio de la asociación.

290. Este apartado constituye una excepción al carácter declarativo de las inscripciones (artículo 10.1), al convertir la inscripción de las modificaciones estatutarias en «constitutiva». Sin la efectiva inscripción registral, ninguna modificación estatutaria tendrá efectos frente a terceros. Por lo demás, vid. artículos 49 y 50 RRNA.

b) Concluir las operaciones pendientes y efectuar las nuevas, que sean precisas para la liquidación.

c) Cobrar los créditos de la asociación.

d) Liquidar el patrimonio y pagar a los acreedores.

e) Aplicar los bienes sobrantes de la asociación a los fines previstos por los Estatutos.

f) Solicitar la cancelación de los asientos en el Registro[291].

4. En caso de insolvencia de la asociación, el órgano de representación o, si es el caso, los liquidadores han de promover inmediatamente el oportuno procedimiento concursal ante el juez competente[292].

CAPÍTULO IV

Asociados

Artículo 19. Derecho a asociarse.

La integración en una asociación constituida es libre y voluntaria, debiendo ajustarse a lo establecido en los Estatutos[293].

Artículo 20. Sucesión en la condición de asociado.

La condición de asociado es intransmisible, salvo que los Estatutos dispongan otra cosa, por causa de muerte o a título gratuito.

Artículo 21. Derechos de los asociados.

Todo asociado ostenta los siguientes derechos:

a) A participar en las actividades de la asociación y en los órganos de gobierno y representación, a ejercer el derecho de voto, así como a asistir a la Asamblea General, de acuerdo con los Estatutos.

---

291. Del apartado 1 y 3.c) se deduce que la extinción de la personalidad jurídica de las asociaciones no tiene lugar hasta que, una vez concluida la liquidación, el registro de asociaciones inscribe la disolución y procede a cancelar la respectiva hoja registral. Vid. artículos 28, 61 y 62 RRNA.

292. Vid. Real Decreto Legislativo 1/2020, de 5 de mayo, por el que se aprueba el texto refundido de la Ley Concursal.

293. Vid. artículo 2.1 y 3. La integración en una asociación ya creada supone la aceptación en bloque de sus estatutos, por lo que resulta muy aconsejable conocer previamente su contenido, obtenido de la asociación o a través del registro competente.

b) A ser informado acerca de la composición de los órganos de gobierno y representación de la asociación, de su estado de cuentas y del desarrollo de su actividad[294].

c) A ser oído con carácter previo a la adopción de medidas disciplinarias contra él y a ser informado de los hechos que den lugar a tales medidas, debiendo ser motivado el acuerdo que, en su caso, imponga la sanción.

d) A impugnar los acuerdos de los órganos de la asociación que estime contrarios a la ley o a los Estatutos[295].

Artículo 22. Deberes de los asociados.

Son deberes de los asociados:

a) Compartir las finalidades de la asociación y colaborar para la consecución de las mismas.

b) Pagar las cuotas, derramas y otras aportaciones que, con arreglo a los Estatutos, puedan corresponder a cada socio.

c) Cumplir el resto de obligaciones que resulten de las disposiciones estatutarias.

d) Acatar y cumplir los acuerdos válidamente adoptados por los órganos de gobierno y representación de la asociación.

Artículo 23. Separación voluntaria.

1. Los asociados tienen derecho a separarse voluntariamente de la asociación en cualquier tiempo[296].

2. Los Estatutos podrán establecer que, en caso de separación voluntaria de un asociado, éste pueda percibir la participación patrimonial inicial u otras aportaciones económicas realizadas, sin incluir las cuotas de pertenencia a la asociación que hubiese abonado, con las condiciones, alcances y límites que se fijen en los Estatutos. Ello se entiende siempre que la reducción patrimonial no implique perjuicios a terceros.

294. Vid. artículo 14.
295. Vid. artículo 40.
296. Vid. artículo 2.1 y 3.

CAPÍTULO V

Registros de Asociaciones

Artículo 24. Derecho de inscripción.

El derecho de asociación incluye el derecho a la inscripción en el Registro de Asociaciones competente, que sólo podrá denegarse cuando no se reúnan los requisitos establecidos en la presente Ley Orgánica[297].

Artículo 25. Registro Nacional de Asociaciones.

1. El Registro Nacional de Asociaciones, cuya dependencia orgánica se determinará reglamentariamente, tendrá por objeto la inscripción de las asociaciones, y demás actos inscribibles conforme al artículo 28, relativos a:

a) Asociaciones, federaciones, confederaciones y uniones de asociaciones de ámbito estatal y todas aquéllas que no desarrollen principalmente sus funciones en el ámbito territorial de una Comunidad Autónoma[298].

b) Asociaciones extranjeras que desarrollen actividades en España, de forma estable o duradera, que deberán establecer una delegación en territorio español[299].

Cuando el ámbito de actividad de la asociación extranjera sea principalmente el de una o varias Comunidades Autónomas, el Registro Nacional comunicará la inscripción a las referidas Comunidades Autónomas.

2. En el Registro Nacional de Asociaciones, además de las inscripciones a que se refiere el apartado 1, existirá constancia, mediante comunicación de la Administración competente, de los asientos de inscripción y disolución de las asociaciones, cuya inscripción o depósito de Estatutos en registros especiales sea legalmente obligatorio[300].

3. El Registro Nacional de Asociaciones llevará un fichero de denominaciones, para evitar la duplicidad o semejanza de éstas, que pueda inducir a error o

297. Vid. artículo 39 RRNA. Este precepto, en coherencia con lo dispuesto en el artículo 11.1 LODA, extiende la denegación al incumplimiento de los requisitos establecidos en dicho reglamento.

298. Vid. artículo 28.1, artículos 42, 43, 44, 45, 46 y 47.

299. Vid. artículo 28.3, y artículos 29, 63, 64, 65 y 66 RRNA.

300. Todas las leyes relacionadas en la Nota al artículo 1.3 regulan un registro especial para la inscripción de las entidades asociativas específicas que contemplan.

confusión con la identificación de entidades u organismos preexistentes, incluidos los religiosos inscritos en su correspondiente registro[301].

4. Reglamentariamente se determinará la estructura y funcionamiento del Registro Nacional de Asociaciones[302].

Artículo 26. Registros Autonómicos de Asociaciones.

1. En cada Comunidad Autónoma existirá un Registro Autonómico de Asociaciones, que tendrá por objeto la inscripción de las asociaciones que desarrollen principalmente sus funciones en el ámbito territorial de aquéllas[303].

2. En todo caso, los Registros comprendidos en este artículo deberán comunicar al Registro Nacional de Asociaciones los asientos de inscripción y disolución de las asociaciones de ámbito autonómico[304].

Artículo 27. Cooperación y colaboración entre Registros.

Se establecerán los mecanismos de cooperación y colaboración procedentes entre los diferentes Registros de asociaciones[305].

Artículo 28. Actos inscribibles y depósito de documentación.

1. La inscripción de las asociaciones deberá contener los asientos y sus modificaciones relativos a[306]:

a) La denominación.

b) El domicilio.

c) Los fines y actividades estatutarias.

d) El ámbito territorial de actuación.

301. Vid. artículo 9 RRNA. En este fichero central, accesible a través de la página web del Ministerio del Interior, sólo constan los nombres de las entidades asociativas inscritas en el RNA, y en los registros autonómicos y especiales de asociaciones, previa comunicación de estos registros.

302. Vid. RRNA.

303. En cada Comunidad Autónoma existe un registro general de asociaciones, dependiente, en la mayoría de los casos, de los departamentos de presidencia o justicia, así como en las Cuidades Autónomas de Ceuta y Melilla, en estos casos dependientes de las respectivas delegaciones del Gobierno de España.

304. En la actualidad, de estas comunicaciones no se deriva ningún tratamiento registral por parte del RNA. Únicamente tienen virtualidad para la integración o supresión del nombre de las asociaciones autonómicas en el fichero central de denominaciones.

305. Vid. artículos 26 y 32 RRNA. Igualmente, artículo 28. d) y f) LAA; artículo 34.4 LAC; artículo 315-8 LACat; artículos 5 y 57 LACV; y artículo 38.2 LAPV.

306. Vid. artículo 11 RRNA.

e) La identidad de los titulares de los órganos de gobierno y representación[307].

f) La apertura y cierre de delegaciones o establecimientos de la entidad[308].

g) La fecha de constitución y la de inscripción.

h) La declaración y la revocación de la condición de utilidad pública[309].

i) Las asociaciones que constituyen o integran federaciones, confederaciones y uniones[310].

j) La pertenencia a otras asociaciones, federaciones, confederaciones y uniones o entidades internacionales[311].

k) La baja, suspensión o disolución de la asociación, y sus causas.

2. Estará depositada en los Registros de asociaciones la documentación siguiente, original o a través de los correspondientes certificados[312].

a) El acta fundacional y aquéllas en que consten acuerdos que modifiquen los extremos registrales o pretendan introducir nuevos datos en el Registro.

b) Los Estatutos y sus modificaciones.

c) La relativa a la apertura, traslado o clausura de delegaciones o establecimientos.

d) La referente a la incorporación o baja de asociaciones en federaciones, confederaciones y uniones; y, en el Registro en que éstas se encuentren inscritas, la relativa a la baja o incorporación de asociaciones.

e) La que se refiera a la disolución y al destino dado al patrimonio remanente como consecuencia de la disolución de la entidad.

3. Las asociaciones extranjeras, válidamente constituidas con arreglo a su ley personal y a esta Ley, habrán de inscribir los datos a que se refieren las letras a), b), c), d), e) y f) del apartado 1, y además el cese de sus actividades en España; y depositar los documentos a que se refieren las letras b), c) y e) del apartado

307. A diferencia del resto de datos, la identidad de los miembros de la junta directiva es especialmente cambiante por virtud del principio democrático. A este respecto, vid. artículos 25, 51 y 52 RRNA.
308. Vid. artículos 53 y 54 RRNA.
309. Vid. artículo 68 RRNA.
310. Vid. artículos 55, 56, 57 y 58 RRNA.
311. Vid. artículos 55, 56, 57 y 58 RRNA.
312. Vid. artículo 12 RRNA.

2, además de justificación documental de que se encuentran válidamente constituidas.

4. Cualquier alteración sustancial de los datos o documentación que obre en el Registro deberá ser objeto de actualización, previa solicitud de la asociación correspondiente, en el plazo de un mes desde que la misma se produzca[313].

Artículo 29. Publicidad.

1. Los Registros de Asociaciones son públicos.

2. La publicidad se hará efectiva mediante certificación del contenido de los asientos, por nota simple informativa o por copia de los asientos y de los documentos depositados en los Registros o por medios informáticos o telemáticos que se ajustará a los requisitos establecidos en la normativa vigente en materia de protección de datos de carácter personal[314].

Artículo 30. Régimen jurídico de la inscripción.

1. El plazo de inscripción en el correspondiente Registro será, en todo caso, de tres meses desde la recepción de la solicitud en el órgano competente.

Transcurrido el plazo de inscripción señalado en el párrafo anterior sin que se haya notificado resolución expresa, se podrá entender estimada la solicitud de inscripción[315].

La Administración procederá a la inscripción, limitando su actividad a la verificación del cumplimiento de los requisitos que han de reunir el acta fundacional y los Estatutos.

2. Cuando se adviertan defectos formales en la solicitud o en la documentación que la acompaña, o cuando la denominación coincida con otra inscrita o pueda inducir a error o confusión con ella, o cuando la denominación coincida con una marca registrada notoria salvo que se solicite por el titular de la misma o con su consentimiento, se suspenderá el plazo para proceder a la inscripción y se abrirá el correspondiente para la subsanación de los defectos advertidos.

3. Cuando la entidad solicitante no se encuentre incluida en el ámbito de aplicación de la presente Ley o no tenga naturaleza de asociación, la Administración, previa audiencia de la misma, denegará su inscripción en el correspondiente Registro de Asociaciones e indicará al solicitante cuál es el registro u

313. Este apartado responde a la necesidad de mantener la continua correspondencia entre la realidad asociativa y la realidad registral.

314. Vid. artículo 13 RRNA. Este precepto añade a los certificados, notas y copias, la emisión de listados.

315. Vid. artículo 24 LPAC.

órgano administrativo competente para inscribirla. La denegación será siempre motivada[316].

4. Cuando se encuentren indicios racionales de ilicitud penal en la constitución de la entidad asociativa, por el órgano competente se dictará resolución motivada, dándose traslado de toda la documentación al Ministerio Fiscal o al órgano jurisdiccional competente, y comunicando esta circunstancia a la entidad interesada, quedando suspendido el procedimiento administrativo hasta tanto recaiga resolución judicial firme.

Cuando se encuentren indicios racionales de ilicitud penal en la actividad de la entidad asociativa, el órgano competente dictará resolución motivada, dando traslado de toda la documentación al Ministerio Fiscal o al órgano jurisdiccional competente, y comunicando esta circunstancia a la entidad interesada[317].

5. En los supuestos de los apartados 2 y 3 de este artículo podrán interponerse los recursos procedentes ante el orden jurisdiccional contencioso-administrativo, y en el supuesto del apartado 4 ante el orden jurisdiccional penal.

CAPÍTULO VI

Medidas de fomento

Artículo 31. Medidas de fomento.

1. Las Administraciones públicas, en el ámbito de sus respectivas competencias, promoverán y facilitarán el desarrollo de las asociaciones y federaciones, confederaciones y uniones que persigan finalidades de interés general, respetando siempre la libertad y autonomía frente a los poderes públicos. Asimismo, las Administraciones públicas ofrecerán la colaboración necesaria a las personas que pretendan emprender cualquier proyecto asociativo[318].

2. La Administración General del Estado, en el ámbito de su competencia, fomentará el establecimiento de mecanismos de asistencia, servicios de infor-

316. Sobre este artículo 30.1, 2 y 3, vid. artículos 34, 35, 36, 37, 38, 39, 40 y 41, y disposiciones adicionales primera, segunda y tercera RRNA.

317. La actuación del registro de asociaciones en estos supuestos va más allá de lo prevenido en el artículo 262 Ley Enjuiciamiento Criminal, al no limitarse a denunciar o dar conocimiento a la autoridad de un delito. Por el contrario, el registro debe valorar la documentación presentada junto con la solicitud de inscripción, entre la que destacan los estatutos (fines y actividades), y en caso de apreciar indicios de delito proceder a dictar resolución motivada y remitir las actuaciones al juez o al fiscal.

318. El derecho fundamental de asociación, no obstante, no tiene un contenido prestacional. El ATC 162/1995 expone: «... no puede sino llegarse a la conclusión de que no hay fundamento alguno que autorice a entender que el derecho de asociación consagrado por el art. 22 CE esté investido ya ex Constitutione de una dimensión prestacional, en virtud de la cual las asociaciones puedan exigir del Estado que desarrolle cierta actividad... o aporte determinados recursos... al objeto de facilitar el cumplimiento de los fines perseguidos por las

mación y campañas de divulgación y reconocimiento de las actividades de las asociaciones que persigan objetivos de interés general.

3. Las asociaciones que persigan objetivos de interés general podrán disfrutar, en los términos y con el alcance que establezcan el Ministerio o Ministerios competentes, de ayudas y subvenciones atendiendo a actividades asociativas concretas.

Las subvenciones públicas concedidas para el desarrollo de determinadas actividades y proyectos sólo podrán destinarse a ese fin y estarán sujetas a la normativa general de subvenciones públicas.

4. No beneficiarán a las entidades asociativas no inscritas las garantías y derechos regulados en el presente artículo.

5. Las Administraciones públicas, en el ámbito de sus competencias, podrán establecer con las asociaciones que persigan objetivos de interés general, convenios de colaboración en programas de interés social.

Artículo 32. Asociaciones de utilidad pública.

1. A iniciativa de las correspondientes asociaciones, podrán ser declaradas de utilidad pública aquellas asociaciones en las que concurran los siguientes requisitos:

a) Que sus fines estatutarios tiendan a promover el interés general, en los términos definidos por el artículo 31.3 de esta Ley, y sean de carácter cívico, educativo, científico, cultural, deportivo, sanitario, de promoción de los valores constitucionales, de promoción de los derechos humanos, de víctimas del terrorismo, de asistencia social, de cooperación para el desarrollo, de promoción de la mujer, de promoción y protección de la familia, de protección de la infancia, de fomento de la igualdad de oportunidades y de la tolerancia, de defensa del medio ambiente, de fomento de la economía social o de la investigación, de promoción del voluntariado social, de defensa de consumidores y usuarios, de promoción y atención a la personas en riesgo de exclusión por

mismas. Naturalmente, el legislador puede prever la intervención activa de los poderes públicos con el fin de lograr la más plena eficacia del derecho fundamental en cuestión; pero los eventuales derechos subjetivos que tales medidas positivas puedan generar a favor de los ciudadanos no integran el contenido constitucionalmente declarado del derecho fundamental, sino que constituyen meros derechos de configuración legal», y es que el artículo 22 CE «ni garantiza el derecho a la consecución efectiva de los fines para los que las asociaciones se constituyen, ni, menos aún, impone a los poderes públicos la obligación de adoptar medidas positivas destinadas a facilitar a las asociaciones la satisfacción de dichos objetivos» (FJ 4).

razones físicas, sociales, económicas o culturales, y cualesquiera otros de similar naturaleza[319].

b) Que su actividad no esté restringida exclusivamente a beneficiar a sus asociados, sino abierta a cualquier otro posible beneficiario que reúna las condiciones y caracteres exigidos por la índole de sus propios fines[320].

c) Que los miembros de los órganos de representación que perciban retribuciones no lo hagan con cargo a fondos y subvenciones públicas.

No obstante lo dispuesto en el párrafo anterior, y en los términos y condiciones que se determinen en los Estatutos, los mismos podrán recibir una retribución adecuada por la realización de servicios diferentes a las funciones que les corresponden como miembros del órgano de representación.

d) Que cuenten con los medios personales y materiales adecuados y con la organización idónea para garantizar el cumplimiento de los fines estatutarios.

e) Que se encuentren constituidas, inscritas en el Registro correspondiente, en funcionamiento y dando cumplimiento efectivo a sus fines estatutarios, ininterrumpidamente y concurriendo todos los precedentes requisitos, al menos durante los dos años inmediatamente anteriores a la presentación de la solicitud[321].

2. Las federaciones, confederaciones y uniones de entidades contempladas en esta Ley podrán ser declaradas de utilidad pública, siempre que los requisitos previstos en el apartado anterior se cumplan, tanto por las propias federaciones, confederaciones y uniones, como por cada una de las entidades integradas en ellas.

---

319. Como vemos, el primer requisito se reconduce al texto estatutario, de forma que se imposibilita la declaración de utilidad pública si la asociación no ha recogido previa y expresamente en sus estatutos que se constituye para desarrollar finalidades de interés general. Cualesquiera que estos sean, resulta aconsejable que se describan de forma precisa.

320. El segundo requisito alude a que no basta con los fines teóricos recogidos en los estatutos, por más que estos apunten al interés general, sino que es necesario que la asociación desarrolle actividades concretas que, trascendiendo de los socios, tengan un impacto real y beneficioso para la sociedad o un sector de la misma.

321. Este apartado significa que la utilidad pública no se concede sobre la base de propósitos de actuaciones futuras sino a partir de la previa demostración de que la asociación, en la práctica, ya se la puede considerar como tal, al haber estado dando cumplimiento a todos los requisitos, al menos, durante los dos años anteriores a la presentación de la solicitud. Este periodo de dos años se empieza a contar desde la inscripción registral, que no desde la fecha de constitución de la asociación.

Artículo 33. Derechos de las asociaciones de utilidad pública.

Las asociaciones declaradas de utilidad pública tendrán los siguientes derechos:

a) Usar la mención «Declarada de Utilidad Pública» en toda clase de documentos, a continuación de su denominación.

b) Disfrutar de las exenciones y beneficios fiscales que las leyes reconozcan a favor de las mismas, en los términos y condiciones previstos en la normativa vigente[322].

c) Disfrutar de beneficios económicos que las leyes establezcan a favor de las mismas.

d) Asistencia jurídica gratuita en los términos previstos en la legislación específica[323].

Artículo 34. Obligaciones de las asociaciones de utilidad pública.

1. Las asociaciones de utilidad pública deberán rendir las cuentas anuales del ejercicio anterior en el plazo de los seis meses siguientes a su finalización, y presentar una memoria descriptiva de las actividades realizadas durante el mismo ante el organismo encargado de verificar su constitución y de efectuar su inscripción en el Registro correspondiente, en el que quedarán depositadas. Dichas cuentas anuales deben expresar la imagen fiel del patrimonio, de los resultados y de la situación financiera, así como el origen, cuantía, destino y aplicación de los ingresos públicos percibidos[324].

Reglamentariamente se determinará en qué circunstancias se deberán someter a auditoría las cuentas anuales[325].

---

322. Vid. Ley 49/2002, de 23 de diciembre, de régimen fiscal de las entidades sin fines lucrativos y de los incentivos fiscales al mecenazgo.
323. Vid. Ley 1/1996, de 10 de enero, de asistencia jurídica gratuita, y Real Decreto 141/2021, de 9 de marzo, por el que se aprueba el Reglamento de asistencia jurídica gratuita.
324. Una vez declaradas de utilidad pública, las asociaciones están obligadas a rendir cuentas y actividades ante el Registro, estatal o autonómico, en el que se encuentren inscritas, dentro del plazo de los seis meses siguientes a la finalización del correspondiente ejercicio económico. Este control administrativo es necesario para comprobar el cumplimiento en el tiempo de los requisitos que fundamentaron tal reconocimiento y que la asociación sigue siendo merecedora de los beneficios públicos establecidos. Dicho control de la rendición anual sería la condición a que se refiere el artículo 4.3 para gozar de esta medida de fomento, la cual, por ser contingente, en ningún caso resulta incompatible con el principio general de no injerencia del artículo 4.2.
325. Vid. disposición adicional segunda del Real Decreto 1517/2011, de 31 de octubre, por el que se aprueba el Reglamento que desarrolla el texto refundido de la Ley de Auditoría de Cuentas, aprobado por el Real Decreto Legislativo 1/2011, de 1 de julio.

2. Asimismo, deberán facilitar a las Administraciones públicas los informes que éstas les requieran, en relación con las actividades realizadas en cumplimiento de sus fines.

Artículo 35. Procedimiento de declaración de utilidad pública.

1. La declaración de utilidad pública se llevará a cabo en virtud de Orden del Ministro que se determine reglamentariamente, previo informe favorable de las Administraciones públicas competentes en razón de los fines estatutarios y actividades de la asociación, y, en todo caso, del Ministerio de Hacienda.

2. La declaración será revocada, previa audiencia de la asociación afectada e informe de las Administraciones públicas competentes, por Orden del Ministro que se determine reglamentariamente, cuando las circunstancias o la actividad de la asociación no respondan a las exigencias o requisitos fijados en el artículo 32, o los responsables de su gestión incumplan lo prevenido en el artículo anterior.

3. El procedimiento de declaración y revocación se determinará reglamentariamente[326]. El vencimiento del plazo de resolución, en el procedimiento de declaración, sin haberse adoptado resolución expresa tendrá efectos desestimatorios.

4. La declaración y revocación de utilidad pública se publicará en el «BOE».

Artículo 36. Otros beneficios.

Lo dispuesto en el presente capítulo se entiende sin perjuicio de la competencia de las Comunidades Autónomas para la declaración de utilidad pública, a efectos de aplicar los beneficios establecidos en sus respectivos ordenamientos jurídicos, a las asociaciones que principalmente desarrollen sus funciones en su ámbito territorial, conforme al procedimiento que las propias Comunidades Autónomas determinen y con respeto a su propio ámbito de competencias.

326. Vid. Real Decreto 1740/2003, de 19 de diciembre, sobre procedimientos relativos a asociaciones de utilidad pública, y Orden INT/1089/2014, de 11 de junio, por la que se aprueba el modelo de memoria de actividades a utilizar en los procedimientos relativos a asociaciones de utilidad pública. En materia contable, vid. Real Decreto 1491/2022, de 24 de octubre, por el que se aprueban las normas de adaptación del Plan General de Contabilidad a las entidades sin fines lucrativos y el modelo de plan de actuación de las entidades sin fines lucrativos, y la Resolución de 26 de marzo de 2013, del Instituto de Contabilidad y Auditoría de Cuentas, por la que se aprueba el Plan de Contabilidad de las entidades sin fines lucrativos.

CAPÍTULO VII

Garantías jurisdiccionales

Artículo 37. Tutela judicial.

El derecho de asociación regulado en esta Ley Orgánica será tutelado por los procedimientos especiales para la protección de los derechos fundamentales de la persona, correspondientes en cada orden jurisdiccional, y, en su caso, por el procedimiento de amparo constitucional ante el Tribunal Constitucional en los términos establecidos en su Ley Orgánica[327].

Artículo 38. Suspensión y disolución judicial.

1. Salvo los supuestos de disolución por voluntad de los asociados, las asociaciones sólo podrán ser suspendidas en sus actividades, o disueltas, por resolución motivada de la autoridad judicial competente[328].

2. La disolución de las asociaciones sólo podrá declararse en los siguientes casos:

a) Cuando tengan la condición de asociación ilícita, de acuerdo con las leyes penales.

b) Por las causas previstas en leyes especiales o en esta ley, o cuando se declare nula o disuelta por aplicación de la legislación civil.

3. En los procesos a que se refiere el apartado anterior, el órgano judicial competente, de oficio o a instancia de parte, podrá acordar la suspensión provisional de la asociación hasta que se dicte sentencia.

Artículo 39. Orden jurisdiccional contencioso-administrativo.

El orden jurisdiccional contencioso-administrativo será competente en todas las cuestiones que se susciten en los procedimientos administrativos instruidos en aplicación de la presente Ley Orgánica, de conformidad con las reglas establecidas en la Ley Orgánica del Poder Judicial y en la Ley reguladora de la Jurisdicción Contencioso-administrativa[329].

---

327. Vid. Ley Orgánica 2/1979, de 3 de octubre, del Tribunal Constitucional (Título III).
328. Ya hemos visto (artículo 17) que, además de por la voluntad de los socios en cualquier momento o por sentencia, las asociaciones se disuelven por las causas señaladas en los estatutos, que pueden incluir las previstas en el artículo 39 CC o cualquier otra.
329. Los procedimientos a los que se refiere este artículo son los procedimientos de inscripción registral y los relativos a la declaración de utilidad pública.

Artículo 40. Orden jurisdiccional civil.

1. El orden jurisdiccional civil será competente, en los términos establecidos en la Ley Orgánica del Poder Judicial, en relación con las pretensiones derivadas del tráfico jurídico privado de las asociaciones, y de su funcionamiento interno[330].

2. Los acuerdos y actuaciones de las asociaciones podrán ser impugnados por cualquier asociado o persona que acredite un interés legítimo, si los estimase contrarios al ordenamiento jurídico, por los trámites del juicio que corresponda.

3. Los asociados podrán impugnar los acuerdos y actuaciones de la asociación que estimen contrarios a los Estatutos dentro del plazo de cuarenta días, a partir de la fecha de adopción de los mismos, instando su rectificación o anulación y la suspensión preventiva en su caso, o acumulando ambas pretensiones por los trámites establecidos en la Ley de Enjuiciamiento Civil.

4. En tanto se resuelven las contiendas de orden interno que puedan suscitarse en las asociaciones, las solicitudes de constancia registral que se formulen sobre las cuestiones controvertidas sólo darán lugar a anotaciones provisionales[331].

Artículo 41. Comunicaciones.

Los Jueces y Tribunales ordenarán la inclusión en los correspondientes Registros de Asociaciones de las resoluciones judiciales que determinen:

a) La inscripción de las asociaciones.

b) La suspensión o disolución de las asociaciones inscritas.

c) La modificación de cualquiera de los extremos de los Estatutos de las asociaciones inscritas.

d) El cierre de cualquiera de sus establecimientos.

e) Cualesquiera otras resoluciones que afecten a actos susceptibles de inscripción registral[332].

---

330. Vid. disposición adicional tercera.
331. Vid. artículos 14 y 30 RRNA.
332. Vid. artículo 67 RRNA.

CAPÍTULO VIII

Consejos Sectoriales de Asociaciones

Artículo 42. Consejos Sectoriales de Asociaciones.

1. A fin de asegurar la colaboración entre las Administraciones públicas y las asociaciones, como cauce de participación ciudadana en asuntos públicos se podrán constituir Consejos Sectoriales de Asociaciones, como órganos de consulta, información y asesoramiento en ámbitos concretos de actuación.

2. Los Consejos Sectoriales de Asociaciones estarán integrados por representantes de las Administraciones públicas, de las asociaciones, y por otros miembros que se designen por sus especiales condiciones de experiencia o conocimiento, atendiendo a la distribución competencial concreta que en cada materia exista.

3. Reglamentariamente, y para cada sector concreto, se determinará su creación, composición, competencias, régimen de funcionamiento y adscripción administrativa.

Disposición adicional primera. Declaración de utilidad pública de asociaciones.

1. Las asociaciones deportivas que cumplan lo dispuesto en el artículo 32 de esta Ley podrán ser declaradas de utilidad pública, sin perjuicio de lo establecido en la Ley 10/1990, de 15 de octubre, del Deporte[333].

2. Asimismo, podrán ser declaradas de utilidad pública las demás asociaciones regidas por leyes especiales, que cumplan lo dispuesto en el artículo 32 de la presente Ley Orgánica.

3. El procedimiento para la declaración de utilidad pública de las asociaciones a que se refieren los apartados anteriores, y los derechos y obligaciones de las mismas, serán los determinados en los artículos 33, 34 y 35 de la presente Ley Orgánica.

Disposición adicional segunda. Procedimientos de inscripción.

En los procedimientos de inscripción de asociaciones será de aplicación la Ley 30/1992, de 26 de noviembre, de Régimen Jurídico de las Administraciones

333. Esta ley está actualmente derogada. Vid. Ley 39/2022, de 30 de diciembre, del Deporte (artículo 42).

Públicas y del Procedimiento Administrativo Común, en todas las cuestiones no reguladas en la presente Ley y sus normas de desarrollo[334].

Disposición adicional tercera. Resolución extrajudicial de conflictos.

Las Administraciones públicas fomentarán la creación y la utilización de mecanismos extrajudiciales de resolución de conflictos que se planteen en el ámbito de actuación de las asociaciones[335].

Disposición adicional cuarta. Cuestaciones y suscripciones públicas.

Los promotores de cuestaciones y suscripciones públicas, actos benéficos y otras iniciativas análogas de carácter temporal, destinadas a recaudar fondos para cualquier finalidad lícita y determinada, responden, personal y solidariamente, frente a las personas que hayan contribuido, de la administración y la inversión de las cantidades recaudadas.

Disposición transitoria primera. Asociaciones inscritas.

1. Las asociaciones inscritas en el correspondiente Registro con anterioridad a la entrada en vigor de la presente Ley Orgánica estarán sujetas a la misma y conservarán su personalidad jurídica y la plenitud de su capacidad, pero deberán adaptar sus Estatutos en el plazo de dos años.

2. No obstante lo anterior, las asociaciones inscritas deberán declarar, en el plazo de dos años desde la entrada en vigor de la presente Ley Orgánica, que se encuentran en situación de actividad y funcionamiento, notificando al Registro en que se hallen inscritas la dirección de su domicilio social, y la identidad de los componentes de sus órganos de gobierno y representación, así como la fecha de elección o designación de éstos[336].

Disposición transitoria segunda. Asociaciones declaradas de utilidad pública.

En el plazo de un año se procederá a la publicación en el «BOE» de la relación de asociaciones declaradas de utilidad pública por el Estado, con anterioridad a la entrada en vigor de la presente Ley Orgánica.

Disposición derogatoria única.

Queda derogada la Ley 191/1964, de 24 de diciembre, reguladora de las asociaciones, y cuantas disposiciones se opongan a la presente Ley Orgánica.

---

334. La Ley 30/1992, de 26 de noviembre, está actualmente derogada. Se ha de entender sustituida por la Ley 39/2015, de 1 de octubre, del procedimiento administrativo común de las Administraciones Públicas. Por lo demás, vid. Capítulos I y II del Título II RRNA.
335. Vid. Ley 5/2012, de 6 de julio, de mediación en asuntos civiles y mercantiles.
336. Vid. disposición adicional sexta RRNA.

Disposición final primera. Carácter de la Ley.

1. Los artículos 1; 2 salvo apartado 6; 3 salvo apartado g); 4.2, 5 y 6; 10.1; 19; 21; 23.1; 24; 29.1; 30.3 y 4; 37; 38; la disposición derogatoria única; y las disposiciones finales primera.1, segunda y cuarta tienen rango de Ley Orgánica, al constituir el desarrollo del derecho fundamental de asociación, contenido en el artículo 22 de la Constitución.

2. Los artículos 2.6; 3 g); 4.1, y 4; 5; 6; 7; 8; 9; 10.2, 3 y 4; 11; 13.2; 15; 17; 18.4; 22; 25.2; 26; 27; 28; 30.1, 2 y 5; la disposición adicional cuarta y la disposición transitoria primera son de directa aplicación en todo el Estado, al amparo de lo previsto en el artículo 149.1.1.a de la Constitución.

3. Los artículos 39, 40 y 41 constituyen legislación procesal, dictada al amparo del artículo 149.1.6.ª de la Constitución.

4. Los artículos 32 a 36, la disposición adicional primera y la disposición transitoria segunda se dictan al amparo del artículo 149.1.14.ª de la Constitución, sin perjuicio de los regímenes tributarios forales vigentes en los Territorios Históricos del País Vasco y en la Comunidad Foral de Navarra.

5. Los restantes preceptos de la Ley serán de aplicación a las asociaciones de ámbito estatal.

Disposición final segunda. Carácter supletorio.

Excepto en aquellos preceptos que tienen rango de Ley Orgánica, la presente Ley tiene carácter supletorio respecto de cualesquiera otras que regulen tipos específicos de asociaciones, o que incidan en el ámbito del derecho de asociación reconocido en el artículo 22 de la Constitución, sin perjuicio de las competencias de las Comunidades Autónomas.

Disposición final tercera. Desarrollo.

Se faculta al Gobierno para dictar cuantas disposiciones sean necesarias para la aplicación y desarrollo de la presente Ley.

Disposición final cuarta. Entrada en vigor.

La presente Ley Orgánica entrará en vigor a los dos meses de su publicación en el «BOE»[337].

337. La LODA entró en vigor el 26 de mayo de 2002.

Anexo VII

Jurisprudencia constitucional relevante sobre el derecho de asociación [338]

Sentencia TC 3/1981, de 2 de febrero. Recurso de amparo contra las decisiones del Ministerio del Interior por las que se negó la inscripción en el Registro de Partidos Políticos del Partido Comunista de España (Marxista-Leninista).

Sentencia TC 5/1981, de 13 de febrero. Recurso de inconstitucionalidad contra varios preceptos de la Ley Orgánica 5/1980, de 19 de junio, por la que se regula el Estatuto de los Censos Escolares [derecho de participación].

Sentencia TC 21/1983, de 22 de marzo. Recurso de amparo contra acuerdo de la Junta Electoral Provincial de Madrid denegatorio de la proclamación de candidaturas del Partido de Recuperación y Unificación de los Comunistas [requisito de la inscripción registral].

Sentencia TC 71/1984, de 12 de junio. Recurso de amparo contra resolución del Juzgado de Instrucción núm. 1 de Las Palmas, relativo a inadmisión de querella [libertad de asociación].

Sentencia TC 67/1985, de 24 de mayo. Cuestión de inconstitucionalidad contra acuerdos del Consejo Superior de Deportes, en los que se incluían informes desfavorables y se desestimaba la solicitud de creación de la Federación de Fútbol-Sala.

Sentencia TC 85/1986, de 25 de junio. Recurso de amparo contra STS de 9 de mayo de 1985, en recurso contra denegación de inscripción en el Registro de Asociaciones Políticas del Partido Comunista de Aragón.

338. Por su interés, se llama la atención sobre que la mayoría de los pronunciamientos constitucionales (sentencias o autos) cuyo contenido aquí identificamos como «principio de autoorganización asociativa» dilucidan decisiones de admisión o expulsión de socios basadas en los estatutos. Y los que identificamos como «legitimación asociativa» vinculan, en general, la condición de interesado de las asociaciones a los fines estatutarios.

Sentencia TC 23/1987, de 23 de febrero. Recurso de amparo contra SSTS (Sala Primera) sobre nulidad de acuerdo de junta extraordinaria de accionistas de L., S.A. [extensión del derecho de asociación a las sociedades mercantiles].

Sentencia TC 115/1987, de 7 de julio. Recurso de inconstitucionalidad contra los artículos 7, 8, 26 y 34 de la Ley Orgánica 7/1985, de 1 de julio, sobre derechos y libertades de los extranjeros en España.

Sentencia TC 64/1988, de 12 de abril. Recurso de amparo contra providencia de la Magistratura de Trabajo núm. 1 de Ceuta por presunta vulneración del artículo 24.1 de la Constitución [titularidad de los derechos fundamentales por las personas jurídicas].

Sentencia TC 218/1988, de 22 de noviembre. Recurso de amparo contra SAP de Cádiz de 31 de julio de 1986 [principio de autoorganización asociativa].

Sentencia TC 89/1989, de 11 de mayo. Cuestión de inconstitucionalidad sobre supuesta inconstitucionalidad del párrafo segundo del artículo 3 de la Ley de Colegios Profesionales, de 13 de febrero de 1974 [vertiente negativa del derecho de asociación].

Sentencia TC 131/1989, de 17 de julio. Recurso de amparo contra SAP de Badajoz de 17 de diciembre de 1987 [vertiente negativa del derecho de asociación].

Sentencia TC 132/1989, de 18 de julio. Recurso de inconstitucionalidad de la Ley del Parlamento de Cataluña 18/1985, de 23 de julio, de Cámaras Profesionales Agrarias [vertiente negativa del derecho de asociación].

Sentencia TC 139/1989, de 20 de julio. Recurso de amparo contra STS (Sala Primera) de 3 de marzo de 1987 [vertiente negativa del derecho de asociación].

Sentencia TC 183/1989, de 3 de noviembre. Recurso de amparo contra Sentencia del Juzgado de Primera Instancia núm. 2 de Palma de Mallorca de 29 de septiembre de 1987 [vertiente negativa del derecho de asociación].

Auto TC 213/1991, de 4 de julio. Inadmisión a trámite de recurso de amparo [principio de autoorganización asociativa].

Sentencia TC 244/1991, de 16 de diciembre. Recurso de amparo contra STSJ de Aragón de 21 de octubre de 1989 [vertiente negativa del derecho de asociación].

Sentencia TC 157/1992, de 22 de octubre. Conflicto positivo de competencias respecto del Decreto 29/1985, de 18 de abril, del Consejo de Gobierno de la Comunidad Autónoma de las Islas Baleares sobre constitución y funcionamiento de Asociaciones Juveniles.

Sentencia TC 291/1993, de 18 de octubre. Recurso de amparo contra STS (Sala Tercera) de 12 de marzo de 1990 sobre denegación por silencio administrativo de la petición de inscripción en el Registro de Asociaciones de la «Unión Democrática de Guardias Civiles».

Sentencia TC 96/1994, de 21 de marzo. Recurso de amparo contra STS (Sala Primera) de 31 de enero de 1992 [principio de autoorganización asociativa].

Sentencia TC 113/1994, de 14 de abril. Recurso de amparo contra STSJ de las Islas Baleares de 3 de abril de 1990, sobre reclamación contra liquidación de cuotas de la Cámara Oficial de la Propiedad Urbana de Baleares [vertiente negativa del derecho de asociación].

Sentencia TC 179/1994, de 16 de junio. Cuestiones de inconstitucionalidad en relación con la Base Cuarta de la Ley de 29 de junio de 1911, del artículo 1 del Decreto-ley de 26 de julio de 1929 y de las Disposiciones adicionales novena de la Ley 9/1983, de 13 de julio, de Presupuestos Generales del Estado para 1983, trigésimocuarta de la Ley de Presupuestos Generales del Estado para 1986, y vigésimoquinta de la Ley 21/1986, de 23 de diciembre, de Presupuestos Generales del Estado para 1987 [vertiente negativa del derecho de asociación].

Sentencia TC 56/1995, de 6 de marzo. Recurso de amparo contra STS (Sala Primera) de 21 de mayo de 1992 [principio de autoorganización asociativa].

Auto TC 162/1995, de 5 de junio. Inadmisión a trámite de recurso de amparo [dimensión no prestacional del derecho de asociación].

Sentencia TC 75/1995, de 16 de junio. Recurso de amparo contra STSJ de la Comunidad Valenciana (Sala de lo Contencioso-Administrativo) de 10 de mayo de 1995 [semejanza denominativa].

Sentencia TC 5/1996, de 16 de enero. Recurso de amparo contra SAP de Granada de 9 de noviembre de 1993 sobre nulidad de inscripción registral de una Asociación.

Sentencia TC 173/1998, de 23 de julio. Recurso de inconstitucionalidad contra diversos preceptos de la Ley del Parlamento Vasco 3/1988, de 12 de febrero, de Asociaciones.

Sentencia TC 104/1999, de 14 de junio. Recurso de amparo contra STS (Sala Primera) de 23 de mayo de 1994 [principio de autoorganización asociativa].

Sentencia TC 252/2000, de 30 de octubre. Recurso de amparo interpuesto por varias asociaciones contra STSJ de la Comunidad Valenciana de 27 de mayo de 1996 [legitimación asociativa]

Sentencia TC 46/2001, de 15 de febrero. Recurso de amparo contra STS (Sala de lo Contencioso-Administrativo) de 14 de julio de 1996, sobre denegación de inscripción de una entidad asociativa en el Registro de Entidades Religiosas.

Auto TC 254/2001, de 20 de septiembre. Inadmisión a trámite de recurso de amparo [principio de autoorganización asociativa].

Sentencia TC 219/2001, de 31 de octubre. Recurso de amparo contra STS (Sala de lo Contencioso-Administrativo) de 30 de julio de 1997, sobre denegación de inscripción en el Registro de Asociaciones de una modificación estatutaria previamente aprobada por una asociación.

Sentencia TC 48/2003, de 12 de marzo. Recurso de inconstitucionalidad contra diversos artículos y disposiciones de la Ley Orgánica 6/2002, de 27 de junio, de partidos políticos.

Sentencia TC 76/2003, de 23 de abril. Recurso de amparo contra Sentencia del Juzgado de Primera Instancia núm. 17 de Valencia, de 12 de abril de 2001, sobre reclamación por impago de las cuotas colegiales [vertiente negativa del derecho de asociación].

Sentencia TC 133/2006, de 27 de abril. Recurso de inconstitucionalidad contra diversos preceptos de la Ley Orgánica 1/2002, de 22 de marzo, reguladora del derecho de asociación.

Sentencia TC 134/2006, de 27 de abril. Conflicto positivo de competencias en relación con diversos artículos del Real Decreto 1740/2003, de 19 de diciembre, sobre procedimientos relativos a asociaciones de utilidad pública.

Sentencia TC 135/2006, de 27 de abril. Recurso de inconstitucionalidad contra diversos artículos de la Ley del Parlamento de Cataluña 7/1997, de 18 de junio, de asociaciones.

Sentencia TC 282/2006, de 9 de octubre. Recurso de amparo contra Auto del Tribunal Supremo (Sala de lo Contencioso-Administrativo) de 14 de marzo de 2003 [legitimación asociativa].

Sentencia TC 52/2007, de 12 de marzo. Recurso de amparo contra Auto del Tribunal Supremo (Sala de lo Social) de 10 de marzo de 2004 [legitimación asociativa].

Sentencia TC 236/2007, de 7 de noviembre. Recurso de inconstitucionalidad contra diversos preceptos de la Ley Orgánica 8/2000, de 22 de diciembre, de reforma de la Ley Orgánica 4/2000, de 11 de enero, sobre derechos y libertades de los extranjeros en España y su integración social.

Sentencia 152/2008, de 17 de noviembre. Recurso de amparo contra Sentencia del Juzgado de lo Social núm. 21 de Madrid de 13 de abril de 2007 [fines sociales].

Sentencia TC 184/2008, de 22 de diciembre. Recurso de amparo contra STSJ de Madrid de 28 de febrero de 2007 [legitimación asociativa].

Sentencia TC 28/2009, de 26 de enero. Recurso de amparo contra STSJ de Castilla y León de 29 de septiembre de 2006 [legitimación asociativa].

Sentencia TC 218/2009, de 21 de diciembre. Recurso de amparo contra STS (Sala de lo Contencioso-Administrativo) de 20 de febrero de 2006 [legitimación asociativa].

Sentencia TC 139/2010, de 21 de diciembre. Recursos de amparo contra SSTS (Sala de lo Contencioso-Administrativo) de 7 de junio de 2006 y de 30 de enero de 2007 [legitimación asociativa].

Sentencia TC 42/2011, de 11 de abril. Recurso de amparo contra SAP de Badajoz de 28 de julio de 2006 [principio de autoorganización asociativa].

Sentencia TC 138/2012, de 20 de junio. Recurso de amparo contra Auto de 30 de marzo de 2011 de la Sala Especial del Tribunal Supremo del artículo 61 de la Ley Orgánica del Poder Judicial [libertad de creación de asociaciones].

Sentencia TC 154/2016, de 22 de septiembre. Recurso de amparo contra Auto del Juzgado de Instrucción núm. 2 de Algeciras de 20 de agosto de 2014 [legitimación asociativa].

Sentencia TC 144/2017, de 14 de diciembre. Recurso de inconstitucionalidad contra la totalidad de la Ley Foral 24/2014, de 2 de diciembre, reguladora de los colectivos de usuarios de cannabis en Navarra.

Sentencia TC 100/2018, de 19 de septiembre. Recurso de inconstitucionalidad contra la Ley del Parlamento de Cataluña 13/2017, de 6 de julio, de las asociaciones de consumidores de cannabis.

Sentencia TC 7/2019, de 17 de enero. Recurso de inconstitucionalidad contra diversos artículos y disposiciones de la Ley del Parlamento de Cataluña 10/2017, de 27 de junio, de las voluntades digitales y de modificación de los libros segundo y cuarto del Código civil de Cataluña [registros públicos].

Sentencia TC 121/2019, de 28 de octubre. Recurso de amparo contra STSJ de Andalucía de 16 de marzo de 2017 [legitimación asociativa].

Sentencia TC 31/2022, de 7 de marzo. Recurso de amparo contra SAN (Sala de lo Contencioso-Administrativo) de 22 de febrero de 2019 [vulneración del derecho de asociación].

Sentencia TC 42/2022, de 21 de marzo. Recurso de amparo contra Auto del Tribunal Supremo (Sala de lo Contencioso-Administrativo) de 19 de junio de 2020 [vulneración del derecho de asociación].

Sentencia 129/2023, de 23 de octubre. Recurso de amparo contra STS (Sala de lo Civil) de 15 de julio de 2020 [vulneración del derecho de asociación].

Bibliografía

AGUIAR DE LUQUE, L. y ELVIRA PERALES, A., «Comentarios al artículo 22 de la Constitución», en *Comentarios a las leyes políticas: Constitución española de 1978* (dir. O. Alzaga Villaamil), Edersa, Madrid, 1998.

ALBALADEJO, M., *Comentarios al Código Civil y Compilaciones Forales, Tomo I*, Edersa, Madrid, 1978.

ALBERICH NISTAL, T., *Guía fácil de asociaciones*, FEMP-Dykinson, Madrid, 2012.

ALFARO ÁGUILA-REAL, J., «La expulsión de asociados y la confianza en el Derecho Privado», *Anuario de Derecho Civil*, 1997.

ANGUITA VILLANUEVA, L.A., *Elementos, organización y funcionamiento de las asociaciones*, Reus, Madrid, 2016.

ANZURES GURRÍA, J.J., *La protección constitucional de las asociaciones. Sobre la dimensión colectiva del derecho de asociación*, Centro de Estudios Políticos y Constitucionales, 2014.

ARGUDO PÉRIZ, J.L., «La Ley Orgánica del Derecho de Asociación: aspectos económicos y sociales», *Revista Jurídica de Economía Social y Cooperativa*, núm. 14, 2003.

BARREIRO CARBALLAL, L., «Democracia interna y derecho de asociación», *Anuario da Facultade de Dereito da Universidade da Coruña*, núm. 12, 2008.

BELUCHE RINCÓN, I., «Derecho de asociación y organización democrática», *La Ley Digital*, 2006.

– «Asociación y Actividad económica», *Revista de Derecho de sociedades*, núm. 26, 2006.

BENEYTO FELIU, J., «Personas jurídicas, asociaciones y fundaciones. Parte primera. Personas jurídicas», en *Instituciones de Derecho Privado* (dir. J.F. Delgado de Miguel), t. I, vol. 3, Thomson-Civitas, Madrid, 2004.

BENZO SAINZ, F., *Ley de Asociaciones (Ley Orgánica 1/2002, de 22 de marzo)*, La Ley-Actualidad, Las Rozas, 2002.

BERMEJO VERA, J., «La dimensión constitucional del derecho de asociación», *Revista de Administración Pública*, núm. 136, 1995.

BILBAO UBILLOS, J.M., *Libertad de asociación y derechos de los socios*, Universidad de Valladolid, 1997.

BLANCO RUIZ, J.F., «El Registro de Asociaciones: concepto, principios dominantes y efectos», *Boletín de Documentación, Ministerio de la Gobernación*, núm. 46, 1967.

CABALLERO LOZANO, J.M., «La capacidad asociativa del menor», en *Estudios jurídicos en homenaje al profesor Luis Díez-Picazo* (coord. A. Cabanillas Sánchez), Vol. I, Civitas, Madrid, 2002.

CABANAS TREJO, R., *Inscripción y personalidad (una lectura mercantil a la luz de la Constitución y la legislación de asociaciones)*, Consejo General del Notariado, 2009.

CAÑO PALOP, J.R. del, *Evolución histórica del derecho de asociación en el constitucionalismo español*, Ministerio de Justicia, 1988.

CAPILLA RONCERO, F., *La persona jurídica: funciones y disfunciones*, Tecnos, Madrid, 1984.

– De las personas jurídicas, en *Comentarios al Código Civil y Compilaciones Forales*, Tomo I (dir. M. Albaladejo y S. Díaz Alabart), Edersa, Madrid, 1993.

CASTELLS ARTECHE, J.M., «Aportaciones, méritos y deméritos de la nueva Ley Orgánica reguladora del derecho de asociación (L.O. 1/2002, de 22 de marzo)», *Revista Vasca de Administración Pública*, núm. 64, 2002.

CASTRO Y BRAVO, F. de, «La Sociedad Anónima y la deformación del concepto de persona jurídica», *Anuario de Derecho Civil*, 1949.

– *La persona jurídica*, Civitas, Madrid, 1981.

CLARET MARTÍ, P., *Las asociaciones: su régimen jurídico*, Bosch, Barcelona, 1941.

COSSÍO, A. de, «Hacia un nuevo concepto de la persona jurídica», *Anuario de Derecho Civil*, 1954.

– «De las personas jurídicas» en *Comentarios al Código Civil y Compilaciones Forales*, Tomo I (dir. M. Albaladejo), Edersa, Madrid, 1978.

DE LA MORENA Y DE LA MORENA, L., «El derecho de asociación en la Constitución: ¿qué debe entenderse por inscripción registral "a los solos efectos de publicidad"?», *Boletín de Documentación del Ministerio del Interior*, núm. 84, 1981.

DÍAZ-AGUADO JALÓN, C., «Las Asociaciones», *Revista Jurídica de Economía Social y Cooperativa*, núm. 29, 2016.

DÍEZ PICAZO, L. y GULLÓN, A., *Sistema de Derecho Civil, Volumen I, Parte general del Derecho civil y personas jurídicas*, Tecnos, Madrid, 2016.

DURAN RIVACOBA, R. y DE LA REINA TARTIERE, G., *Código de Asociaciones*, Thomson-Aranzadi, Cizur Menor, 2004.

ELVIRA PERALES, A., «A vueltas con el derecho de asociación», *Revista Española de Derecho Constitucional*, núm. 83, 2008.

FERNÁNDEZ ALLES, J.J., «Las funciones del derecho de asociación en el régimen constitucional español», *Derechos y Libertades*, núm. 30, Época II, Madrid, 2014.

FERNÁNDEZ FARRERES, G., «Algunas reflexiones sobre el nuevo derecho de asociación tras la Constitución Española de 1978», en *El desarrollo de la Constitución Española de 1978* (coord. M. Ramírez Jiménez), Libros Pórtico, Zaragoza, 1982.

– *Asociaciones y Constitución. Estudio específico del artículo 22 de la Constitución*, Civitas, Madrid, 1987.

FERNÁNDEZ LE GAL, A., «Las asociaciones de consumidores de cannabis: pronunciamientos recientes de la justicia constitucional y ordinaria», *Diario La Ley*, núm. 9200, 2018.

FERNÁNDEZ SEGADO, F., «La teoría jurídica de los derechos fundamentales en la doctrina constitucional», *Revista Española de Derecho Constitucional*, núm. 39, 1993.

– «Derecho de asociación en España», *Revista Mestrado Em Direito*, Osasco, núm. 1, 2007.

FERRARA, F., *Teoría de las personas jurídicas* (traducida por E. Ovejero), Reus, Madrid, 1929.

FISCALÍA GENERAL DEL ESTADO, *La responsabilidad penal de las personas jurídicas. Homenaje al Excmo. Sr. D. José Manuel Maza Martín*, 2018.

FLAQUER MONTEQUI, R., «El derecho de asociación, reunión y manifestación», *Revista Ayer*, núm. 34, 1999.

GIMÉNEZ GLUCK, D., «Asociación, discriminación y Constitución: los límites entre la autonomía asociativa y el derecho de los socios —y aspirantes a serlo— a no ser discriminados», *UNED-Revista de Derecho Político*, núm. 79, 2010.

GÓMEZ MONTORO, A.J., «Veinticinco años de derecho de asociación», *Revista de Derecho Político*, núm. 58-59, 2003-2004.

– *Asociación, Constitución, Ley. Sobre el contenido constitucional del derecho de asociación*, Centro de Estudios Políticos y Constitucionales, 2004.

– «Artículo 22», en *Comentarios a la Constitución Española. XXX Aniversario* (dirs. M.E. Casas Baamonde y M. Rodríquez-Piñero), Fundación Wolters Kluwers, Madrid, 2008.

GONZÁLEZ-ARES FERNÁNDEZ, J.A., «Artículo 22 CE: Derecho de Asociación», en *Derechos fundamentales. Aspectos básicos y actuales* (coor. A. Villanueva Turnes), Andavira, Santiago de Compostela, 2017.

GONZÁLEZ PÉREZ, J. y FERNÁNDEZ FARRERES, G., *Derecho de asociación. Comentarios a la Ley Orgánica 1/2002, de 22 de marzo*, Civitas, Madrid, 2002.

JIMÉNEZ MUÑOZ, F.J., «Unas notas en torno a la asociación. En especial, la nueva Ley Orgánica reguladora del Derecho de Asociación», *Revista Crítica de Derecho Inmobiliario*, núm. 674, 2002.

LASARTE ÁLVAREZ, C., «Notas sobre el derecho de asociación y la regulación jurídica de las asociaciones», *La Ley*, núm. 1, 1984.

LEGUINA VILLA, J., *Asociaciones y policía*, REDA, núm. 4, 1975.

LLUÍS Y NAVAS, J., *Derecho de Asociaciones*, Bosch, Barcelona, 1967.

LÓPEZ MARTÍNEZ DE SEPTIEN, O., «Personas jurídicas, asociaciones y fundaciones. Parte segunda. Asociaciones», en *Instituciones de Derecho Privado* (dir. J.F. Delgado de Miguel), t. I, vol. 3, Thomson-Civitas, Madrid, 2004.

– *El derecho de asociación y la aplicación práctica notarial de su régimen jurídico: una encrucijada entre el derecho público y el derecho privado*, Universitat Autònoma de Barcelona, 2017.

LÓPEZ NIETO Y MALLO, F., *Las asociaciones y su normativa legal*, Abella, Madrid, 1980.

– *Manual de asociaciones*, Tecnos, Madrid, 1992.

– *La ordenación legal de las asociaciones*, Dykinson, Madrid, 2004.

LUCAS MURILLO DE LA CUEVA, E., *El derecho de asociación*, Tecnos, Madrid, 1996.

– *Igualdad y autonomía. Las competencias sobre asociaciones en la jurisprudencia constitucional*, Civitas, Madrid, 1999.

MARÍN LÓPEZ, J.J., «Sobre la Ley Vasca de Asociaciones: Reparto competencial y principios generales», *Revista Jurídica de Castilla-La Mancha*, núm. 16, 1992.

– *Legislación sobre asociaciones* (Prólogo), 2ª Ed., Tecnos, Madrid, 2000.

– *Personalidad jurídica, capacidad y responsabilidad de las asociaciones*, XI Jornadas de la Asociación de Profesores de Derecho Civil, Universidad de Murcia, 2005.

MARTÍN HUERTAS, A., *El contenido esencial del Derecho de asociación*, Serie Monografías, núm. 79, Congreso de los Diputados, 2009.

– «El derecho de asociación en el constitucionalismo español y en su desarrollo», *Revista de Estudios Socio-Jurídicos*, Bogotá, 2009.

MORA ALARCÓN, J.A., *Régimen jurídico de las asociaciones civiles: doctrina, jurisprudencia, formularios y legislación*, Tirant lo Blanch, Valencia, 1999.

OLÍAS DE LIMA GETE, B., *La libertad de asociación en España (1868-1974)*, Instituto de Estudios Administrativos, Madrid, 1977.

PANTALEÓN PRIETO, F., «Asociación y sociedad (A propósito de una errata en el Código Civil)», *Estudios Monográficos, Anuario de Derecho Civil*, 1993.

PELAYO OLMEDO, J.D., *Las comunidades ideológicas y religiosas, la personalidad jurídica y la actividad registral*, Ministerio de Justicia, 2007.

– «El derecho de asociación en la historia constitucional española, con particular referencia a las leyes de 1887 y 1964», *Historia Constitucional*, núm. 8, 2007.

PÉREZ ESCALONA, S., «La asociación y el Derecho de Sociedades: Notas para un debate», *REDUR*, núm. 2, 2004.

– «La impugnación de los acuerdos sociales mediante arbitraje en derecho de asociaciones: admisibilidad teórica y viabilidad práctica», *UNED-Boletín de la Facultad de Derecho*, núm. 28, 2006.

– *El Derecho de Asociación y las Asociaciones en el Sistema Constitucional Español*, Thomson-Aranzadi, Cizur Menor, 2007.

PRADA GONZÁLEZ, J.M. de, «Sobre el proyecto de Ley de Asociaciones y sus posibles mejoras», *Escritura Pública*, núm. 11, 2001.

PUIG BRUTAU, J., *Compendio de Derecho Civil, Vol. I*, Bosch, Barcelona, 1987.

– *Compendio de Derecho Civil, Vol. III, Derechos reales. Derecho hipotecario*, Bosch, Barcelona, 1989.

QUESADA SÁNCHEZ, A.J., «La personalidad jurídica de la asociación en la Ley Orgánica 1/2002, de 22 de marzo», *Actualidad Civil*, núm. 1, 2003.

– «Límites a la autonomía de la voluntad en el seno de las asociaciones», *Revista Jurídica del Notariado*, núm. 66, 2008.

RAVETLLAT BALLESTÉ, I., «El ejercicio de los derechos de la personalidad por las personas menores de edad. Análisis particular de su derecho de asociación», *RGLJ*, núm. 3, Madrid, 2013.

REVERTE MARTÍNEZ, F.M., *La nueva Ley reguladora del Derecho de Asociación y su incidencia sobre las Asociaciones Juveniles*, Ayuntamiento de Murcia, 2004.

– *El derecho fundamental de asociación como instrumento de cambio social: las asociaciones juveniles*, Universidad de Murcia, 2015.

RODRÍGUEZ PORTUGUÉS, M.A., «Las competencias de la Comunidad Autónoma de Andalucía sobre Asociaciones», *Revista Andaluza de Administración Pública*, núm. 51, 2003.

ROJAS JUÁREZ, J.R., *Código de Asociaciones*, BOE, 2016.

– *Guía de Asociaciones*, 2ª Ed., Ministerio del Interior, 2017.

– «Estudio histórico del registro de asociaciones», *Revista General de Derecho Administrativo*, núm. 49, 2018.

– *El registro de asociaciones en la España constitucional*, Dykinson, Madrid, 2021.

– «Breve análisis de los requisitos necesarios para la declaración y revocación de la utilidad pública de las asociaciones», *Revista General de Derecho Administrativo*, núm. 59, 2022.

ROJAS SÁNCHEZ, G., *Los derechos políticos de asociación y reunión en la España contemporánea (1811-1936)*, EUNSA, Pamplona, 1981.

RÚA ALONSO DE CORRALES, E., *La contabilidad de fundaciones y asociaciones*, Cinca, Madrid, 2013.

SALAS MURILLO, S. de, «Consideraciones en torno a las disposiciones generales de la nueva Ley catalana de asociaciones», *Derecho Privado y Constitución*, núm. 11, 1997.

– *Las asociaciones sin ánimo de lucro en el derecho español,* Centro de Estudios Registrales, 1999.

SALVADOR CODERCH, P., *Asociaciones, derechos fundamentales y autonomía privada*, Civitas, Madrid, 1997.

SALVADOR MARTÍNEZ, M., «El derecho de asociación, entre lo público y lo privado», en *España constitucional (1978-2018). Trayectorias y perspectivas* (dir. B. Pendás), Tomo III, Centro de Estudios Políticos y Constitucionales, 2018.

SÁNCHEZ MARTÍN, M.A., *Responsabilidad penal de las personas jurídicas. Plan de Prevención de Riesgos Penales y Código Ético de Conducta*, Thomson-Reuters Aranzadi, Madrid, 2017.

SÁNCHEZ MORÓN, M., «La aplicación directa de la Constitución en materia de derechos fundamentales: el nuevo derecho de asociaciones», *REDA*, núm. 22, 1979.

SANTAMARÍA PASTOR, J.A., «Comentarios al artículo 22 de la Constitución», en *Comentarios a la Constitución* (dir. F. Garrido Falla), 3ª Ed., Civitas, Madrid, 2001.

SANTOS MORÓN, M.J., *La responsabilidad de las asociaciones y sus órganos directivos*, Iustel, Madrid, 2007.

SOLOZÁBAL ECHEVARRÍA, J.J., «Los derechos fundamentales en la Constitución Española», *Revista de Estudios Políticos*, núm. 105, 1999.

– «Asociación y Constitución», en *Constitución y Constitucionalismo hoy*, Fundación Manuel García-Pelayo, Caracas, 2000.

TORRES MURO, I., «Ley autonómica y derecho de asociación», *Revista Española de Derecho Constitucional*, núm. 55, 1999.

VELLOSO JIMÉNEZ, L., «Los orígenes constitucionales del derecho de asociación en España (1868-1923)», *Anuario de la Facultad de Derecho* (Universidad de Extremadura), núm. 1, 1982.

VIDAL MARÍN, T., «El Derecho de Asociación», *Parlamento y Constitución. Anuario*, núm. 2, Toledo, 1998.

– «El derecho fundamental de asociación y el control judicial de la actividad interna de las asociaciones», en *La justicia constitucional en el Estado democrático* (coord. F.J. Díaz Revorio y E. Espín Templado), Tirant lo Blanch, Madrid, 2000.